王传道教授在学术研讨会上发言

王传道教授和夫人张传莲女士

侦查学理论探索

——王传道论文选编

王传道　著

中国人民公安大学出版社
·北　京·

图书在版编目（CIP）数据

侦查学理论探索：王传道论文选编/王传道著．—北京：中国人民公安大学出版社，2014.11

ISBN 978－7－5653－2050－7

Ⅰ.①侦…　Ⅱ.①王…　Ⅲ.①刑事侦察学—文集　Ⅳ.①D918－53

中国版本图书馆 CIP 数据核字（2014）第 250755 号

侦查学理论探索

——王传道论文选编

王传道　著

出版发行：中国人民公安大学出版社
地　　址：北京市西城区木樨地南里
邮政编码：100038
经　　销：新华书店
印　　刷：北京通天印刷有限责任公司

版　　次：2014 年 11 月第 1 版
印　　次：2014 年 11 月第 1 次
印　　张：17.5
开　　本：787 毫米×1092 毫米　1/16
字　　数：306 千字

书　　号：ISBN 978－7－5653－2050－7
定　　价：78.00 元

网　　址：www.cppsup.com.cn　www.porclub.com.cn
电子邮箱：zbs@cppsup.com　zbs@cppsu.edu.cn

营销中心电话：010－83903254
读者服务部电话（门市）：010－83903257
警官读者俱乐部电话（网购、邮购）：010－83903253
法律图书分社电话：010－83905745

作者简介

王传道，1936年4月出生于河南省杞县，1956年加入中国共产党。1961年毕业于北京政法学院，在刑事侦查学教研室任教。北京政法学院更名为中国政法大学后，任中国政法大学刑事侦查学教研室主任，刑侦、司法鉴定硕士研究生导师，教授。曾兼任中国刑事科学技术协会理事、中国行为法学会理事、北京市刑事侦查学研究会常务理事、北京市法学会理事、北京市物证技术学会副会长，北京物证技术鉴定所兼职鉴定专家。

长期从事侦查学、物证技术学教学和侦查实践活动，积累了一定的教学和实际工作经验。

在教学和实际工作中，始终坚持“认认真真教书，实实在在干事，堂堂正正做人”的原则，将教书育人视为自己的神圣职责，把帮助学生树立正确的人生观、道德观、价值观，牢牢掌握专业知识作为己任。在教学中兢兢业业，注意知识更新，力求将最新、最有用的知识传授给学生，对己坚持“学而不厌”，对人坚持“诲人不倦”。在教学工作中，讲求实效，不哗众取宠，不务虚名，甘愿保持平凡、淡泊、刚正的情操。

1993年被评为中国政法大学优秀教研室主任、北京市优秀教师；1996年被评为司法部优秀教师，1999获“宪梓优秀教学奖”一等奖，同年获司法部法学教育优秀育人奖。载入《中国当代教育名人大辞典》、《世界文化名人辞海》。1997年赴俄罗斯圣彼得堡大学法律系访问；1998年应台湾大学法律学系邀请赴台参加“海峡两岸犯罪侦查学术研讨会”并进行学术交流；2006年11月前往澳门科技大学法学院讲学。

学术著作颇丰，曾出版《侦查学原理》、《刑事侦查学》、《讯问学》、《侦查谋略学》、《刑事侦查技术》、《司法鉴定概论》、《经济犯罪与对策》等学术专著，主编、参编的教科书30余部，2004年又出版了《都市犯罪与侦防对策》。曾先后在国内学术刊物上发表《论侦查科学化》、《物证技术如何为我国的市场经济服务》等学术论文百余篇。

自1989年起受聘于中国军地两用人才大学（后更名为北京军地专修学院）。在军地学院兼职任教的20个春秋中，参与了军地学院公安专业教学计划的制订，编写了教材及辅导材料，参加了面授、试卷命题、辅导答疑等各种教学活动，并参与了多媒体远程教学讲授，为军地学院的发展作出了较大贡献。

序

我国侦查学研究历经了从初级到高级以及从零散到体系化的发展过程，尽管与其他相对成熟的学科相比还有距离，侦查理论对侦查实践的指导还不够理想，系统化的侦查学理论体系还尚未完成，但作为一门独立的法学学科已经被认同与确认。[①] 苏联学者拉·别尔金也认为，“可以毫不夸张地说：刑事侦查学是一门科学……”[②] 随之而来的问题是，面对现代社会尤其是高科技下的流动社会，如何建立具有现代性、时代性和创新性的侦查学也就成为侦查学理论需要研究的问题之一。然而，侦查学的研究尤其是侦查基础理论的研究不仅需要接受现代社会供给的尖端性科技成果，还需要吸收侦查实践中的经验智慧，更需要探索支持其作为独立学科可持续发展的理论基础。王传道教授在年近八旬之际推出了《侦查学理论探索》一书则为上述三者的推进与发展补充了侦查理论营养与侦查实践智慧。因为王教授曾经作为公安战线上亲历一线的侦查破案实践者，在侦查实践中积累了丰富的破案经验，同时在大学从事侦查学教学、研究工作，不仅将这些丰富的经验融入教学之中，还在自己的研究中将这些经验提升为理论，实现了理论研究与实践的沟通与结合，并在探索与研究中推动了侦查理论不断向前发展。该著作不仅是王传道教授贡献给侦查学界的侦查理论研究成果集锦，也属于不可多得的侦查理论宝典。

王传道教授不仅是新中国享有盛名的侦查学学者，更是我尊重、仰

---

① 我国《普通高等学校本科专业目录（2012 年）》将侦查学作为公安类学科，而《学位授予和人才培养学科目录（2011 年）》将公安学科归入法学。

② ［苏联］拉·别尔金著：《刑事侦察学随笔》，李瑞勤译，群众出版社 1983 年版，第 25 页。

慕的老师。当打开书稿再次阅读每一篇论文时，我不仅在脑海里呈现出王老师在课堂上细雨般的理论睿智和谆谆教诲，而且在阅读中再一次获得新的启迪与感想，常读常新的意境油然而生，并收获了以下心得：

一是体现了侦查的理论魅力。侦查理论是侦查学作为一门学科的灵魂。因为“没有理论支持的学科，就没有生存的根基，没有竞争力，没有发展的后劲和活力；没有理论根基的学科，经不起风吹雨打，生命力就不强，更难以创新与发展”。① 王传道教授以其深厚的学识功底和高屋建瓴的学术眼光，敏锐地观察到侦查学界“重实践，轻理论”的经验型研究倾向，指出侦查学作为一门独立的学科，应有完整的理论体系支撑，建构了“侦查学基础理论”、“应用性理论”、“基本方法理论”的分层次理论框架，并在侦查学基础理论研究几乎处于匮乏状态的当时，结合自身侦查实践经验和侦查理论思考探索，撰写了多篇有关侦查学基础理论的论文，继而开创了侦查学基础理论研究的先河，引起了侦查学界的共鸣，在一定程度上实现了侦查学界对侦查学理论研究从漠视到关注，再到重视的转变，体现了侦查理论在促使侦查学学科发展的内在驱动与提升学术地位的魅力。

二是折射了侦查的时代气息。侦查与反侦查、犯罪与反犯罪是一对相生相克的矛盾，在侦查这个没有硝烟的战场上，正邪力量此消彼长。社会变迁、时代发展、科技进步尽管给人类带来了便利，但也促使犯罪情况不断变化与作案手段不断升级，这使得侦查实践迫切要求符合时代特征、与时俱进的侦查理论给予积极回应和指导。王传道教授密切关注刑事侦查理论的发展和犯罪方法手段的变化以及这些发展变化给侦查实践带来的挑战，较早地提出了侦查法治化、信息化、科技化等观点，并在理论上给予深刻阐释，尤其是侦查科学化，② 为侦查实践创新破案理念、创新工作机制和提升侦查方法提供了理论支持，其意义是不可低估的。

---

① 王传道：《“侦查学基础理论研究”论纲》、《侦查学理论研究必须与时俱进》等。参见本书第1~8页，第20~25页。

② 王传道在1998年台湾“海峡两岸犯罪侦查学术研讨会”上的论文——《论侦查科学化》等，参见本书第9~19页。

三是汇集了侦查的实践智慧。在侦查对抗中，侦查主体和犯罪主体“双方既斗力、斗勇，又斗智，而斗智常统率和制约着斗力、斗勇”。[①] 同犯罪作斗争，一支高素质的侦查队伍至关重要。王传道教授十分关注侦查队伍的素质，在其诸多论文中，他对侦查人员素质的培养与提高、侦查人员的料敌方法、谋略意识、施谋原则及各种谋略的运用等都作出了深刻的理论表达，为提高侦查人员在现代侦查中的侦查素养以及在侦查对抗中争取主动，正确运用谋略提供了科学理论依据。这些理论不仅能够提升侦查人员的素质，而且在将侦查经验转化为侦查能力并为提升侦查智慧指出了一条可行有效的转化途径。

另外，2012 年修改的《刑事诉讼法》吸收了王传道教授提出的“‘秘密侦查’亟待纳入法制轨道”的观点，在“技术侦查措施”一节中作为“隐匿身份”的侦查予以规定。[②] 诸如此类，不再一一叙说。

以上仅仅是在重读王传道教授上述论文获得的心得与启示，由于本人才疏学浅以及领会王传道教授旨意不深，致使我对老师在专著中表达的意义未能完全的体悟，但因著作在手而爱不释卷，将在不断学习中予以弥补。在著作即将付梓之际，老师嘱学生为序，旨在激励学生上进而不懈怠，因此学生欣然领旨，写出以上不才的表达，聊以作序。

衷心祝愿王老师以及师母身体健康！这也是晚辈的希冀与期盼。

中央财经大学法学院教授、博士生导师　郭　华
2014 年 6 月 27 日

① 王传道：《论侦查对抗的性质与特征》等，参见本书第 118～121 页。

② 王传道：《“秘密侦查”亟待纳入法制轨道》以及 2012 年修改的《刑事诉讼法》第 151 条，参见本书第 26～31 页。

目　录

"侦查学基础理论研究"论纲

侦查学有无理论，其理论分不分层次，何谓基础理论，侦查学的基础理论是什么，基础理论的本质功能是什么，基础理论与侦查实践是什么关系？现将这些问题提出来，与大家共同探讨，意在抛砖引玉，以求教于同人。

一、侦查学的学科地位问题

（一）侦查学的学科属性问题

目前对侦查学的学科属性，即侦查学属于何种学科的问题有两种意见：

1. 侦查学是法学体系中的一个独立学科。

2. 侦查学属于公安学（警察学）的一个分支学科。①

（二）侦查学在法学体系中的定位问题

侦查学是刑事法学的支柱学科之一。刑法学、刑事诉讼法学、侦查学共同构成了刑事法学的三大支柱，它不应当从属于刑事诉讼法学。②

刑法学是专门研究犯罪构成，定罪名和处刑罚的科学，属实体法学；侦查学是专门研究揭露犯罪和查缉犯罪嫌疑人的科学，属综合性的应用法学；刑事诉讼法学是专门研究刑事诉讼规则的科学，属程序法学。三门科学都以其不同功能，从不同角度和不同侧面来研究同刑事犯罪作斗争的规律，缺少一个就不完整。

（三）侦查学与刑法学、刑事诉讼法学的关系

三者之间是目的一致、互相交叉、互相依赖，又互相独立的关系。侦查

---

① 警察学即是对警察现象与事实作有组织、有计划的研究而获得的原理、法规和系统的知识学问。这是我国台湾学者邱华君先生给"警察学"下的定义，参见邱华君：《警察学通论》，台湾茂昌图书有限公司1991年版，第43页。

② 1993年王传道主编的《刑事侦查学》曾对此观点表述过；1996年邹明理主编的《侦查学》中又对此观点作了进一步阐述；1998年张玉襄、文盛堂著的《当代侦查学》中亦做过同样阐述。目前，对刑法、刑事诉讼法比较重视，侦查学则被抛开。依我看来，随着实践的发展，将来还得补课。因为犯罪是客观存在的事物，它的存在与发展并不以人的主观意志为转移。

活动是实现刑法和刑事诉讼法的关键步骤，刑法若离开侦查学研究的侦查实践，就无所适从；刑事诉讼法若离开侦查实践及理论则形同虚设；侦查活动离开刑法和刑事诉讼法就失去目标，走向无序。三者是互相依存、互相联系，缺一不可的。

侦查是犯罪的伴随物。侦查与犯罪之间是相生相克、此长彼消的互动关系。它是很古老的实践活动，而专门研究侦查活动规律的侦查学则又是很年轻的学科。

二、侦查学有无基础理论问题

侦查学是不是科学，有无其独立的科学理论，有无系统的理论体系？这对于从事侦查破案的实践者来说，似乎并不重要，但对理论研究者来讲，却是必须解决的重要课题。

（一）侦查学应当有其独立的学科理论体系

1. 侦查学是独立的学科，理应有完整的理论体系。没有理论支持的学科，就没有生存的根基，没有竞争力，没有发展的后劲和活力；没有理论根基的学科，经不起风吹雨打，生命力就不强，更难以创新与发展。

2. 客观世界的事物有其事必有其理，有其理必有其事，这是客观事物发展的客观规律。凡是客观存在的事物，就一定有其存在、发展和变化的道理。但是，由于人的认识能力所限或科学技术水平所限，或者其他原因影响，有许多事物虽然存在，但其“理”暂时未被揭示出来。所以，在实践活动中处于就事论事、知其然而不知其所以然的状态；在人们改造客观世界过程中，经过科学研究把一些事物的“理”预先揭示出来了，但由于科学实验不够或某些物质条件不具备，许多科研成果只能停留在理论研究阶段，还变不成现实的“事”。这都属于很正常的现象。侦查学就属于前者。侦查实践经验虽然丰富多彩，但对其理论研究较弱，至今尚未将其理论体系完整地揭示出来，使其更好地指导侦查实践。这正是摆在广大从事侦查实践的专家和理论研究者面前亟待解决的问题。

3. 侦查学的理论尤其基础理论仍为一片荒原，亟待有志者予以开垦。当前虽有不少学者，以不同形式，从不同方面对侦查学的理论进行探索，但依我看来，以往的探讨大多属于表层的零打碎敲，或者只是个体垦荒者，以小股游击战方式的探索，尚未形成强大的侦查学理论研究的正规军。

（二）侦查学理论的实际价值

1. 何谓理论？简言之，即说理之论。马克思主义哲学认为，理论是指系统化了的理性知识，是人们在认识事物过程中，综合感性材料加以整理和改造而得到的思维成果。正确的理论是人们实践经验的总结，是对实践经验的科学抽象和升华，是对客观事物的本质和规律性的正确反映。理论来自实践，又反转过来为实践服务。理论的重要性在于不仅能够解释现象，而且能够指导人们去能动地改造世界。

实践经验是可贵的，但单纯的实践经验不能代替理论。理论是从大量的、丰富的实践经验中抽取出来的精华，是具有普遍意义的精神产品，而不是对实践经验的简单描述。侦查学的基础理论或原理，是指在侦查学研究的领域内，具有普遍意义并对侦查实践具有普遍指导作用的理论。它来源于侦查实践，并反过来为侦查实践服务，又进一步指导侦查实践向新的高度攀升。

2. 侦查实践经验需要科学总结，侦查实践呼唤理论。侦查实践活动源远流长，实践经验丰富多彩。对我国古代的遗产有待发掘整理，继承发展；对现代的实践经验亟须进行系统研究，进行全面总结，加以科学抽象和概括，使其系统化、理论化、普遍化。

在新形势下，侦查对抗格局发生很大变化，今天的犯罪者，不仅知道如何使犯罪得逞，而且也知道侦查部门在干什么和能干什么。侦查需要前进，需要创新，需要超越对手。创新就需要理论的支撑。因此，面临的新形势呼唤侦查学理论的创新。

3. 侦查学基础理论的实际价值。“理论的价值，不在于教会人们怎样做，而在于启发人们怎样想。”① 欧洲的军事理论家克劳塞维茨在《战争论》中说：“理论应该培养未来指挥官的智力”，“而不应该陪着他们上战场”。②

理论是实践经验的总结，但不应停留于对具体事物的描述，而是舍事而言理的思维结晶，它注重从整体宏观上追求效益，而不是注重解决具体问题，也不是追求解决具体问题的效率。理论好比手中的火炬，举得愈高照得愈远。照得愈远，适用的范围愈广，受益面愈宽，其生命力也就愈强。但举得愈高，投射到下面的阴影愈大。也就是说理论概括的层次愈高，离具体事物愈远、愈抽象。

4. 理论需要转化为能力，变为实践的动力。研究理论的目的在于能动地改造世界。研究侦查学理论为了指导侦查实践。“如果有正确的理论，只是把它空谈一阵，束之以高阁，并不实行，那么，这种理论再好也是没有意

---

① 李炳彦、崔彧臣著：《兵经释评》，解放军出版社1987年版，第2页。

② ［德］克劳塞维茨著：《战争论》（上），杨南芳等译校，陕西人民出版社2001年版，第98页。

义的。”[①] 只有把理论转化为实践活动能力，才能成为改造客观世界的动力。但须知，理论水平越高，越能在较高的起点上发现和提出问题，越能够指导人们向更深的领域去探索新问题，揭示新奥秘，跨越新的高度。

培根曾说过：“各种学问并没有把这种学问怎样运用教会给我们，如何运用学问乃是学问之外的一种智慧。”[②] 知识在于积累，智慧在于开发。理论只是一种上升为理论高度的知识，知识需要转化为智慧，智慧再转化为能力，才能变理论为推动实践进步的动力。理论概括的层次越高，它的适用面越大，越具有普遍性，生命力越强，时效性越长。但它转化为具体对策和适用方法的层次也随之增多。所以，我们不能用教条主义的态度对待侦查学的理论，学习侦查理论不能囫囵吞枣；应用理论不能生搬硬套，也不能急功近利、图省事，不能要求立竿见影、马上见效。研究和掌握理论是授人以渔，而不是授人以鱼。“授人以鱼”仅供一餐之需；而“授人以渔”，则终身享用不尽。

5. 侦查学的基础理论应该是一门高度概括的深邃理论。《兵经释评》上说：“有说而人不知者，隐端也；有说而人知其不可知者，用活也。此说其不可知，知其不可知，遂可经久而莫破。”[③] 这段话的意思是说，用兵的奥妙，有的说了而人不能立即知道，是由于思想隐藏得很深；有的说了而人们也知道它是不能被知道的，是由于方法灵活，变化无常，难以捉摸。这种说了别人不能立即懂得，或是一般的人也明白自己不可能懂得的军事奥妙，就会有很长的生命力，而难以被敌人所看破。我认为，研究侦查学理论，不妨借鉴一下军事理论方面的思想。

三、侦查学应当有什么样的理论

（一）侦查学理论应当划分不同层次

按照侦查学理论在其理论体系中的地位划分，可将其分为基础理论，即原理、应用理论和具体操作方法方面的理论。

1. 侦查学的基础理论是本学科最高层次的理论。基础理论是本学科的根基，是该学科建立与发展的支撑点和依托。基础理论概括的层次高，通用性强，只有抓住这个共同点、共同性，才能求其本，见其里，显其真。

---

① 《毛泽东选集》（第1卷），人民出版社1966年版（横排版），第269页。

② 李炳彦主编：《斗智的学说——军事谋略九讲》，解放军出版社1991年版，第14页。

③ 李炳彦、崔彧臣著：《兵经释评》，解放军出版社1987年版，第1页。

侦查学理论概括的层次越高，覆盖面越大，理论之树的根须伸展得就越长，汲取的营养越丰富，侦查理论大树的根深才能枝繁叶茂。掌握了侦查学基础理论，在侦查实践中观察和认识问题的眼界会更加开阔。

高层次的理论对中、低层次理论起着指导和支配作用。

2. 应用性理论，属于中间层次的理论。这部分理论主要指侦查学学科本身的理论。包括：侦查学的概念、学科属性、学科研究的对象、学科体系，以及侦查措施运用的原则等。它处在中间层次，是在侦查学原理指导下对侦查学研究的内容加以概括和抽象，但又不是对具体方法的具体表述。目前国内出版的教科书基本上属于中间层次理论的研究。

3. 基本方法的理论概括和表述，属于最低层次的理论。这一层次的理论是对各类具体案件的一般侦查方法和措施的理论概括和表述。它的理论层次较低，可操作性强，变化性大，稳定性较小，时效性也短。

（二）侦查学基础理论的构成和特点

侦查学的基础理论应当是一个学科群。因为犯罪是一种复杂的社会现象，它涉及各行各业、各方面，作为专门研究揭露犯罪的侦查学，他研究的范围可以说比其他学科要宽泛得多，研究侦查学需要借助许多学科的知识来解决本学科中的问题，这就决定了侦查学基础理论（原理）是一个学科群，而不是单一的学科知识。它是一块集百科知识的“理论合金”，而不是一块纯金属。侦查学基础理论具有综合性、贯通性、开放性的特点。

综合性，是指侦查学的基础理论综合了哲学、法学、社会学、伦理学、心理学、思维学、兵法和现代科学方法、信息方法、系统方法、控制方法等各学科的相关知识。总结历史经验和现实经验，提炼新思想，构建解决侦查学领域问题的新理论。它是理性思维的产物，而不是对具体经验的描述。它需要广采百花之粉，才能酿成侦查学理论之蜜。

贯通性，是指侦查学的基础理论，可为解决各个层次的实际问题服务，既能帮助解决侦查战略问题，又可帮助解决侦查战役和战术问题。既能够帮助指导侦查实践中的总体部署问题，又能够为侦查具体环节出主意、想办法。

开放性，是指积极吸收、借鉴各学科的知识，去掉门户之见，跨出世袭领地，开阔视野，打破思维定式，加强纵向和横向联系，坚持“学古而不泥古”，“学洋而不媚外”，对外来知识积极汲取，对外国及外学科的知识，经过消化使其生成侦查学的新思想，以借他山之石，攻侦查学理论之玉，为中国的侦查实践服务。

（三）侦查学基础理论的内容

建立在多学科知识基础上的侦查学理论，包括以下九个方面的内容：

1. 侦查认识论。立论依据是：侦查破案过程是侦查人员对案件的认识过程，是主观符合客观的过程。侦查认识论是唯物主义辩证法在侦查领域中的具体运用，是侦查学的哲学原理。它对侦查学其他理论起着普遍的指导作用，它贯穿在侦查学理论研究和侦查实践的各个方面。侦查认识论应该是侦查学理论中的主干理论、核心理论。

2. 侦查对抗论。立论依据是：侦查是犯罪的伴生物，二者相生相克，相对立而存在，相斗争而发展，相互依存，同生共灭。侦查对抗是侦查活动的源头，是研究侦查活动规律的基石，也是研究侦查学理论的逻辑起点。对侦查对抗的性质、对抗方式、对抗特征、对抗格局、对抗规律、对抗转化的条件和取得对抗胜利的途径加以认真研究具有重要意义。

3. 侦查思维论。立论依据是：侦查中的案件大多为既往事件，案件事实本身不能重演，侦查人员认识案情需要通过思维再现；侦查过程中充满着对抗思维。侦查中没有正确的思维，就没有正确的侦查认识，不可能有科学的侦查。侦查思维是侦查认识的基本方式，因此必须对思维的规律特别是侦查对抗思维规律和特点，应当进行深入细致的研究。

4. 侦查谋略论。立论依据是：侦查对抗是侦查人员与犯罪者之间的斗智斗勇，谋略是侦查对抗思维的产物，是侦查人员智慧的结晶。侦查对抗中谋与勇相映生辉，但谋与勇相比，谋总是第一位的。“高超的智慧兼普通的勇气，比出众的勇气兼普通的智慧有更大的作用。”① 侦查谋略是侦查理论的精髓，是决策的核心，取胜的法宝。

5. 侦查科技论。立论依据是：犯罪手段的科技化、专业化必然导致侦查手段的科技化，科学技术在同犯罪作斗争中，必将大显身手。随着科学技术的进步与广泛应用，科学技术不仅大大推动生产力的发展，而且也不断使犯罪的技能和手段科技化，亦不断提高犯罪者的反侦查能力。世界各国都不断用先进的科学技术武装侦查部门，我国为适应同犯罪作斗争的需要，必须尽快提高侦查中的科技含量，未来侦查将呈现出高科技与高智能融合的特征。所以，侦查科技论亦是侦查理论研究的重要内容。

6. 侦查民本论。立论依据是：犯罪者是从群众中分离出来的，活动在群众之中，隐蔽在群众之中，暴露在群众之中，侦查之伟力源于人民群众。广大人民群众是完成侦查任务、实现侦查目的的依托。民本思想是侦查学的

① 李炳彦著：《兵家权谋》，解放军出版社 1983 年版，第 1 页。

重要理论之一，是具有中国特色的侦查学理论的标志。

7. 侦查决策论、运筹论。立论的根据是：决策是侦查活动的前提，没有侦查决策就没有侦查行动。实现侦查决策靠运筹。侦查决策、侦查运筹都属侦查学理论研究的内容。

8. 侦查系统论、信息论和控制论。立论的依据是：系统论、信息论、控制论是20世纪中期出现的发展较快、影响极大的一门新兴学科。系统理论是一个大的学科群，它是介于哲学和具体科学之间的一般科学方法论，它横跨若干具体学科。由于系统科学的普及和应用，给全世界工农业生产及其他学科的发展带来巨大效益，影响愈来愈广泛。侦查本身就是一个系统工程，所以运用系统论、信息论、控制论的理论和方法研究和解决侦查学中的问题，能给侦查学研究和侦查实践注入新的活力。

9. 侦查目的论。立论依据是：侦查是社会的人进行的有目的的活动。侦查的每个阶段、每个环节，乃至整个侦查活动都要追求一定的目标，最后达到目的。侦查学的理论研究亟须将侦查目的的界定、侦查阶段性目标、终极目的，以及实现侦查目的的途径、条件、手段和价值取向等，作为基本内容加以深入探讨。

四、侦查学理论体系需要大力开发和完善

科学技术进步日新月异，学术园地里百花盛开，群芳斗艳，学科争立，新理论层出不穷，展现出百花齐放的勃勃生机。

实践需要是孕育新理论之母。随着时代的变化，在侦查对抗实践中出现了许多新情况，遇到许多新问题，要发展，要创新。侦查学创新需要新理论的支持，因此侦查学理论的开拓是时代的呼唤、实践的要求，侦查学理论体系的创新不仅必要，而且紧迫。

我认为研究和创立侦查学的理论体系，亟须解决以下两方面的问题：

（一）立足现实，面向未来，放开眼量，开阔视野

1. 着眼现实，面向未来。无论理论研究、人才培养，都要顾及现实和未来的需要，想到发展前景。

2. 重科学，也要重艺术。侦查对抗是活人之间的对抗，有许多“存乎一心”的东西，对抗艺术要走向科学化，但科学永远不能排斥艺术，新的科学不断需要新艺术。

3. 重技术，也要重精神。新技术在侦查对抗中有巨大的作用，但不能忽视人的政治觉悟、道德品质、纪律作风，队伍的凝聚力和高昂士气的培养与提高。

4. 重知识，也要重智能。学习积累知识要提高智慧，要转化为解决问题的能力，要注重创新，必须不断更新知识，研究新问题，思考克敌制胜的新方略。

5. 重硬件，也要重软件。侦查队伍建设，既要注意加强技术装备和交通、通信、武器等物资方面的硬件建设；也需要加强思想、理论、谋略、决策等方面的软件建设。

6. 重专才，也要重通才。“博识家的话多浅，专门家的话多悖。”二者结合起来，优势才能互补。美国人泰勒说：“具有丰富知识和经验的人，比只有一种知识和经验的人，更容易产生新的思想和见解。”①

（二）群策群力，为攻克侦查学理论的目标奋进

1. 侦查学的理论体系是一个系统工程。完成这一庞大工程需要实践家、学术界共同努力，为之奋斗。

2. 调整目标，形成合力，组成理论大军。目前，侦查学的理论研究基本上属于小股游击队式的探索，处于各自为战的割据状态，目标分散，力量弱小。亟须有领导牵头，明确目标，形成向侦查学理论进攻的强大正规军。唯其如此，才能有大的作为，取得更大成效。

［郝宏奎主编：《侦查论坛》（第2卷），
中国人民公安大学出版社2003年版。］

---

① 李炳彦主编：《斗智的学说——军事谋略九讲》，解放军出版社1991年版，第15页。

论侦查科学化

当今世界，正处在以科学技术竞争为核心的社会大变革时期，各个国家、各个民族都想以科技优势称雄于世界，巍然耸立于世界民族之林。随着科学技术的进步，运用科学技术手段或将科学技术设施作为侵害对象的犯罪日益增多，犯罪呈现出智能化、科技化、国际化、集团化的趋势，给社会和个人造成的实际损失和危害，将大大超出人们的预料。侦查实践的需要，呼唤新的侦查理论创立，并反过来为侦查实践服务。犯罪的智能化、技巧化、国际化、集团化，要求侦查科学化和现代化。侦查科学化，是指用先进的科学理论武装侦查人员的头脑，用先进的科学技术装备侦查机关，并科学地运用技术手段于侦查实践。科学侦查应当包括软科学和硬科学两个方面。只有将软科学与硬科学同时并举，紧密结合，才能相映生辉，形成强大的侦查合力。本文侧重对侦查思维方式、科学技术之威力及侦查现代化之路，进行一些探讨，以求教于同人。

一、侦查科学化需要科学的思维方式

科学思维方式即现代思维方式。现代思维方式是以自觉的辩证思维为基础，从侦查活动自身的辩证运动出发，从事物联系和发展的角度，从多样性的对立统一中进行思维。现代思维方式的实现，一方面需要变革原有的思维方式，使其得到深化和现代化；另一方面要创立新的思维方法，如系统方法、信息方法、控制方法、功能模拟法、择优化方法等，都可以运用到侦查中来，使其为现实的侦查实践服务。

（一）侦查靠智慧，多思必有胜道

侦查活动是在活人或活人集团之间进行的对抗活动。对抗双方不仅是力量和勇气的较量，而且充满智慧的拼搏。侦查中欲要掌握主动权，侦查人员必须肯动脑筋，充分发挥聪明才智，根据具体案情，设计出克敌制胜的奇谋良策，才能降伏对手，而不被对方释放的迷雾所困扰。

谋略是智慧的结晶，是以智制愚的科学理论，西方人把谋略称为“以巧制胜的科学”。所谓“巧”，就是以最小的代价换取最大的利益。侦查对抗是在能独立思维，具有自觉能动性的活人或活人集团之间进行的，侦查对抗中必然是科学和艺术的高度结合，智慧与胆识的交融。兵法中所说“以谋代战，一当万”，“一人握毫之力能胜万人操枪之勇”，正是强调科学思维的重要性。在侦查对抗中，不应沿袭过去熟悉的旧套路，而应当面对复杂的对抗局面，不断变通思维方式，智者多虑，多虑则疑，有疑则思，多思必有新招；遇难则谋，多谋必有胜道。

（二）侦查人员应有的科学思维品质

为了提高侦查的高效性，侦查人员应当善于冲破思想牢笼，让思想自由飞翔，才会有奇特的智慧。笔者认为，一个优秀的侦查员必须具备以下优良的思维品质：

1. 思维的广阔性。“欲要主意多，必须想得宽”。侦查对抗的复杂性，要求侦查员的思维半径要大，覆盖面要宽，无论犯罪人多么狡猾，施展何种反侦查计谋，都使其难以逃出侦查员的思维辐射圈。侦查员不仅善于用常规思维认识对手，还应当善于运用联想思维、反向思维揣摩对方的思维规律，以便跳出对手的思维判断圈。

2. 思维的敏捷性。侦查思维的敏捷性要求思维过程灵活而迅速。在激烈复杂的侦查对抗中，要有敏锐的洞察力，反应要快，不能听而不闻，视而不见；对事物分析、综合、比较、抽象和概括等心理操作过程，能在较短的时间内完成，遇事要有办法解决；适应环境要快，不论遇到何等复杂的环境，都能沉着、冷静地积极思维，准确判断，机智果断，随机应变，作出相应的反应。

3. 思维的深刻性。在侦查进程中，要求侦查员善于深入地思考问题，准确地把握事物的本质和规律，并能预见案情发展趋势。侦查对抗中充满迷惑性，侦查员在进行思维的过程中，要善于透过现象究其本质，在复杂多变的对抗格局中，善于抓住关键问题，适时正确判断，并随时把握对手的动向，推断案情变化趋向，牢牢掌握侦查对抗的主动权，加强自觉性，减少盲目性，增强主动性，摆脱被动性。

4. 思维的独立性。在侦查思维过程中，要求侦查决策者能独立思考、分析、发现和解决问题，克服从众心理，排除干扰。侦查员特别是侦查决策者进行思维时，要有独立见解和解决问题的新招数，在分析现场、研究案情、考虑侦查方案时，要善于发现新问题，见异则疑，有疑必思，克服人云亦云的随多性。侦查思维的独立性，并不是主观臆断，而是从客观实际出发，既要勇于坚持真理，又不固执己见；既不盲从他人，也不要闭目塞听，一意孤行。应当多谋善断，力戒优柔寡断，徘徊不定，贻误战机。如果条件许可时，应当尽可能发挥集体智慧，以弥补思维之不足，减少失误。

5. 思维的发散性。发散性思维，是指从不同方向，重新组织已获取的信息和记忆中储存的信息，通过思维产生大量的、新的思想。在侦查思维中，应当扩大思维的自由度，不拘一格地从各方面进行探索。从中寻求最佳方略，并配之与其相适应的方法和手段。在分析案情、研究侦查方案过程中，要从多方位、多角度、多侧面和多渠道获取信息，善于进行多向性思考，提出多种设想，找出多种答案，预测多种结果，权衡利弊，择优而从之。

6. 思维的创造性。创造性思维是运用已有的知识经验，创造出新的思维成果。侦查对抗的多变性、复杂性，要求侦查人员应善于进行超常思维，注意克服直线思维和惯性思维的保守性，树立“超越型”的思维模式。侦查员在思考对策时，不能循规蹈矩，要刻意求新，善于从司空见惯中发现新问题，提出新见解，找出克敌制胜的新途径。

（三）侦查需要科学料敌

孙子曰：“知彼知己者，百战不殆。”① 《兵经释评》中也说：“知计谋则知所破，知虚实则知所击。”② 这些都是说获取情报、掌握敌情的重要性，准确的情报是正确决策的前提，是制胜的基础。军事谋略理论家李炳彦、孙兢在《军事谋略学》中提出料敌的十种基本方法，对侦查料敌有很大启迪作用和重要借鉴价值，不妨仿效军事谋略的理论原则，结合侦查对抗的实际，提出八个方面的侦查料敌方法。

1. 以露察隐分析法。犯罪活动具有两面性，既有隐蔽性，又有暴露性。侦查活动是从犯罪的暴露性入手认识案情，通过综合分析、判断、推理揭示其隐蔽性。犯罪活动是由人实施的，受其主观意志的支配，固然有其难以琢磨的一面；但人主观能动性的发挥，又必然受时间、地点、环境及思维习惯的制约，无形的东西会通过有形表现出来，这又有其可察知的一面。诚然，犯罪人为逃避侦查，会故布疑阵，示假隐真，转移侦查视线，案件的事实真相往往被犯罪人制造的层层迷雾所笼罩，甚至会呈现出使人眼花缭乱、目迷五色的现象。但是，不论多么狡猾，多么老练的犯罪人，在实施犯罪前后及犯罪过程中，要想不露一点马脚，不留一点痕迹是难以做到的。“月晕而风，础润而雨。”犯罪人在预谋和实施犯罪过程中，其心理状态、思想动机，都会通过言谈举止表现出来，都会在知情人的头脑中和犯罪现场留下各

① 吴如嵩著：《孙子兵法浅说》，解放军出版社 1999 年版，第 48 页。
② 李炳彦、崔彧臣著：《兵经释评》，解放军出版社 1987 年版，第 59 页。

种印象和有关痕迹、物品及其他物证。有心计的侦查员要善于通过各种渠道获取信息，善于从已暴露的蛛丝马迹中，测知对手隐蔽的奥秘，把握住对手的行动企图。

2. 以己度彼分析法。在侦查对抗中，任何一方都不愿意做对方所希望的事；相反，都希望对方能按照自己的意愿行事。双方都把对方的对策作为自己的研究对象，一方的行动常会引起对方的反行动。侦查过程是一个彼变我变、我变彼变、彼我互变的动态过程，使侦查料敌常常带有很大模糊性。无论如何变化，侦查员对自己对策中的缺陷和漏洞还是能够察觉的，运用什么方法能破自己的对策，自己也比较清楚。如果侦查员运用换位思维方法，把自己置于对方的位置上来思考问题，就可以发现自己对策中的不足。以己度彼，由己推彼，应当随时研究对手想什么。制订侦查对策时，宁肯把对手想得更狡诈些，反侦查能力更大些，绝不能因低估对手而轻敌。当自己的对策发生变化时，还应当充分估计到对手又可能采取什么新办法来对付自己，作出多种预案，以预防不测，造成被动。

3. 观往验来判断法。不论任何人的思维、技能、行为方式等，都不同程度地打上历史的烙印，而且多数人进行思维、规划自己的行动时，都往往沿着以往经验的轨迹运行，从而形成一种思维惯性。突然改变自己的思维规律，只能是暂时的偶然现象，如果长期改变自己原有的思维惯性，就势必形成一种新的思维惯性，新的思维惯性又难免留下原来的痕迹。

侦查主体要充分利用对手的思维习惯，不断通过研究犯罪手段的习惯性来认识犯罪人的个性特征。犯罪手段的选择又取决于犯罪人的能力、气质和性格。由于犯罪人个性特点所决定的犯罪手段，经过反复体验、发展和丰富，会促使其原有的个性特点更加鲜明，从而形成具有特定性的特征。即使是很狡猾、很老练的犯罪人，在实施犯罪时常会出现故技重演的现象。如果侦查员善于从各种不同的犯罪手段及其所要达到的目的上去研究犯罪个性，就可以判断犯罪人的心理活动，进而察知其犯罪动机、企图、图谋及其思维趋势。

须知，观往验来是根据对手的经验、习惯来认识对手的一种分析判断方法，只是一种直观的认识方法，直观认识容易被假象所迷惑。因此。运用此法分析判断对手，要注意进行综合分析，防止让思维惯性把自己引入对手设计的圈套。

4. 察迹觅踪料敌法。“有行必有迹，迹是行的反映。”犯罪人在一定的时、空条件下实施犯罪，必然引起物质环境的变化，在一定物质上和有关人员的头脑中留下各种痕迹和印象，它能够从不同侧面，以不同形式记录、描写犯罪活动发生、发展和结束的状态。例如，犯罪现场留有某人的指纹、足迹或气味以及其他物品、物质等，它可以表明在一定的时间内，某人曾来过此地，并触摸过留有指纹的物体；犯罪人在实施犯罪过程中，还会给受害人、事主或现场周围的耳闻目睹者留下某种印象。不同的人、不同的物、不同的行为方式会留下不同的“迹”，它可以为侦查员分析案情，认识犯罪人的行为方式、心理状态、个性特征提供条件。

犯罪活动一般都是在隐蔽条件下进行的，犯罪人为了隐蔽企图，逃避侦查，唯恐留下痕迹、物品及其他物证，往往采取各种手段毁证灭迹。但在无意中或无可奈何的情况下仍然会留下某些痕迹、物品和其他物证，或者给耳闻目睹者留下某种印象。这些痕迹、物品、迹象、印象常常是不完整的、分散的、孤立的或支离破碎的，有些是被破坏过的，需要侦查员认真、细致、全面地观察研究，从中发现犯罪的蛛丝马迹，要求侦查员要有察微知著的眼力和一叶知秋的敏锐感，才能从各种迹象中把握住犯罪人的行为轨迹。

5. 反观而求料敌法。反观而求是一种反向思维料敌法。在侦查对抗中常表现出不可能中隐藏着可能，反常中隐藏着正常，真真假假、虚虚实实等各种反逻辑而又合乎逻辑的复杂现象。智能一般的犯罪人，可能按常规行事，而狡猾的犯罪人往往会施展各种反侦查伎俩，隐蔽其真实企图，甚至反常而动。有时仅从正面观察，难以识破其阴谋诡计，如果从其反面研究倒可以发现破绽，识破其庐山真面目。

反观而求是一种认识案件的思维方法，不能把它作为一种普遍的料敌模式，一定要结合具体案情，注意综合分析，细心求证，善于从虚中查实，实中见虚，利中见害，防止误入对方设计的圈套，造成失误。

6. 黑箱辨识法。在侦查对抗中运用黑箱辨识法料敌，是把侦查对象（包括讯问对象）作为一个“黑箱”，侦查人员不断向它输入一定的信息，仔细观察研究对方的输出反应，分析判断对方的内部情况，以揭开对方“黑箱”中的奥秘。侦查员运用黑箱辨识法控制对手，必须通过各种渠道，运用多种手段不断地向侦查对象输入信息，通过观察研究对方的输出反应，逐步认识对方，驾驭对手。

侦查对抗双方都是能独立思维的活人或活人集团，具有鲜明的相向目的性，里面充满侦查与反侦查、认识与反认识、控制与反控制的斗争。运用黑箱辨识法料敌，必须不断地调节向对方输入信息的方式；在观察研究其输出反应时，要善于鉴别真伪，排除对方释放的干扰信息。必要时还可以根据具体情况，向对方释放一定的干扰信息，以迷惑对手的心智，使其产生判断失误，我方可从中获取真实信息，以正确判断对手。

7. 思维模拟分析法。仿效对手的心理活动规律，沿着对方的思维轨迹，模拟演示对方的思维特征，达到认识对手图谋之目的。进行思维模拟，必须把握被模拟对象的思维个性，将被模拟对象的思维程序，通过数学语言表现出来，建立起被模拟对象的思维模型。特别是同走私集团、贩毒集团、黑社会（性质）组织和其他犯罪集团进行斗争，可对其为首者及骨干人物，分别建立档案，研究其思维活动规律，仿效其思维程序，建立起思维模型，进行模拟思维对抗，做到敌手未动我先知，以制订正确的侦查方案，选择相应的策略方法。

8.“用间”料敌法。侦查与用兵打仗一样，只有测知对手是如何算计我的，才能高敌一筹，立于不败之地。目前，运用一般侦查手段尚不能准确地探知对手内心深处的活动，无法及时准确地掌握对手的思想变化及新的图谋，必须运用特殊手段来完成特殊任务。在侦查中要想了解对方的内幕，掌握其新的犯罪企图，也必须运用特殊手段才能奏效。尤其对入境和境内外勾结的走私、贩毒及其他有组织犯罪，使用隐蔽力量，开展内线侦查是必要的。只有将对手的情况了解清楚，才能做到心中有数，侦查决策才有坚实的基础。

二、侦查科学化有赖侦查手段科技化

侦查手段科技化，是指用先进的科学技术装备侦查部门，由高素质的科技人才，科学地运用技术手段，将科学技术转化为侦查战斗力，提高侦查中的科技含量，发挥科学技术在侦查中的特有威力。

（一）树立科技意识，走科技强警之路

随着科学技术的发展，犯罪方式和犯罪手段发生了重大改变。计算机犯罪不断出现；利用现代科学技术手段实施暴力犯罪日益突出。利用气体杀人、生物学杀人、化学杀人、放射性物质杀人、有毒动植物杀人等犯罪案件不乏其例，运用技术手段伪造货币、证券、证件、商品、商标、票据、邮票、文物等犯罪遍布世界各地。利用无线电测码仪器截获电子信号，盗窃移动电话号码、非法并机的犯罪活动亦呈上升趋势，不仅给移动电话机用户造成极大经济损失，而且给通信管理造成混乱。

随着通信技术和交通运输的发展，运用现代化通信器材和跨区域犯罪突出。近年来，通信手段和某些自动化设施的普及，给人们的生活带来很大方便。但也为犯罪者提供了条件，运用 BP 机、对讲机、无线电话、汽车电话、通信网络系统和电脑传递交流犯罪信息，甚至利用现代化通信器材进行遥控犯罪已屡见不鲜。犯罪的流动性加大，跨地区，跨省、市，甚至跨国界犯罪日益增多。流窜盗窃、诈骗、抢劫等犯罪案件大幅度上升，而且杀人、爆炸犯罪也开始向跨区域发展。一些犯罪分子利用现代化的交通工具进行闪

电式的流窜犯罪，作案后迅速逃离，远距离藏身、销赃，或者杀人碎尸向远距离移尸、抛撒尸块，以逃避侦查。

犯罪集团化、技巧化、暴力化、智能化，甚至国际化的新趋势，向侦查部门提出严重挑战，以往那种传统的侦查模式和落后的取证方法，显然已远远落后于斗争实际的需要。必须转变观念，增强科技意识、证据意识，充分发挥科学技术手段在侦查中的特有威力，及时、准确地揭露证实犯罪，迅速将犯罪嫌疑人查缉归案，才能显示出侦查战斗力所在，只有及时、准确地查缉犯罪，才能对犯罪分子构成威胁，使其不敢轻举妄动，有效地保护公民的生命财产安全，维护社会安定。

提高科技意识，必须摆正科学技术在侦查中的地位。不能再沿用有什么本领破什么案的思维轨迹，而应该树立起有什么案件就学会什么样的破案本领，遇到什么案件就采取相应的破案方法的新观念。在侦查破案中，科学技术就是战斗力，就是破案能力。侦查科学化，必须由有科学头脑的侦查员，掌握先进的科学技术手段，并科学地运用于侦查实践，才能得以实现。走“科技强警”之路，应当全方位地用科学技术武装侦查部门，逐步实现搜集、管理情报科技化；报警、指挥系统自动化；交通、通信现代化；现场勘验手段科技化；检测、鉴定手段现代化；监控手段科技化；自我防护现代化。只有如此，才能造就一支政治坚定、装备精良、作风过硬，特别能战斗的侦查队伍。

（二）提高侦查破案中的科技含量

在侦查中提高科学技术的含量，是侦查方法科技化程度的标志，也是侦查手段进步程度的反映。随着刑事诉讼的科学化与民主化，同犯罪作斗争中对科学技术的依赖性越来越明显，对运用科学技术手段发现、收集、鉴别、检验和鉴定证据的要求越来越迫切。在侦查中拟可从以下方面提高技术含量：

1．提高勘验、取证方面的科技程度。犯罪现场是获取与犯罪有关的痕迹、物品及其他物证的重要途径，应当充分运用先进的技术方法勘验现场和检查尸体、人身及其他物品。根据不同情况可以运用电子摄影、微光摄影、显微摄影、激光摄影、X射线摄影、红外摄影、紫外摄影等照相技术和摄像技术，发现、记录现场的痕迹、物品及其他物证；除了用碘、硝酸银、茚三酮和粉末显现指纹外，还可以采用8－羟基喹啉和“502”胶（a－氰基丙烯酸乙酯）及激光显现潜在指纹；用静电吸附法提取粉尘足迹；运用磁性探测器、X射线探测器、激光探测器，寻找射击弹头、弹壳及其他金属物、爆炸物，运用紫外、红外探测仪寻找、发现现场的血痕、精斑、火药、油漆碎片等。将科学技术应用于现场勘验，能够大大提高现场采痕取证率，扩大收集证据的范围，为客观认识案情提供科学依据，为破案提供线索。

2. 利用技术手段显示隐蔽、污染的字迹、图形。在侦查实践中，涉及与案件有关的字迹、图案相当多，有的字迹、图案因时间久、受潮及其他因素造成字迹、图案模糊不清；有的字迹、图案被涂改或者被其他物质掩盖、污染，变得模糊不清；还有的已经消退，用肉眼难以分辨。如果运用紫外线、红外线、蓝光、激光方法，就可以把模糊不清的字迹、图案显现出来；根据掩盖、污染物的性质，利用红外线或化学试剂，将被掩盖、污染的字迹、图案显现出来；运用紫外线或蓝光激发消退的字迹、图案，使其产生荧光，或者用化学试剂、硫氰酸气熏法均可以把被消退的字迹、图案重新显现出来；运用静电成像方法可以较好地把抑压字迹显现出来，从而扩大人的感知功能，开阔侦查视野。

3. 扩大技术鉴定范围，加速鉴定现代化。随着科学技术的进步，侦查中的技术鉴定范围不断扩大，世人称指纹是“证据之王”，现今除了通过指纹、掌纹和脚纹鉴定认定人身同一外，还可以利用鼻纹、唇纹、额纹、耳轮纹、手背纹及膝部纹认定人身同一；除提高文字鉴定的准确率外，还将书写时间、复印文件以及语言、声纹纳入鉴定之内；新科学仪器的发明，大大扩大和提高了微量物证鉴定内容和效能。技术鉴定正在从常量向微量，由定性向定量发展；从个体排除向同一认定，由单一手段向多种手段方向演进。

当前的理化鉴定具有鉴定对象多样化、样品微量化、仪器高敏化、方法自动化的特点。应用色谱分析法，包括气相色谱、液相色谱法；光谱分析法，又分为红外光谱分析、紫外光谱分析、原子光谱分析、发射光谱分析法等；质谱分析法；气相色谱与质谱联用分析法；金相显微分析法；电子显微扫描法；中子活化分析（放射）法等。可以快速、准确地检测各种微量物质的性质和成分。

近年来，生物学鉴定技术也得到长足发展。血液鉴定中对遗传基因DNA（脱氧核糖核酸）的研究成功，使通过血液 DNA 鉴定识别人身得以实现。DNA 存在于人身所有的细胞中，利用价值很大。DNA 检测对侦破杀人、强奸、伤害案件有重要作用。

4. 实现报警、指挥、通信网络化。为防止公民人身和公私财物不受侵害，或一旦遭到盗窃、抢劫及恐怖活动的侵袭能够及时报警，在金融仓库、银行、机关、物资仓库及重要公共设施，可以安装自动报警装置，实行点、线和空间控制，有条件的还可安装自动录像设备。报警系统与指挥系统、侦查实战部门实行网络化，一旦接到报警通过计算机通信网络立即将犯罪信息传递到指挥中心，指挥中心立即把指令传到侦查实战单位，迅速组织力量奔赴报警地点，不失时机地开展侦查。报警、指挥、布警网络化，可以上下、左右及时联系与交流，大大缩短了报警—出警时间，提高侦查效率。如果建立起地区性乃至全国性的现代化报警、通信指挥网络，将可逐步达到“运筹帷幄之中，决胜千里之外”的境地。

5. 运用技术手段监控、缉捕犯罪嫌疑人。为掌握侦查目标的动态，及时发现线索，获取证据，对侦查目标需要有效的监控。在侦查中可引进国外利用红外夜视仪、闭路电视系统、微光电视系统对侦查目标进行有效的监视；运用电子跟踪、电子控制等技术手段，可以掌握侦查目标的行踪，以采取有效的侦查措施。

在对付暴力犯罪、绑架人质及缉捕其他犯罪嫌疑人时，可以利用催泪、麻醉、高压电击等非杀伤性武器，使缉捕对象丧失行凶和反抗能力，束手就擒。同时侦查人员应穿着防弹、防化学、防燃烧的服装，加强自身防护，防止或减少伤亡。

6. 加强侦查情报管理科技化和自动化。情报是开展侦查的先导，离开情报侦查就寸步难行。加强对情报资料的科学管理，对通过各种途径搜集到的情报资料，分门别类归档保存，建立指纹、鞋子种类、鞋底花纹、枪支弹药、汽车及轮胎、工具器械、笔迹、人像照片、语言、声纹、肤纹、纸张、墨水、炸药、毒物毒品、假钞、伪造证件、伪造票证，以及人体气味档案信息库，运用电脑储存检索，根据侦查的需要，随时将有关材料调出研究，使它更好地为侦查服务。

将上述科学技术的特有作用充分发挥出来，并紧密结合，协调一致，一定能大大提高侦查中的科技含量，将侦查科学化的进程，大大向前推进一步。

（三）强化科技装备，提高科技人员素质

为适应侦查破案的需要，当务之急是要加大对侦查科技的投入，改善侦查部门的技术装备，扩大物证检验范围，强化科技手段，提高发现、收集、鉴别物证的能力。对县、市级的技术点装备必要的仪器，尽快达到对伤检、毒物化验、指纹、足迹、工具痕迹等的常规检验水平，提高对犯罪现场的勘查率，采痕、取证率和对现场痕迹、物证的利用率，更好地为侦查服务，为高一级的技术鉴定提供足够、合格的检材；地、市级技术点应当有较先进、较完备的仪器设备，能进行微量物证（微量附着物、金属、油漆、纤维）和微量毒物、毒品的检验；定性、定量分析；进行血痕红细胞酶型、血清型、病理组织学及体液的检验等，掌握红外、紫外、激光等特种摄影技术，提高发现、提取、利用物证的能力；省、市级技术中心应有现代化的技术装备，重点开展超微量物证检验技术和个体识别技术的研究，进行 DNA 检验；

对超微量物证进行定性、定量分析，帮助下级技术点解决技术难题，为侦破疑难案件提供科学依据和技术帮助；有计划地进行科研，结合侦查实践中的问题，攻破技术难关。

先进的科学技术装备，需要高素质的人去掌握，才能发挥出科学技术手段的特有威力，才能提高侦查战斗力。欲加速侦查手段科技化的步骤，在强化技术装备的同时，要建立起一支全心全意地为人民服务，具有真才实学，知识结构和层次结构都比较合理的专业队伍。对现有在岗的科技人员，通过岗位培训、脱产进修、送进高等学校和科研单位深造等方式，加强业务培养，提高业务能力。积极吸收高学历、具备现代知识和技能的硕士生和博士生充实到侦查科技队伍中来，增强科技队伍的活力。科技队伍建设应有超前意识，既要面向实际，又要面向世界、面向未来，造就一大批有扎实的业务知识功底，有丰富经验，操作技能好的科技骨干，培养一批熟悉法律、懂外语、具有现代化科学知识、敬业精神强的跨世纪科技人才，使他们在侦查实战和科学研究中起科技带头人的作用，使侦查科技人员的整体素质提高到一个新的阶段。

三、实现侦查现代化途径之探索

当今世界是知识爆炸的时代，是激烈竞争的时代，各行各业都卷入激烈竞争的大潮中。表面看来侦查是侦查部门与犯罪的竞争，在实质上是侦查部门同整个社会的竞争，因为犯罪是一种社会现象，只要有人群的地方都会出现犯罪，而且从事犯罪活动的人是一种变量，无论什么人，都可能走向犯罪。人类社会已进入现代化时期，新知识、高科技日新月异，新的科技成果，既可以给人类带来福音，也可以被居心不良的人用来破坏社会。科学技术的进步，也为犯罪人提供了可资利用的条件。侦查部门必须有危机感和紧迫感，应当从长计议增强对抗能力。古人云：不谋全局者，不足谋一域；不谋万世者，难以谋一时。侦查部门只有针对未来犯罪发展的趋势，站在犯罪“克星”的位置上思考新对策，努力发展自己，才有可能超过对手。

我国实现侦查手段现代化，应当根据我国的国情，走自己的路，有个性才有生命力和竞争力。我们既要根据侦查实践中遇到的问题，积极开展科学研究，又要积极吸收、借鉴他人的先进经验和新成果，为我所用。借鉴可从国内和国外两方面进行：

（一）借助国内其他领域的新成果

科学技术是不分领域的，科技本身具有共适性，各个领域可共享，谁掌握它，运用它，它就为谁服务。更何况侦查技术是一门多门类、多学科的边缘学科，它是各种科学技术在侦查中的综合运用，为侦查破案服务。侦查技术必须不断吸收各种科学技术中的营养强壮自身，善于借他山之石，雕刻侦查技术之玉。

侦查部门应当经常关注国内物理学、化学、工程学、材料学、土壤学、医学、药物学、生物学、动物学、植物学、昆虫学、电脑技术、汽车技术、电子技术及其他高科技学科领域的发展情况，了解他们研究的新成果及工业生产中新产品的开发和新工艺的采用情况。凡是对侦查有用或者有借鉴、启迪价值的东西，都可以将其移植、嫁接到侦查技术中来，使其为侦查破案服务。侦查技术部门还可以与科研机构、高等院校建立协作关系，携手开发新的科研项目，如计算机软件开发，防伪技术的开发，摄影、录像技术的开发以及通信新技术的研究等。如果在侦查中遇到技术难题，还可以请求社会上有关单位予以支援。

（二）面向世界，吸收新知识，引进新技术

科学技术既无国界，又不分种族和民族。尽管各国的社会制度、司法制度不同，但侦查技术手段是共通的。因此，积极发展自己侦查技术的同时，要紧紧盯住世界各国侦查技术发展的动向，加强与国外的技术交往，通过法庭科学国际学术会议、国际刑警组织、国际间的协作破案、学者互访等渠道，学习别国的先进经验，有计划、有选择地引进国外的先进装备，经过改造使其变成自己的东西。例如，在国外侦查中的雷达探测技术；监控新技术；认定人身的生物测定技术；图像合成新技术；电脑辨认面容；识别气味的新技术；DNA 鉴定新技术；指纹、枪弹、笔迹、声纹、印章鉴定的新技术；照相新技术；计算机应用方面的新技术；测谎技术及理化检验中的新技术等，都可以尽早借鉴过来，使它为中华民族服务。

综上所述，笔者认为，只有实现了侦查思维科学化，侦查决策信息化，侦查手段和情报资料管理科技化，报警、侦查指挥、组织警力网络化，通信和交通工具现代化，才算是侦查科学化。或者说，实现软科学和硬科学的全方位结合与运用，由高素质的人才，运用科学的头脑，指挥和应用高科技手段，文理渗透，交叉应用，才是真正地实现了侦查科学化。否则，只能是半科学化或局部科技化。只有实现了侦查科学化，才能开创出侦查的新局面，使侦查理论研究走向科学、系统的轨道。

（1998 年台湾“海峡两岸犯罪侦查学术研讨会”论文，
载《河南省政法管理干部学院学报》1999 年第 5 期。）

侦查学理论研究必须与时俱进

坚持与时俱进，就是要从我国实际出发，坚持不断创新，其中也包括理论创新。中央文献研究室编辑的关于学习《江泽民论有中国特色社会主义》（专题摘编）中指出："要使党和国家的发展不停顿，首先理论上不能停顿，否则，一切新的发展都谈不上。"作为专门研究揭露犯罪的侦查学来说，亦必须随着时代的发展和实践的需要不断创新，使其更好地为侦查实践服务。

一、时代呼唤理论，实践需要理论

"在21世纪里，创造性的科学与技术活动将普遍地成为人类社会的主要活动，并向社会的许多领域渗透，以至引起国际社会的巨大变化。"① 这就是当今社会里科学与技术发展的源泉，"科学技术化与技术科学化成为新的特征，科学是高度技术化了的科学，技术是高度科学化了的技术"。②

在科学与技术高度发展的形势下，作为专门研究与犯罪作斗争的侦查学要不要发展？能不能跟上时代的步伐？越来越引起学界更多人的关注。如果要让侦查学跟上时代的发展，首先要解决侦查学是不是科学，如何确定其学科地位，侦查学有无科学基础，它有没有理论体系等一系列根本性的问题。如果说侦查学不是科学，那么它就没有存在的必要。如果承认侦查学是一门独立的科学，那么它有无理论根基和完整的科学体系？有人曾认为侦查学只是对具体方法的描述，或称其为方法学，无理论体系，因此侦查学不能成为一门独立的学科，只能从属于某一门法学。没有理论支撑的学科当然是苍白的、软弱无力的，经不起风吹浪打。所以多年来，被人认为侦查学似乎难登法学的大雅之堂，长期处于受歧视、被排斥的境遇。这与上述一些根本性问题没有很好解决有着极为密切的关系。

笔者认为，侦查学发端于源远流长的侦查实践，它有坚实的实践基础，数千年的侦查实践和100多年的学科创建历史证明，侦查学不仅具有很强的

---

① 周光召主编：《现代科学技术基础》，群众出版社2001年版，第1页。

② 周光召主编：《现代科学技术基础》，群众出版社2001年版，前言。

科学性，而且技术含量很高，并具有高超的艺术色彩，它是一门熔科学与技术和高度艺术性于一炉的综合性极强的学科。只是因为它的实践性极强，长期偏重于应用，而忽略了对其理论的系统开发与整合，所以被误认为侦查学好像没有理论。当今在科学与技术相互作用、相互渗透，共融一体的形势下，侦查学应当占有先机之利，努力使这门科学大展宏图，使其科学性技术化，技术科学化；使侦查学科学与技术的运用艺术化，并使高超艺术带有很高的科技含量，使其成为科学、技术与艺术高度融合的学科。这是时代赋予侦查学的重任。但是，由于侦查学理论研究起步较晚，根基浅薄，与其所担当的历史任务和科学发展的要求极不相称。据此，加强对侦查学的理论，尤其基础理论研究，显得十分迫切，这是时代的呼唤，学科发展的期盼，形势逼人，责无旁贷。

从我国侦查实践状况讲，丰富的经验需要进行理论概括，侦查实践又亟须科学理论指导。加入世界贸易组织之后，我国的改革开放进入新阶段，社会治安形势发生新变化，一方面，刑事犯罪的数量和种类继续增加，犯罪涉及的领域将进一步扩大，犯罪手段不断升级，反侦查能力增强，破案的难度将会进一步加大。另一方面，随着法制建设的日益完备，刑事诉讼更加法制化、民主化，证明制度更加科学化、系统化，对侦查破案的要求会更高更严，侦查部门将面临严重的挑战和考验。面对日益严峻的形势，侦查战线必须跟上时代的步伐，适应形势，适应刑事诉讼规则的要求，加强自身建设刻不容缓。自强方能胜人，只有建设一支政治素质很高，有高超的智慧，精通法律和政策，掌握现代化的科学技术和侦查破案专业知识的队伍，才能适应形势，战胜对手，完成保卫社会主义现代化建设，保护人民群众的重任。

加强侦查队伍现代化建设，需要解放思想，更新观念，锐意进取，开拓创新。开拓创新需要先进的理论做指导，时代在前进，实践中的新问题层出不穷，我们应不断深化对实践的认识，不断对侦查实践中的经验和教训作出新的理论概括，着眼于对实际问题的理论思考，让理论指导新的实践，并在新的实践中经受检验与发展。一切科学的理论，都是从实践中来的，然后再回到实践中去，指导实践，接受实践检验，并在实践中得到丰富和发展。

无产阶级的革命导师列宁指出："没有革命的理论，就不会有革命的运动。"① 他是强调理论在社会变革中的重要性，侦查学的理论研究必须为推动侦查实践服务。侦查学的理论来源于侦查实践，但它不是对实践的简单描

① ［苏联］斯大林：《列宁主义问题》，莫斯科外国文书籍出版局 1948 年版，第 36 页。

述，而是侦查实践的升华，是理性思维的精神产品，它对侦查实践应具有超前的指导作用。斯大林说得更完整，他说："理论是世界各国工人运动的综合经验。当然理论若不和革命实践联合起来，就会变成无对象的理论，同样，实践若不以革命理论为指南，就会变成盲目的实践。"①

侦查实践的发展为理论研究提出了新课题，但侦查实践的创新，又必须充分发挥理论的先导作用，以便使侦查实践的发展与创新更加自觉，摆脱或减少实践的盲目性。没有正确理论指导的侦查实践，势必缺乏活力和后劲，软弱无力，发展缓慢，难以持久。因此，侦查实践的改革与现代化，必须有正确的理论支持。侦查实践的需要，催促加快侦查学理论研究的步伐，建立侦查学的科学理论体系，为侦查实践的发展，为侦查学界的繁荣，做好理论准备。

二、完善侦查学的理论体系

由于犯罪的复杂性和多样性，与犯罪作斗争的专门学科——侦查学，所涉及的知识相当广泛，学科门类繁多，严格地讲，侦查学应该是一个学科群。对侦查学的理论研究也势必涉及方方面面的问题，内容丰富，覆盖面大，范围广，层次多。这里仅对侦查学的理论体系层次、基础理论的实际价值、基础理论开拓之意义谈点看法。

（一）侦查学的理论层次

侦查学应当属刑事司法的支柱学科之一，不仅有其独立的学科体系，而且有其完整的理论系统。我们说侦查学有完整的理论系统，是指侦查学的理论并不在一个层面上，是分层次的。侦查学理论的最高层次为基础理论，或称为原理，它是本学科领域内具有普遍性的、最基本的、可作为其他规律的基础的规律。它是侦查学学科立论的科学依据和研究的起点。中间层次为侦查学应用理论，它专门研究侦查学自身的一般规律，如侦查学的学科体系，研究对象，基本任务，基本原则，犯罪现场形成与勘验的一般规律，侦查过程中调查取证的规律，讯问犯罪嫌疑人的规律等。应用理论亦是对侦查实践的抽象与概括，不过它概括的层次较低，与侦查实践的距离较近，应用性较强。最低层次为对侦查实际操作方法的具体描述，如对阶段性和局部性侦查实践经验的总结，这种理论虽来源于侦查实践，由于其理性思维不够，尚属局部的经验性知识，虽然可操作性强，但时效性短，不具有普遍意义。

---

① ［苏联］斯大林：《列宁主义问题》，莫斯科外国文书籍出版局 1948 年版，第 36 页。

（二）不同层次理论的实际价值

侦查学的理论体系是由若干层次构成的，不同层次的理论具有不同的实际价值，发挥着不同的作用。

基础理论是侦查学立论的依据，是学科赖以存在和发展的基础。基础理论概括的层次高，覆盖面宽，时效性长，通用性强。基础理论的实际价值“不在于教会人们怎样做，而在于启发人们怎样想”。① 它不是对具体事物和方法的描述，而是舍事而言理的理性思维产品。它注重从宏观上追求长远的效益，而不是从微观上追求眼前的破案效率。侦查学的基础理论与实际操作方法的关系犹如科学与技术的关系，科学指导技术，才使技术不断地向新阶段发展，科学起着基础作用，对技术的进步起着深刻的影响。侦查学的基础理论与实际操作方法的关系，又好比医学中的医理与治疗技术的关系，医理是医学中的基本道理、基本理论；治疗技术或医疗方法，是治病的具体方法。“学医当学医理”，才不满足于头疼医头，脚疼医脚的对症治疗。“对科学理论的哲学理解是认识科学理论的灵魂。”② 应当从哲学的高度来认识侦查学基础理论的实际价值，才能正确地对待侦查学的基础理论问题。

侦查应用型理论，它是在基础理论指导下，对侦查学自身的理论及侦查活动一般规律的表述，它概括的理论层次相对较低，与侦查实践的距离较近，有一定的实用性，它与实际操作方法相比又较抽象，但应用型理论转化为实际方法的层次较少，比较直接一些。当前出版的侦查学教科书，大多数属于应用型类型。应用型理论概括的层次较低，覆盖面相对较小，时代特点突出，稳定性相对较差，时效性亦较短，它随着形势的发展、法律政策的更改不断变化。

实际操作方法的概括与描述，它的理论层次更低，覆盖面更小，往往带有阶段性和局部性。但它可操作性强，能收立竿见影之效。由于它注重从微观上解决具体问题，或追求眼前效率，往往是就事论事，运用起来处于知其然而不知其所以然的状态，有一定的盲目性，容易被人生搬硬套，照猫画虎，甚至陷入经验主义的圈子里。

（三）加强侦查学基础理论研究之必要

侦查学好比一棵树，侦查实践是它生长的土壤，基础理论就是它的根须，应用理论是它的树干，基本操作方法是它的枝叶。理论研究脱离了实践，理论便成了无源之水，无本之木。侦查学这棵大树离开土壤，就无法成

---

① 李炳彦、崔彧臣著：《兵经释评》，解放军出版社 1987 年版，序言。

② 周光召主编：《现代科学技术基础》，群众出版社 2001 年版，第 293 页。

活，在这块肥沃的土壤中，它的根须扎得越深，吸收的养料和水分越充足，根深蒂固必然枝叶繁茂，才能使它成为参天大树。侦查学的基础理论决定本学科理论研究的起点，影响侦查实践的发展。基础理论水平越高，就越能够在较高的起点上发现和提出问题，越能够推动本学科向更深的领域去探索新问题，寻找新路子。基础理论功底越浅薄，研究问题的起点越低，越容易就事论事，思路狭窄，认识问题肤浅。只考虑眼前利益，不考虑长远效益和消极效应，造成理论脱离实际，起不到先导作用，长期难以摆脱被动局面，制约着理论的创新和实践的发展。

恩格斯说："一个民族想要站在科学的最高峰，就一刻也不能没有理论思维。"① 我国的侦查实践活动源远流长，实战经验丰富多彩，在这块肥沃的土地上，生长的侦查学理论之树为什么显得苍白无力，在学术界的竞争力那么弱？主要原因就是本学科的理论功底浅薄所致。为了适应形势要求，推动我国侦查实践攀登新高峰，必须加强侦查学的理论研究，在加强侦查科学化、智能化、法制化建设的同时，还应当努力开发侦查学基础理论，为侦查学的发展奠定坚实的理论基础。

三、统一认识，组建队伍，向侦查学理论进军

面对新的形势，侦查战线上遇到许多新问题和新挑战，时代要求侦查实战部门必须攀登新的高峰，迎接新挑战。侦查实践的创新，需要新的理论支持，由于我国侦查学理论研究起步较晚，侦查学基础理论研究更加滞后，可以说该领域仍然是一片荒原。近年来，虽然有不少学者为之奋斗，从各方面，以不同方式对侦查学的基础理论进行一些开拓性的研究，取得了一定的成果。但是，这些研究仍属于个体垦荒者进行一些零打碎敲的开垦，是小股游击战性的进击，从人力、物力、财力方面都非常薄弱，处于高度分散、各自为战的割据状态。

当前，亟待组建强大的侦查学理论队伍，加大侦查学基础理论的研究力度。首先在学术界达成共识，要解放思想，拓宽思路，开阔视野，勇于创新。不能再固守"理论不求高深，但求有用"的老套路，不能再把高层次的基础理论研究视为是"空对空"、"纸上谈兵"。须知，侦查学的基础理论是高层次精神产品，它对侦查实践有超前性的指导作用，是无形的力量。"科学上的重大发明创造，科学成就的取得往往是与理论思维能力的提高成

---

① ［德］恩格斯：《自然辩证法》，人民出版社1971年版，第29页。

正比例的。”① 侦查学的基础理论研究，好比医学领域里的病理研究，费功夫，见效慢，表面上看不如头疼医头、脚疼医脚的对症治疗，有时“单方气死名医”，但病理研究透了可以从根本上解决问题，可以找出更多的新治疗方法。

侦查学的基础理论概括的层次高，似乎离实战较远，所以有人认为“远水不解近渴”。它好像手中的火炬，举得越高照得越远，辐射面越大。但举得越高，投射到下面的阴影也越大，照到近处的亮度就显得不足。由于侦查学基础理论的层次高，通用性强，适用面宽，时效性长，它转化为具体对策的层次也越多，不能要求立竿见影，马上见效。需要开动脑筋，结合实际，在基础理论指导下，不断推动应用理论和实战方法创造性发展。

只有认识统一了，处理好基础理论、应用理论与实战方法的关系，才能使侦查学理论研究者与实战部门的专家心往一处想，劲往一处使，形成合力，组成侦查学理论研究的强大队伍，向侦查学理论领域全面进军，迎来侦查学理论研究的新局面。

（《江苏警官学院学报》2002 年第 2 期。）

---

① 周光召主编：《现代科学技术基础》，群众出版社 2001 年版，第 299 页。

“秘密侦查”亟待纳入法制轨道

随着社会的发展和科学技术的进步，作为社会秩序的破坏因素——犯罪，也在不断升级，逐步向集团化、职业化、智能化、科技化、暴力化、流动化方向发展，这给侦查破案、收集证据、揭露证实犯罪、查缉犯罪嫌疑人增加了难度。为了遏制犯罪，侦查部门的侦查方式和手段亦必须随之调整。

侦查与犯罪是相生相克的一对矛盾体，二者相对立而存在，相斗争而发展，是水涨船高的互动关系。由于犯罪具有社会危害性和违法性，决定了犯罪活动的隐蔽性，因此绝大多数的犯罪都是秘密进行的。有些犯罪的诡秘程度（如组织之严密，行动之诡诈，手段之狡猾），往往超乎人们想象。侦查部门为了有效地打击犯罪，就必须采取公开的和秘密的侦查方式，查明案情，收集证据，依法揭露犯罪。

一、秘密侦查的含义及其涵盖的主要内容

“秘密”是“公开”的反义词。我国古代把“秘密”写作“祕密”，是指不外传的机要事宜；现代之“秘密”是指不易测知，不公开之意。由此可见，秘密侦查只是针对侦查活动是否公开，知情面的大小而言，它并不是一种独立的侦查类型，任何侦查方式和侦查手段的运用，都有秘密和公开之分。中国古代官吏通过微服私访体察民情，或乔装打扮暗查要案；外国司法机关也有通过密探查访和缉捕犯罪人的。现代社会的犯罪活动更加隐蔽和诡诈，案件发生后，侦查部门如果仅用公开的方式调查隐蔽的犯罪活动，是不可能彻底查明案情，收集证据，及时、准确地揭露犯罪的。只有运用各种方式，通过各种渠道，采取以公开对公开，以隐蔽对隐蔽，或以隐蔽对公开，以公开对隐蔽的方式方法与对手周旋，才能完成艰巨复杂的侦查任务，战而胜之。

侦查部门运用秘密手段侦破案件，古今中外皆有之，本来是合情合理、不足为奇的，可是近年来，一提“秘密侦查”却有人感到惊诧，甚至恐惧，极力排斥将“秘密侦查”写进法律条文，据说是“秘密”二字会使人产生神秘感，因此“秘密”二字不能在法律中使用。有的人不仅不赞成把“秘

密侦查”写进法律条文中，而且还认为“秘密侦查”难登大雅之堂。其实“神秘”也是深奥莫测的意思，古人云：“计谋之用，公不如私。”古人所说的“私”就是秘密；“公”就是公开。本来通过侦查活动把隐蔽很深、诡计多端的犯罪者揭露出来就是一种很神奇的活动，是一项艰巨的任务，人们对此有一种神秘的感觉是很正常的事，没有什么值得大惊小怪的！

“秘密侦查”的涵盖面很宽，任何一种侦查措施和手段的运用，都可以是公开的或者秘密的，一般地讲，公开和秘密是相对的，并没有严格的界限，只是知情面大小与时限长短不同罢了。公开或秘密侦查措施的运用，应当根据侦查实践的需要而定，公开的也可以转化为秘密的，而秘密的也可以变为公开的，总而言之，公开与秘密并不是绝对的，一成不变的。

侦查是揭露犯罪、收集证据、查缉犯罪嫌疑人的刑事诉讼活动。为了防止秘密侦查手段的泛化和滥用，还是把秘密侦查包含的主要内容大体上限定一下为好。这里所讲的秘密侦查主要是指外线侦查、内线侦查、科技侦查及秘密侦查力量等侦查手段。

所谓外线侦查，是指在侦查活动中，侦查人员通过隐蔽方式从外部监控重大嫌疑对象的一种方法。通过对嫌疑对象的监控，以证实案情，发现和扩大线索，发现、获取证据，控制嫌疑对象，防止其自杀、逃跑、毁灭证据或进行新的犯罪活动。常用的外线侦查有跟踪、盯梢、定点监视等。

内线侦查，西方国家学者把“内线”一词的含义理解为隐藏了真实的身份，用伪造的身份同正在侦查的对象进行周旋。本文所说的内线侦查，是指在侦查某些复杂或重大犯罪案件过程中，运用其他侦查方法难以奏效时，派侦查人员或其他隐蔽力量进入犯罪集团内部或接近犯罪嫌疑对象，以了解其内情，发现、获取其犯罪证据，适时破案。

技术侦查，是指运用各种科学技术手段所进行的侦查活动。通常包括电子侦听、电话监听、电子监控、秘密拍照、录像、秘密获取某些物证等。随着科学技术的进步，还会有更多的科学技术手段为侦查服务。

秘密侦查力量，是指侦查部门为了满足同犯罪作斗争的需要，利用侦查人员以外的人员，在侦查部门的领导和指挥下，收集有关犯罪情报，发现犯罪线索，监视犯罪嫌疑对象，协助侦查部门收集证据，查缉犯罪嫌疑人。秘密侦查力量是古今中外同犯罪作斗争经常广泛运用的侦查隐蔽力量。

上述侦查手段的应用范围、适用对象、活动原则、收集证据的方法、证据价值等方面，都有待于纳入法制轨道，使其名正言顺地发挥作用。

二、秘密侦查的特殊功效

秘密侦查之所以被古今中外许多国家和地区的侦查部门普遍采用，并不断地得到发展，是因为它在侦查中具有特殊的功能，在同犯罪作斗争的实践中显示了特有的功效，所以秘密侦查长盛不衰，不断创新，内容丰富多彩。概括起来讲，秘密侦查在以下方面能发挥特殊功效：

（一）收集情报，发现、扩大侦查线索

绝大多数犯罪活动都是秘密进行的，而且犯罪之后犯罪分子很快销声匿迹，以防被侦查部门发现，他们有的乔装打扮，改头换面隐藏下来，有的隐藏很深，从表面上很难察觉其形迹。侦查人员只有秘密查访才能从茫茫人海中寻觅犯罪者的蛛丝马迹。我国古代案例选编《折狱龟鉴》、《棠阴比事》以及文艺作品《包公案》、《施公案》、《狄公案》及“三言二拍”等都有对封建官吏中的一些贤能志士为查明疑难案件为民申冤而乔装打扮，秘密查访的精彩描述。例如，《狄公案》中就记述了狄仁杰在任昌平县令时，为查明杀人奇案，就曾改扮成卖药医生，设科入门治病，细查暗访案情；还装成京城缎行庄客，到外地亲自查访杀人凶手，并设计将杀人者缉捕归案。查访之细，破案之神，令人叫绝。西方推理小说《福尔摩斯侦探案》，亦有神探福尔摩斯通过密查暗访破案的情节。这说明不论是在我国还是在西方国家，在古代查破疑难案件时，都很重视运用秘密侦查手段。

当今，侦查部门与犯罪者之间的对抗越来越复杂、激烈。犯罪手段不断变化，犯罪者反侦查能力不断增强，隐蔽得更深、更加巧妙，这给查破案件增加了难度。为了打击犯罪，维护社会安定，侦查部门更应当针对犯罪活动的规律，积极主动地运用秘密侦查手段，将秘密侦查与公开侦查有机结合起来，积极有效地同犯罪作斗争。

（二）易接近侦查对象，了解犯罪内幕

犯罪者是侦查部门寻找的目标，是法律追究的对象，破案直接关系着犯罪者的前途命运问题，甚至攸关生死。所有犯罪者对周围的人和事很敏感，警觉性极高，对陌生人充满怀疑。侦查人员以公开方式很难接近犯罪者，更难以了解真情，只有当犯罪者认为侦查人员是“情投意合，志趣一致”的人时，才能逐步消除疑心。例如，戏曲《十五贯》中的凶犯娄阿鼠，他杀人劫钱之后，如惊弓之鸟，四处探听消息，不敢与人接触。正当娄阿鼠到庙中求神保佑的时候，知府况钟装扮成算命先生逐步与其接近，通过测字算命，推测吉凶祸福，才慢慢地取信于娄阿鼠，从而查明了真实案情。况钟针对他趋利避害的心理，设计诱使他上了船，将其押解到苏州归案。

当今犯罪的组织化程度增高，有些犯罪集团的组织很严密，如走私集团、贩毒集团、诈骗集团、黑社会性质犯罪集团等，他们分工明确，等级森严。这些集团有的是以家族为基础，单线联系，作案诡秘，手段狡猾，一般人不了解其内情，运用一般侦查措施，很难奏效。侦破此类案件，只有靠内线侦查，加强外线监控，内外结合才能查清其案情，将犯罪者一网打尽。

（三）秘密侦查可获取其他方法难以得到的证据

列宁在论述刑罚只是惩罚犯罪的手段时曾说："惩罚的警戒作用不是看惩罚得严厉与否，而是看有没有人漏网。重要的不是严惩罪行，而是使所有一切罪案都真相大白。"① 侦查的首要任务是及时、准确地揭露犯罪，证实犯罪。换句话说，就是要用真凭实据，揭示出犯罪事实与犯罪嫌疑人之间的内在、必然联系。要"使所有一切罪案都真相大白"靠什么？靠确实充分的证据。认定犯罪嫌疑人有罪，并将其送上法庭靠什么？也是靠确实充分的证据。侦查中甄别错案靠什么？还是靠证据。从这个意义上讲，侦查的主要任务就是发现、收集证据。

侦查过程中收集证据是一项复杂艰巨的任务，既是复杂的认识过程，又是严格的执法过程，还是一个周密部署、缜密谋划的过程。由于犯罪活动的诡秘性和狡诈性，有些犯罪仅通过公开调查，根本就不可能获得有价值的证据，没有证据，破案只是一句空话，更不可能使犯罪者落网。因此，必须通过秘密侦查，运用相应的科学技术手段才能获得揭露、证实犯罪的真凭实据，这是任何其他手段无法替代的。所以必须充分运用秘密侦查手段，发挥其特有的效能，完成收集证据的艰巨任务。

三、秘密侦查有待纳入法制轨道

令人遗憾的是，尽管秘密侦查具有特殊效能，但一直未能体现于我国的刑事诉讼法中。由于法律没有明文规定，所以在司法实践中，对秘密侦查手段的运用便出现许多分歧，有的认为合法，有的认为不合法。不论持肯定态度或者否定态度，都于法无据。对秘密侦查获取的材料能不能作为证据使用亦存在分歧，这样把秘密侦查长期置于合法与非法之间，难以达成共识，影响其特有效能的发挥。

有人之所以不同意把秘密侦查写入法律条文，或者一提秘密侦查就产生反感，其原因是多方面的，或者是对侦查活动不了解，认为秘密侦查不够光明正大，不是"仁义"之举；或者出于学科的门户之见，对秘密侦查有

---

① 《列宁全集》（第4卷），人民出版社1972年版，第356页。

“玄虚感”或“厌恶感”。其实“秘密侦查”与“诱惑侦查”、“侦查陷阱”、“侦查圈套”的内涵大不一样。再者，侦查中所用的秘密手段，在实践中已得到应用或正在被运用。对侦查活动运用秘密手段，不应该有过多的担心和非难！

侦查之目的是及时、准确地揭露犯罪，有效地保护无辜，维护社会安定和保卫人民群众的生命财产安全。整个侦查过程既是刑事司法活动，又是执法过程，侦查活动的各个阶段和各个环节，以及各种侦查手段的采用，都必须依法进行，把秘密侦查纳入法制轨道，使秘密侦查说之有理，用之合法，禁之有据。使秘密侦查手段在运用中合情、合理，又合法，减少执法中的任意性，这是侦查活动走向法制化，依法办案的客观要求，不能再把秘密侦查置于犹抱琵琶半遮面的境地，应当将它堂堂正正地写进刑事诉讼法和其他相关法律的条文中。

四、我国秘密侦查的立法条件已趋成熟

如果说20世纪80年代以前还不能把秘密侦查写进法律条文的话。那么进入21世纪的今天，无论从实际需要，理论研究还是从国内立法和国外立法借鉴等方面看，将秘密侦查明令于法的条件均已成熟，可以说“万事俱备，只欠东风”了。

（一）秘密侦查法制化是同犯罪斗争实践的需要

当前犯罪正向集团化、专业化和有组织化方向发展，犯罪方式更加隐蔽，犯罪手段更加专门化、智能化，犯罪者反侦查能力进一步增强，对社会危害不断加大。随着犯罪的有组织化、隐蔽化的不断发展，秘密侦查手段不仅不能削弱，还应该不断得到加强和创新。随着刑事诉讼的法制化、民主化、科技化进程的加快，秘密侦查应当走向法制化，使这一行之有效的侦查手段在法律规定的范围内发挥其特有的作用，因此实践需要把秘密侦查立法提到立法日程上来。

（二）国外、境外已有大量立法经验可供借鉴

西方不少国家对秘密侦查手段（包括有线侦听、无线侦听、侦听口头通信、电子监控、侦听电话、检查电报、录音截收、邮件技术检查等）的运用，都作了不同形式的立法，如美国的《洗钱控制法》和1970年制定的《有组织犯罪控制法》中都对窃听、卧底等秘密侦查做了具体规定；《德国刑事诉讼法》第110条a～e对秘密侦查员、派遣程序等都作了详细而明确的规定，德国的《反有组织犯罪法》也对卧底等秘密侦查手段作了规定。

另外，还有法国、意大利、葡萄牙、瑞士、日本等国家，也在本国的刑

事诉讼法及其他法律中对秘密侦查作了不同程度的规定。

我国台湾地区于2002年对卧底侦查进行规定，2003年已正式提出"卧底侦查法"（草案）。我国大陆地区运用秘密侦查手段较早，积累了丰富的实践经验。但至今未将其纳入法制轨道，在秘密侦查的立法方面又显得滞后，在一定程度上制约着侦查实践，这种状态有待迅速改变。

（三）我国关于秘密侦查的规定已见雏形

1993年2月22日全国人大常委会发布的《国家安全法》第10条和1995年2月28日全国人大常委会发布的《人民警察法》第16条都对"技术侦查"作了原则规定，它至少为侦查部门采取技术侦查手段提供了法律依据，应该说是一大进步。但是，在我国的刑事诉讼法中却对秘密侦查措施只字未提，刑法关于秘密侦查免责的问题也就无从谈起。

笔者认为，为了适应同刑事犯罪作斗争的形势，使侦查更进一步走向法制化，在今后的立法活动中应该大胆破禁，在刑事诉讼法修改时，应当把秘密侦查的运用范围、要件、规则、程序作出原则的规定，在人民警察法中或专立侦查法以作较详细的规定，具体操作方法可另立部门规章或秘密侦查实施细则。对于运用各种秘密侦查手段获取的物证或书证，哪些能作证据使用，哪些应当排除，在新的证据立法中也应当得到反映。刑法修改时亦应当考虑秘密侦查人员的法定免责问题以及相关人员的"将功赎罪"问题。

[郝宏奎主编：《侦查论坛》（第3卷），
中国人民公安大学出版社2004年版。]

提高执法水平　严格依法办案

依法治国，建设社会主义法治国家，是党的十五大提出的治国安邦的基本方略，也是搞好社会治安，打击各种犯罪活动，实现长治久安的根本保障。侦查是刑事诉讼的重要环节，其直接任务是依照法律规定运用各种方式收集证据，及时准确地打击犯罪。它是为实现刑法和刑事诉讼法的总任务服务的，侦查活动的各个环节，都必须严格依法办事，侦查中严格执法，依法办案，至关重要的问题是增强侦查队伍的法制观念，提高法律意识、法律素质和执法水平。

一、法律是制裁犯罪的利剑，保护人民的法宝

我国的各项法律都是在中国共产党领导下，通过全国人民代表大会，在充分发扬民主的基础上制定出来的，它反映了全国各族人民的长远利益和整体利益，是人民共同意志的体现，是每个公民必须遵守的社会规范。因此，维护法律，遵守法律，就是维护国家和人民的利益，对法律负责就是对党、对国家、对人民负责。侦查队伍是一支专门同犯罪作斗争的执法、护法队伍，肩负着国家和人民的重托，应当成为政治强、业务精、执法严、作风正，特别能战斗的队伍。每个侦查人员都应该是捍卫法律的尖兵，执行法律的典范，作为法律的捍卫者，必须以国家法律为武器，坚决同各种违法犯罪行为作斗争，不惜一切地维护法律的尊严，将法律视为保卫国家利益和人民生命财产的一把利剑，直指践踏和破坏法律的犯罪者，使犯罪分子望而生畏，闻之胆寒，不敢轻举妄动。执法者应当把法律作为立身之本，率先垂范，把法律奉为至高无上的权威，神圣不可侵犯。侦查人员在办案过程中，一切侦查措施的采取，都必须严格执法，严格执行刑法、刑事诉讼法，必须以自身的模范行动维护法律的严肃性和不可违性，绝不能把国家法律赋予的权力视为特权，不允许把自己置于法律之外，更不允许凌驾于法律之上，摆脱法律的约束，为所欲为。

有人认为严格执法会影响同犯罪作斗争，甚至认为依法办案会束缚自己的手脚，他们认为既然同犯罪作斗争，就可以超越法律的界限，这些认识不

仅是错误的，而且是非常有害的。侦查活动本身就是一种实施法律的行为，就是刑事诉讼的重要程序，侦查过程又是执法过程，如果失去法律依据，侦查行为就成了违法活动，失去了法律保障，试想没有法律支持和保障的行为，难道还能够制裁犯罪吗？还能使人民群众满意，犯罪分子畏惧吗？当然不能。据此，侦查活动的每一个环节，都必须遵守刑法，刑事诉讼法及其他相关法律规定。只有严格执法，依法办案，才能保证办案的速度和质量，每个侦查人员都必须把自己置于法律之内，严格依法办案，使国家法律成为打击犯罪的一把利剑，保护人民群众和自己的护身法宝。

二、提高法律素质，依法办案

实现依法治国，建设社会主义法治国家，必须做到有法可依，有法必依，执法必严，违法必究。无法可依，使人迷惘，无所遵循，难成方圆；有法不依，法律形同虚设，一纸空文无任何威力；执法不严，违法不究，姑息养奸，后患无穷，会导致民不安、国不宁，社会不稳。当前最突出的问题是有法不依，执法不严，对此社会各界和人民群众意见颇多。法律是由人制定的，也是靠人执行的，法律程序必须有人来维持。做到有法必依，执法必严，违法必究，关键在于加强执法人员的法律观念，增强执法人员的法律意识，提高执法人员的法律素质。

侦查部门是同刑事犯罪作斗争的专门机关，是除恶扬善的一把尖刀，如若把侦查人员比作扶正祛邪的正义使者，那么法律就是手中的“尚方宝剑”，侦查人员要把手中的权力用好，必须有很强的法律意识，把法律置于神圣不可侵犯的地位，坚决维护法律的尊严，只有这样才能使侦查部门成为一支犯罪分子惧怕，人民群众喜爱的队伍，提高侦查队伍的法律素质和执法水平，必须组织侦查人员认真学习现行法律、法规，牢牢掌握刑法、刑事诉讼法及相关法律的内容和精神实质，熟悉法律程序，自觉地把法律作为自己的行为准则。只有准确地掌握了法律知识，才能依法办案，得心应手地运用法律武器同犯罪作斗争。侦查活动中依法办案，是要求严格按照法定的立案条件和标准及管辖范围立案，严格按照刑法区分罪与非罪的界限，从勘验、检查、搜查、侦查实验、侦查辨认、扣押物证、通缉、鉴定、询问证人、破案、讯问犯罪嫌疑人和采取各种强制措施等，都必须严格依照法律、法规的规定执行，坚决纠正重实体法轻程序法和执法随意性的倾向，不准滥用侦查权，非法侵害公民的人身权利和民主权利，更不准假公济私，伤害好人；坚决纠正以拘代侦、以罚代刑、徇私舞弊、放纵犯罪、伤害无辜和刑讯逼供的违法行为；制止滥用权力插手经济纠纷，越权办案的错误做法。

侦查中依法办案，必须坚持“以事实为根据，以法律为准绳”的原则，坚持“重证据，不轻信口供，严禁逼供信”。坚持秉公办案，不徇私情，保证国家法律在侦查活动中畅通无阻，不受干扰。只有依法办案，才能提高侦查破案的质量，提高案件起诉率，减少退案率，防止冤、假、错案的发生，以有效地惩罚犯罪，切实保卫国家和人民的利益。

三、严格执法，使犯罪分子惧怕，人民满意

侦查活动中的中心任务是破案，依法查缉犯罪嫌疑人；破案的核心问题是运用各种手段，通过各种途径收集证据。证据的重要属性是法律性，即收集证据的合法性，要求提供证据的人符合法律规定，收集和查证核实证据的程序方法合法。只有严格按照法律程序和方法收集的证据，经查证属实后，才能作为定案的根据。同刑事犯罪作斗争，只有靠真凭实据，依照法律规定作出处理，不能凭感情、义愤办案。因此，侦查过程中不依靠法律的威力，而采取逼供信，或采用威胁、利诱、欺骗及其他非法手段获取的证据，既是违法的，也是无效的，还是造成冤、假、错案的重要原因，必须坚决废止。侦查部门处在同刑事犯罪作斗争的第一线，肩负着依法揭露犯罪和依法保护无辜的双重任务。同刑事犯罪作斗争是一场尖锐、复杂的斗争，犯罪分子又常常混迹于人民群众之中，从群众中寻找和识别犯罪嫌疑人，犹如“大海捞针”，既艰难，又得慎重。要求及时准确揭露犯罪嫌疑人的同时，又不能误伤无辜，侦查中要做到“对敌恨，对己和”，必须严格依照法律办事，严格遵守法定程序，运用确实充分的证据，紧密依靠群众，才能准确无误地揭露证实犯罪，有效地保证无罪的人不受刑事追究，不伤害无辜。只有准确地揭露犯罪，有效地保护无辜，才能得到人民群众的支持和爱戴。依法办案必须坚持“法律面前人人平等”，不论什么人犯罪，都应当受到法律追究，不能因人施法，也不能因地而变，推行随心所欲的“弹性执法”，既破坏了法律的完整性和统一性，又为徇私舞弊、贪赃枉法开了绿灯，导致执法中各种腐败现象的发生，贯彻“法律面前人人平等”，必须推行“刚性执法”，坚决维护法律的严肃性，坚决纠正“说情风”的干扰，对违法办案造成冤、假、错案者，坚决依法追究责任，依法赔偿，只有不断提高侦查人员的法律意识，增强法制观念，才能提高执法水平；只有提高执法水平，严格依法办案，才能使犯罪分子惧怕，人民群众满意；只有把侦查队伍建设成一支素质高、执法严、人民群众满意的队伍，才能不负重托，不辱使命，圆满完成党和国家交给的光荣任务。

（《北京刑侦研究》1998 年第 2 期。）

建立侦查哲学之构想

一、侦查哲学之提出

侦查哲学是运用马克思主义哲学的理论和方法研究侦查领域中的基本问题的一门科学。侦查哲学综合侦查理论与实践、侦查史、侦查心理、侦查谋略、侦查方针和政策等基本问题。运用辩证唯物主义和历史唯物主义的立场、观点和方法，对上述问题从哲学高度给予科学的阐述，从而成为指导实践的高层次理论。

侦查哲学既不同于哲学，又不同于侦查学，或称它为应用哲学。具有边缘学科的属性，构成全新的学科体系。建立在马克思主义哲学理论基础上的侦查哲学，批判地继承了我国传统文化之精华，吸收了现代科学的理论和方法，借鉴了世界各国的有益经验，并从我国国情出发，坚持理论和实践相结合，认真总结了中国侦查实践中的经验和教训。用辩证唯物主义理论武装我国侦查队伍，提高侦查人员理论思维水平，充分发挥侦查哲学对侦查理论研究和侦查实践的指导作用，及时、准确地揭露、证实犯罪，从而更好地维护社会安定，为我国的社会主义现代化建设服务。

拟建侦查哲学并不是一时心血来潮，也不是为了追风赶浪，故弄玄虚，而是从侦查实践的需要出发，是侦查理论研究提高和深化的必然趋势。随着时代的前进，各个学科都在竞相发展，不同领域、不同学科都有自己的哲学体系，它们对推动本领域、本学科的发展发挥出莫大的效能，显示出极大的生命力。自然科学中有科学哲学、医学哲学；社会领域有政治哲学、经济哲学、军事哲学、历史哲学、法哲学、教育哲学；管理活动中有领导哲学；人际交往中有交友哲学，还有人生哲学、处世哲学，等等。为了推动侦查理论和侦查实践的发展，当前提出建立侦查哲学也是适应形势、顺其自然、合乎潮流的。

二、建立侦查哲学的必要性

根据我国侦查实践的需要和侦查理论中亟待解决的重大问题，构建侦查哲学不仅有较大的现实意义，而且有深远的历史意义；既有理论意义，又有实践价值，对我国侦查实践的创新与发展有极大的推动作用。

（一）建立侦查哲学的理论意义

1. 伟大的实践需要伟大的理论。随着时代的发展和科学技术的进步，我国社会治安形势发生了很大变化，犯罪活动呈现出许多新特点，给侦查部门提出许多新问题，面临严重的挑战。面对新形势和新挑战及法制建设中对侦查部门更高、更严的要求，肩负保卫国家安危重大责任的侦查人员，必须清醒地认识当今的社会治安形势和法学领域的理论倾向，科学分析、正确对待侦查中面临的挑战和问题。要提高侦查队伍认识事物的能力，提高积极探索和解决新问题的本领，提高执行法律和政策的水平，必须用正确的理论武装侦查队伍，紧紧依靠党的领导和广大人民群众的支持，才能产生强大的凝聚力和向心力；从我国国情出发，正确总结我国侦查实践的经验，加强对侦查对抗形势发展的科学预见性和战胜对手的创造性。树立坚不可摧的精神支柱，才能开辟侦查工作的新局面。

马克思主义哲学即辩证唯物主义和历史唯物主义，是科学的哲学，正确地反映了客观世界的本质及其发展、变化、运动的规律。因此，它是无产阶级认识世界和改造世界的强大精神武器，为人们开辟了不断认识事物的广阔道路。马克思主义哲学是科学的世界观和方法论，它的唯物主义辩证法、认识论、矛盾学说及其他重要原理，对侦查理论研究和侦查实践都具有普遍的指导作用，它对深刻认识犯罪规律，探索侦查创新途径，制定正确的斗争方针和政策，加强侦查人员的理论素养，增强侦查队伍的凝聚力、提高战斗力，从我国犯罪状况和侦查队伍实践出发，排除各种干扰、克服困难、坚定胜利信念，提供了巨大精神动力。所以，建立侦查哲学，用马克思主义的原理、立场、观点和方法指导侦查理论和实践，是侦查领域理论建设的基础，是切实提高侦查理论素养的一项重要而紧迫的任务。

2. 增强理论思维能力。恩格斯说："一个民族想要站在科学的最高峰，就一刻也不能没有理论思维。"[①] 理论思维帮助侦查人员认识和解决侦查对抗中遇到的各种问题，进一步探索新时期侦查对抗的规律性，提高侦查人员在新形势下观察问题的能力，提高对各种案件的认识能力和解决问题的能力，从而克服侦查认识中的主观性、片面性，以及对法律和政策理解的表面性和执法的被动性，减少侦查行动中的盲目性，增强侦查工作中的原则性，加强思考和谋划问题的系统性，提高侦查人员在侦查对抗中的预见性和创造

① ［德］恩格斯：《自然辩证法》，人民出版社 1971 年版，第 29 页。

性，加快侦查破案的速度，提高破案质量，减少失误，圆满完成维护社会稳定，为社会主义现代化建设保驾护航的艰巨任务。

3. 帮助侦查人员树立无产阶级世界观，增强辨别是非，抵制各种思想侵蚀的能力。世界观问题是一个核心问题、根本问题。辩证唯物主义的世界观、方法论是坚持从实际出发，实事求是思想路线的理论基础。只有运用马克思主义哲学指导侦查理论研究和实践活动，自觉学习和运用马克思主义哲学解决侦查领域里的问题，反对主观与客观相分离的唯心主义，才能在改造客观世界的同时自觉改造主观世界，逐步树立起辩证唯物主义的世界观，才能坚持正确的方向，牢记全心全意为人民服务的宗旨；坚持权为民所用，情为民所系，利为民所谋，执法为民，破案为民；坚持实事求是，依法揭露各种犯罪活动，维护社会安定，保障人民生命财产安全。只有用马克思主义哲学武装侦查人员的头脑，树立辩证唯物主义世界观，才有助于防止各种剥削阶级腐朽思想的侵蚀和法学领域各种错误学说的影响，坚持正确的立场观点，坚定社会主义和共产主义信念，认清敌对势力对我国实施西化、分化的图谋，使我们的事业立于不败之地。

（二）侦查哲学对于侦查实践具有巨大的指导作用

实践的观点是马克思主义哲学认识论首要的基本的观点。马克思和恩格斯把自己的哲学称为“实践的唯物主义”。实践是人们认识真理的标准，又是检验真理的标准。理论来源于实践，是对实践的抽象和概括。理论的基础是实践，但理论反过来又为实践服务，指导新的实践。正如列宁所说：“没有革命的理论，就不会有革命的行动。”① 这正是强调了正确、先进理论的重要性。毛泽东也说：“马克思主义看重理论，正是，也仅仅是，因为它能够指导行动。如果有了正确的理论，只是把它空谈一阵，束之高阁，并不实行，那么这种理论再好也是没有意义的。”② 这就是实践—理论—再实践的认识过程。斯大林说得更明确：“理论若不和革命实践联系起来，就会变成无对象的理论，同样，实践若不以革命理论为指南，就会变成盲目的实践。”③

同理，侦查哲学是在长期的侦查对抗中孕育而成的，它产生于侦查实践，又要在侦查实践中发展。它将在指导侦查实践中显示无比的创造性和强大的生命力，进一步推动我国侦查实践的发展。在新的形势下，犯罪活动出

---

① 《列宁选集》（第1卷），人民出版社1972年版，第241页。

② 《毛泽东选集》（第1卷），人民出版社1966年版（横排版），第269页。

③ ［苏联］斯大林：《论列宁主义基础》，莫斯科外国文书籍出版局1948年版，第36页。

现了一些新情况，产生了一些新变化，法治建设有长足的进步，侦查对抗中创造了一些新成果，吸收借鉴了国外的一些新技术。若借口新形势下的变化，否定侦查是巩固人民民主专政的工具，是为无产阶级和劳动人民的利益服务的，否定用辩证唯物主义和历史唯物主义的立场、观点和方法研究侦查理论，指导侦查实践，显然是不正确的。还有少数“西方知识贩子”，借效法西方的办法来否定我国的侦查实践也是行不通的。侦查哲学是用辩证唯物主义和历史唯物主义来研究我国侦查领域里的问题，是高层次的侦查理论。它从哲学高度指导侦查实践，为科学总结我国侦查的历史经验，研究侦查的现实情况，预见未来，提供了分析问题和解决问题的立场、观点、方法，它不直接解决侦查破案活动中的具体问题。创立侦查哲学，能够使马克思主义哲学的普遍原理进一步应用于侦查领域，使侦查实践在辩证唯物主义和历史唯物主义科学理论的指导下更富有预见性和创造性，向更新、更高的阶段发展，以适应我国改革开放的新形势，更好地为我国的物质文明和精神文明建设服务。

（三）侦查哲学创立是侦查实践的需要，理论研究的深化和提升

近年来，侦查学界学术思想非常活跃，各种学术会议频繁召开，学术刊物不断涌现，学术专著、论文纷纷面世。更可喜的是，高等院校、科研单位与侦查部门紧密结合、优势互补、各显其能、互相交流、共同探讨，把侦查理论研究推向了一个新阶段。从研究成果看不仅在具体侦查方法、应用理论方面硕果累累，而且在基础理论方面也有所加强；不仅研究的广度不断扩大，而且不断向深度和高层次发展。这一切均说明侦查学研究不是在就事论事的层次上徘徊，而是正向科学化、系统化、理论化的道路上迈进，以更好地为我国的侦查实践服务，指导新的侦查活动。

随着我国改革开放的深入，市场经济的发展，社会结构、经济结构、文化结构都发生了变化，社会治安形势亦发生了变化。社会主义现代化建设需要安定的周边环境和稳定的社会秩序。但是，目前世界多极化和经济全球化使得各种势力斗争相当激烈，各种思想文化相互冲突，矛盾错综复杂，敌对势力对我国实施西化、分化的阴谋不仅不会改变，而且正在加快速度、加重分量；同时国内各种刑事犯罪多发。在严峻的社会治安形势下，为维护社会安定，确保社会主义现代化建设顺利进行，让人民安居乐业，治安部门和侦查部门肩负着繁重的任务，承受着巨大的压力。面对犯罪的挑战，必须提高侦查应对能力，高瞻远瞩，冷静思索，掌握新形势下犯罪活动的规律，开辟制胜新途径，扎扎实实地把侦查实践水平推向新的高度。

从马克思主义哲学认识论来说，侦查破案是侦查人员对案情和犯罪的认

识过程，侦查活动的全部任务是通过一系列侦查实践活动，揭示出嫌疑对象与犯罪事实之间内在（而不是外在）、必然（而不是偶然）的联系。这就是侦查人员主观符合客观的过程，也是矛盾对立统一的过程。要完成上述任务，侦查实践必须用辩证唯物主义和历史唯物主义的世界观和方法论作指导。只有用正确的理论武装侦查人员，提高队伍的理论素质，才能更正确地依靠党的领导和群众的支持，充分发挥主观能动性，从案件实际出发，坚持实事求是，依法办案，团结战斗，开创出克敌制胜的新局面。

综上所述，提出构建侦查哲学的设想，是时代的要求、侦查实践的需要，是多年来侦查理论研究深化的结果。“理论的价值，不在于教会人们怎样做，而在于启发人们怎么想。”① 侦查人员掌握了侦查哲学理论，就能从哲学层面认识侦查对抗中的复杂现象，从较高的起点发现和提出问题，使侦查队伍中具有丰富实践经验、身经百战的英雄们如虎添翼，从更深更远处发现战胜对手的新路径，制定更好的策略，找到克敌制胜的新办法、新手段。

三、侦查哲学内容框架的设想

侦查哲学作为一门独立的学科，应当有其特有的研究对象和学科体系。因侦查哲学是运用马克思主义的基本原理、观点和方法来观察和解决侦查领域里的问题，因此它应当侧重研究以下九个方面的内容，并以此构成其学科体系。

（一）侦查哲学的研究对象及应遵循的基本原则

侦查哲学是马克思主义哲学在侦查领域里的具体运用，与哲学相比它的研究范围较窄，因此侦查哲学应该是专门研究侦查领域内侦查与犯罪对抗的现象及其一般规律的学科。侦查哲学并不直接提供侦破具体案件的措施与办法，而只提供侦查对抗中分析问题和解决问题的立场、观点、方法。它在侦查领域中具有普遍的理论指导意义。

侦查哲学是用马克思主义哲学的立场、观点和方法，对侦查领域中的问题给予正确的理论阐述。研究侦查哲学必须坚持理论与实践相结合的原则，用辩证唯物主义和历史唯物主义的观点研究我国的侦查史，认真总结我国的侦查实践经验与教训，提高侦查队伍理论思维水平，发挥侦查哲学对侦查理论研究和侦查实践的指导作用，为控制犯罪服务，为维护人民群众的生命财产安全服务，为巩固人民民主专政的社会主义制度服务，为维护社会主义建设服务。

---

① 李炳彦、崔彧臣著：《兵经释评》，解放军出版社1987年版，第2页。

（二）侦查哲学的世界观、方法论

世界观是人们认识世界和改造世界过程中所产生的对世界的看法或观点。用马克思主义哲学的世界观来观察侦查这一特殊领域所形成的看法或观点，就是侦查哲学的世界观。它与马克思主义哲学的世界观是一致的，只不过适用的范围不同，侦查哲学的世界观是指在侦查活动中对事物的看法或观点。侦查哲学认为，犯罪活动是取一定形式的物质运动，它是一种客观存在，这种物质运动具有一定的时间性和空间性，并有一定的规律性，这种物质运动形式和规律是可以认识的。

侦查哲学中的方法论，是指侦查领域研究问题和处理问题最一般、普遍的方法论。侦查领域中最主要的方法论是从实际出发，实事求是，一分为二地看问题，反对绝对化。

世界观和方法论是统一的，是一个问题的两个方面，有什么样的世界观就有什么样的方法论，什么样的方法论反映什么样的世界观。

（三）侦查领域的存在与反映、主观与客观

侦查活动是一种认识活动，是侦查人员头脑对案件事实存在的反映，是主观与客观统一的过程，因此侦查哲学需要认真阐明侦查领域中存在与反映、主观与客观的关系问题。

马克思主义哲学认为，世界是物质的，运动是物质的固有属性，空间和时间是运动着的物质的存在方式，运动着的物质是在人的意识之外独立的客观存在，不管人们是否感觉到它，在思维中是否考虑到它，它都是存在的。但是这种客观存在的物质可以为人们的意识所反映，所以任何物质运动都是可知的。犯罪与侦查都是社会的物质现象，犯罪活动是物质运动的一种形式，它具有一定的空间性和时间性，它同样能为人们的头脑所反映，任何犯罪活动都可以被认识，这是侦查哲学的基石。

意识是人脑的机能，意识是人脑对客观世界的反映。意识反映客观物质世界，并不是物质世界在人们头脑中的简单再现，而是一个加工改造的主观创造过程。人们对客观世界反映什么，不反映什么，以及反映的程度如何，除了取决于被反映对象和当时的实践水平外，还与人的主观条件（世界观、知识结构、智力水平、心理状态等）有很大关系。

在侦查实践中，侦查人员对客观世界的反映是能动的，它不仅能动地反映客观事物的本质和规律，而且能在此基础上形成理论、方针、政策和方案，借此去指导新的侦查实践，使主观付诸客观，达到改造世界的目的。侦查人员在正确理论指导下，主观反映客观，并用正确的理论、计划、方案去指导侦查活动，就能获得胜利；假如侦查人员不接受正确的理论指导，主观不能正确地反映客观，或者歪曲了客观事实，就会在侦查实践中遭遇失败。

（四）侦查领域事物的联系与发展

马克思主义哲学认为，世界是一个由无数事物和现象相互联系的统一整体。就是说，世界上的任何事物都与他事他物相联系，联系也是客观事物固有的属性和存在方式，它是不以人们的意志为转移的，客观世界中不同事物有不同的联系方式，在时空特征方面表现为内部联系和外部联系、本质联系和非本质联系、必然联系和偶然联系、直接联系和间接联系、暂时联系和永久联系等，离开联系事物便无法存在。人们认识事物，就是从事物的各种联系中去把握它。

侦查活动就是通过犯罪这一事物与他事物的各种联系去揭示犯罪事实与嫌疑人之间的内在必然联系。揭示是一个极为复杂的认识过程，在侦查过程中，侦查人员首先接触的是各种现象，往往先从案件与其他事件的外部联系开始，随着认识的深化，逐步认识其内在联系，从而揭示出事物的本质。

侦查破案就是从事物的各种联系中把握案件事实，用确实而充分的证据揭示出案件事实与嫌疑人之间的内在必然联系，从而使案件真相大白。在侦查中，还可以从事物的各种联系中发现本案嫌疑人与他案或他人的联系，从而扩大战果，达到破本案带他案，破现案带积案的目的，使侦查认识向深度和广度发展。

（五）侦查领域中的实践与探索

实践的观点是马克思主义哲学的基本观点。何谓实践？“实践是借助一定的手段，有意识有目的地改造客观的物质活动。”① 作为认识主体的人是“通过有目的地改造客观世界的活动去认识客体的”。② 人在实践中对客观世界的认识具有主动性、目的性和创造性。人在认识客观事物过程中的主观能动性既可以向好的方面发展，形成正确的认识，取得好的结果；也可以向坏的方面发展，导致错误的认识，造成不好的结果。所以，实践对认识来说，既是认识的基础、来源和发展的动力，又是检验认识是否正确的标准和认识的目的。

侦查认识的目的在于正确地揭露犯罪，证实犯罪，查缉犯罪嫌疑人。侦查认识是从实践开始的，通过对案件的感性认识上升为理性认识，再回到实

---

① 中共中央宣传部理论局编：《马克思主义哲学学习纲要》，中共中央党校出版社1989年版，第34页。

② 中共中央宣传部理论局编：《马克思主义哲学学习纲要》，中共中央党校出版社1989年版，第34页。

践中去检验认识是否正确。如果认识符合客观实际，这种认识就是正确的；若与客观实际不相符合，一般来说这种认识就是不正确或者不完全正确的。有待深入实践再查对。侦查人员对案件的认识往往要经过实践—认识—再实践—再认识的多次检验。侦查认识中必须反对真理多元论，在同一条件下，对同一个案件，只能有一种正确认识，不能认为法律程序上没有纰漏，法律程序认可的案件事实就是正确的。检验真理的唯一标准是实践，如果主观认定的案件事实与客观实际不符合，即使法律程序上没有问题，对案件事实做了认定，或者就此提起公诉，法院也作出了判决，但经过历史和实践的检验，证明该案错了，也必须依法纠正，不能说当时认识是正确的，法律程序是对的而拒不改正。如果这样，认识就自觉或不自觉地陷入了相对主义诡辩论的泥潭。

（六）侦查领域里的对立统一

对立统一规律即矛盾法则，是物质运动的根本规律，是唯物辩证法的核心观点，运用这一观点认识便是矛盾分析方法，它是马克思主义哲学指导人们观察事物和分析问题的根本方法。矛盾观点认为，矛盾存在于一切事物发展的过程中，且每一事物发展过程中存在自始至终的矛盾运动。事物存在的根本动因在于事物内部的矛盾性。斗争性和统一性是物质世界的本质属性，对立或斗争是绝对的、无条件的；统一或同一是相对的、有条件的。二者结合在一起决定一切事物的存在，推动事物的发展，也推动人们对物质世界的认识由低级向高级发展。

侦查破案既是认识世界的过程，又是改造世界的过程。侦查实践过程中矛盾错综复杂，既有对抗性的，又有非对抗性的；既有主要的，又有次要的；既有本质的，又有非本质的；既有直接的，又有间接的；既有公开的，又有藏而不露的；既有外部的，又有内部的，等等。总之，矛盾无所不在，无处不有。在侦查中只有承认矛盾，坚持矛盾分析法，正确分析和解决矛盾，抓住主要矛盾，不忽视次要矛盾，才能不断推动侦查深入发展，开辟侦查的新局面。

侦查哲学既研究矛盾的普遍性，又研究矛盾的特殊性，把二者紧密结合起来。刑事案件形形色色，侦查人员认识案件时，要把共性和个性结合起来，坚持具体分析，从中把握个案的特殊规律，找出突破个案的新途径，这样才能使侦查破案富有创造性和开拓性。

矛盾分析方法体现辩证法的全面性原则。在侦查实践中对问题的认识既要看到它的正面又要看到它的反面；既要看到对立的一面，又要看到统一的一面；既要看到局部，又要看到整体。防止孤立、静止、片面地看问题。孤立、静止地看问题是形而上学，形而上学看问题就会导致主观主义的片面性，在侦查实践中是很有害的，也是违反唯物主义辩证法的。

（七）侦查认识中的现象与本质、原因与结果、必然与偶然、可能性与现实性、形式与内容的辩证关系

1. 现象与本质的对立统一。现象与本质的对立统一，是科学研究的基础，在侦查认识过程中，现象是案件的外部表现，人们通过感官可以感知；本质则隐藏在内部，人们不能直接感知，靠理性思维才能把握它。现象是表面的、片面的、个别的东西，是本质的具体表现；本质是一般的、共同的东西，是对现象的抽象与概括。现象多变易逝，本质则相对稳定。本质决定现象，现象是本质的特定表现。透过现象揭示本质，把握本质是侦查认识的根本途径和根本任务。

2. 原因与结果的对立统一。一切事物都处在不断变化的、无限的、相互联系的因果链条中。因果联系具有时间上的先后顺序，原因与结果是一种内在的本质联系，事物发展是一个因果无限转化的过程，因果的关系经常易位，即互为因果关系，客观事物的因果关系又具有多样性、复杂性，表现为一因多果，同因异果；一果多因，同果异因；多因多果，复合因果关系。在侦查过程中揭示事物的因果关系，是采取有效措施，达到预期目的的前提。侦查实践中观察研究案件的因果关系，应力戒主观性，防止表面性，切忌简单化和片面化，防止孤立地看问题。

3. 必然与偶然的辩证关系。必然性和偶然性是事物发展过程中呈现出的两种趋势，必然性和偶然性是由一定的原因引起的。必然性是由事物内部的、主要的原因决定的，偶然性则是由外部的、次要的原因决定的。事物发展变化过程中同时存在必然性和偶然性，但必然性在事物发展过程中处于支配地位，决定事物发展的方向；偶然性不处于支配地位，不能决定事物发展的方向。必然性和偶然性之间又是互相依赖、互相渗透和在一定条件下互相转化的。

在侦查破案过程中既要看到事物发展的必然性，又要高度重视各种偶然性。立足于必然性，可以树立破案的决心和信心，把案件预计得更曲折、复杂一点，把困难想得多一点，工作做得更细致些，这样必然会取得成效；同时又要重视各种偶然性因素，及时把握和充分利用对破案有利的偶然性因素，尽量减少和避免不利的偶然性因素干扰。

4. 侦查过程中的可能性与现实性。现实性与可能性是对立统一关系。现实性就是现时存在的客观事物，是已经实现了的可能性；可能性预示着事物发展前途的各种趋势，可能是好的，也可能是不好的。现实性标志事物当

前的状态，可能性标志事物未来发展的方向。一切事物都包含现实性和可能性两个方面，二者共居一个统一体中，现实性和可能性在一定条件下可以互相转化。

侦查中应研究现实性和可能性的辩证关系，使我们的思想和行动建立在现实性的基础上。侦查中分析案情和部署侦查要从实际出发，客观地、全面地把握事物发展的各种可能性，做好应变准备，要积极创造条件，充分、正确地发挥主观能动性，按照事物发展规律，促进侦查对抗向有利于破案的方向发展，使对侦查有利的可能性转化为现实性。

5. 侦查领域的形式与内容。马克思主义认为，形式和内容是一切事物所固有的矛盾的两个侧面，形式是事物存在和表现的方式，内容是事物存在的基础，二者在一定条件下可以互相转化，内容决定形式，形式依赖于内容，在侦查实践中应根据内容创造与其相适应的表现形式，促进侦查改革的发展。但要防止片面追求形式而忽视内容的形式主义，反对华而不实、不讲实际效果的浮夸作风。

（八）侦查中的群众观点和群众路线

一切为了群众，一切依靠群众，从群众中来到群众中去的群众路线，是党的根本政治路线、组织路线和工作路线，是我们在一切工作中克敌制胜的法宝。

树立群众观点，坚持群众路线，发扬密切联系群众的优良传统和作风是侦查胜利之本。

侦查工作中必须实行专门机关与群众路线相结合的方法，通过宣传群众、组织群众、依靠群众的智慧和力量积极同犯罪作斗争，维护全社会的利益。

侦查人员，尤其各级指挥员，必须树立群众观点，牢记全心全意为人民服务的宗旨，树立为民执法、为民破案的思想，虚心向群众学习，千方百计调动群众同犯罪作斗争的积极性。在新形势下，要努力创立更多更好的走群众路线的形式，恢复侦查机关与群众的鱼水关系，坚决反对欺压群众，任意损害群众利益的坏作风。

在宣传群众、动员群众的基础上，在社区建设中积极组织群众，建立健全群众性的社会治安保卫组织，实行群众性的群防群治，巩固同犯罪作斗争的战略基地。

（九）侦查中的阶级分析

马克思主义哲学关于阶级斗争的学说，揭示了阶级社会发展的一般规律，特别是揭示了无产阶级反对资产阶级的历史作用和发展趋势，这一理论为我们正确认识和处理我国社会主义初级阶段的阶级斗争和两类不同性质的矛盾提供了强大的思想武器。

社会主义社会的阶级斗争是一种特殊形式的阶级斗争，是历史上阶级斗争在社会主义条件下的残留。当前我国阶级斗争的对象已不是完整的剥削阶级，剥削阶级作为一个阶级已被消灭，所以阶级斗争已不再是社会主义社会的主要矛盾，处理阶级斗争问题必须服从和服务于社会主义现代化建设。但是，在一定范围内阶级斗争还将长期存在，在一定的条件下还可能激化，对此必须有清醒的认识。

科学地进行阶级分析，是无产阶级政党制定战略和策略的依据。因此，在社会主义初级阶段、在一定的范围内我国还存在阶级斗争，因此我们仍然需要坚持用阶级分析的方法来分析和处理带有阶级斗争性质的社会矛盾和社会现象。目前，国际敌对势力对我国实施西化、分化的战略图谋并没有改变，“和平演变”与“反和平演变”的斗争，社会主义和资本主义两种制度的斗争，无产阶级和资产阶级意识形态的斗争，还相当激烈；国内还有形形色色反社会主义分子、严重刑事犯罪分子、严重经济犯罪分子，以及各种蜕化变质分子。在这种斗争现状下，否定阶级分析方法和淡化意识形态斗争的观念，在理论上是错误的，在实践上是有害的。

侦查是法律行为，是同犯罪作斗争的，属于上层建筑的组成部分，侦查部门亦是巩固人民民主专政社会主义制度的工具，在侦查中不能就案论案、就事论事，需要加强政权意识。在同刑事犯罪作斗争的同时，要坚持防范和打击各种敌对势力的渗透、颠覆和分裂活动，有效防范和打击来自国外和国内的敌对势力及敌对分子的破坏，维护国家安全，保卫人民民主专政的社会主义制度。

[管光承主编：《现代侦查》（第一卷），群众出版社2005年版。]

略论侦查认识的特征

侦查活动是侦查主体运用辩证唯物论的立场、观点和方法，对客观存在的案件事实，进行自觉能动的认识过程，具有如下基本特征：

一、侦查认识主体的法定性

马克思主义认识论认为：“主体是运用一定的物质手段有意识、有目的地改造客观和运用一定的精神手段和物质手段有意识、有目的地认识客体的承担者，是社会的人和人的社会。”① 认识的主体是在一定社会中，在一定的社会历史条件下活动着的人，人的认识活动必然受社会的制约和规定，侦查活动是一项法律行为，因此侦查认识要受法律的规定和制约，侦查认识的主体法定性体现在三个方面：

1. 侦查认识主体具有特殊的法律地位。根据《刑事诉讼法》规定，侦查是指公安机关、人民检察院在办理案件过程中，依法进行专门调查工作和有关强制性措施，侦查是国家赋予的职能，这项职能只能由特定机构的人来承担，侦查活动是侦查主体认识客观事物的过程，侦查认识主体是能思维、从事侦查实践的自然人，侦查认识主体须具备三个条件：

其一，侦查认识主体必须是享有法律规定的侦查权的人，就是在法定的侦查机构中工作，承担侦查任务的侦查人员（侦查指挥员和战斗员），从系统论的观点来看，侦查认识主体不仅指侦查员个体，还应当包含侦查员群体，集众人之智慧，才能使侦查认识更全面、更深刻、更系统、更科学。

其二，侦查认识主体必须能思维，有行为能力和责任能力，不具备思维能力的侦查机构、部门，如刑警队，侦查处、科以及为侦查认识服务的电子计算机等，均不能成为侦查认识主体。

其三，侦查认识主体，必须是从事侦查实践的人，唯物辩证法认为，实践是认识论首要的和基本的观点，侦查认识的价值只有在侦查认识实践中才

---

① 王家俊著：《马克思主义认识论》，吉林人民出版社 1986 年版，第 106 页。

能得到实现。所以侦查认识主体必须从事侦查实践，脱离侦查实践的人就无权谈侦查认识，也不能成为侦查认识主体。承认实践是侦查认识的基础，绝不意味着侦查理论是无足轻重的，恰恰相反，理论来源于实践，是对实践的科学抽象和概括，科学的理论认识反映客观事物的本质和规律，对侦查实践起着极大的推动作用。

2. 侦查认识主体运用的手段是法定的。侦查是依法进行的专门调查工作和强制性措施，作为侦查认识主体的侦查员，在实施侦查行为过程中，无论其行为内容和方式都是特定的，侦查中所采取的勘验、检查、搜查、侦查实验、侦查辨认、讯问、询问、调取物证、追查赃物等措施，都是法律规定的，侦查人员实施这些行为，必须依法进行，这些行为中有些是带有强制性的，如对犯罪现场勘验，对犯罪嫌疑人的人身检查，以及对犯罪嫌疑人的人身、住处及其他有关场所的搜查等，只要符合法律规定，不论当事人是否同意，都应当依法进行。

侦查认识是围绕着查清案情、收集证据，揭示犯罪事实与嫌疑人内在联系而进行的，侦查认识主体为完成这一认识过程，必须依照法律规定，通过各种途径，运用各种手段收集与犯罪有关的信息。侦查认识所采取的手段既有一般的，也有特殊的；既有公开的，也有隐蔽的；既有常规的，也有强制性的，还有各种科学技术手段，侦查认识主体将收集来的信息，进行由此及彼，由表及里，去粗取精，去伪存真的思索，使认识不断深化，对存疑问题，通过调查和科学技术检验不断验证，逐步形成较完整的认识。

3. 侦查认识必须维护国家利益，维护社会主义法律尊严，为揭露犯罪，巩固人民民主专政服务。侦查活动是一项重要的刑事诉讼程序，是揭露犯罪，惩罚犯罪，维护国家利益，保护人民群众生命财产安全的重要手段，是巩固人民民主专政的行为之一。侦查认识从无产阶级和广大人民根本利益出发，正确认识刑事犯罪活动的规律和特点，稳、准、狠地打击犯罪，切实保护社会主义现代化建设，实现巩固人民民主专政的历史使命。

二、侦查认识客体的复杂性

侦查认识客体是侦查主体认识的对象和改造的对象。侦查认识过程是侦查认识主体与客体相互作用，不断解决主观与客观的矛盾问题。侦查活动是一项特殊的社会活动，是在有思维能力、有自觉能动性的活人或活人集团之间进行的。侦查的根本任务是查清犯罪事实，将犯罪嫌疑人缉捕归案。如何才能实现这一任务呢？从侦查认识来讲，可分为三个层次，首先，查明案情。所谓案情包括与案件有联系的人、物、事及相关的时间、空间因素。其次，从获取的与案件有关的大量信息中筛选出犯罪事实。犯罪事实包括：犯罪的时间、地点、动机、目的、手段、情节、危害后果等，通过各种渠道，利用各种手段获取足以证明犯罪事实的证据。最后，查明犯罪事实与犯罪嫌疑人的联系，即有确实充分的证据证明犯罪事实为犯罪嫌疑人所为，从而揭示出犯罪事实与犯罪嫌疑人的内在联系，采取相应措施将犯罪嫌疑人缉捕归案，这就完成了侦查阶段的认识过程。

侦查认识客体（或对象）是同犯罪相联系的人、物、事等。人包括受害人、犯罪行为人、犯罪嫌疑人、证人及其他知情人；物包括侵害物、犯罪遗留的痕迹、物品及其他物证、赃物、犯罪引起的物质环境变化状态，以及与案件相联系的其他物质。事包括由犯罪引起的各种现象，以及各种现象之间的联系，如现象与法律的联系，现象与被害人之间的联系，犯罪与犯罪嫌疑人的联系等。侦查主体通过与犯罪相关的物的观察、感知从中把握事物的本质和规律，经过思维判断认识事件的性质、特征、把握事件派生的各种现象之间的因果关系，以及事和物的内在联系，最终揭示出犯罪事实与犯罪嫌疑人之间的必然联系，实现犯罪嫌疑人同犯罪行为人的同一。

犯罪事实是犯罪行为人实施犯罪行为的结果，是客观存在的既往事实，侦查认识客体中的人是最活跃的因素，犯罪行为人在主观恶意支配下实施犯罪行为，既要达到自己的目的，又要逃避侦查，往往是绞尽脑汁，机关算尽，制造层层迷雾，故布疑阵，妄图以假乱真。案件中的受害人、证人及其他知情人，由于受心理、生理因素及其他因素的干扰，利害关系的影响，提供的情况中不乏失实之处，甚至提供虚假信息。与案件有联系的物品、痕迹及其他物证，多是零乱的、分散的、微量的和不完整的，甚至是隐蔽的，有的可能被毁灭。与案件有关的各种现象，多为真相与假象并存，或者假象掩盖真相。由于客体的复杂和多样性，为侦查认识造成很多困难。加之侦查认识主体的主观因素，可能会阻碍侦查认识的广度和深度。

三、侦查认识对象的模糊性

客体是不依认识主体的主观意志为转移的客观实在，它具有客观性、物质性与对象性的特点。客体的客观性、物质性和对象性只有通过主体的实践活动和认识活动才能被揭示出来。

侦查认识是一个动态过程。就整个认识过程，先由个别到一般，由具体到抽象，由片面到全面，由表及里，不断丰富、不断深化的过程。讲侦查认识往往是从某些线索或迹象开始的，案件的客观事实进入侦查主体的认识范围是逐步的，案件的某些客观事实在未纳入侦查主体认识范围之前，虽然是客观存在的，但它并不具备侦查主体认识对象的规定性。这些尚未进入侦查认识范围的客观事实，对于侦查认识主体来说，均属于未被感知的，当然是模糊不清的，对于刚纳入侦查认识范围，在未把握其本质及其内在联系之前也是肤浅的、表面的，带有较大的模糊性和不确定性，侦查认识客体的模糊性主要体现在三个方面：

1. 事件性质和情节的模糊性。认定事件性质是侦查认识的首要环节，认定事件是犯罪事件（通常称刑事案件）还是非犯罪事件，是确定立案侦查的前提。侦查机关接到报案或举报后，首先要判明所报称的事件是否为犯罪构成的刑事案件。例如，对着火事件，必须判明是故意纵火，还是不慎失火、电火或者自然起火；对举报贪污线索，应当分析是贪污犯罪，是误告或者诬告，以便按照事件的不同性质予以处置。侦查认识的开始阶段，对事件性质的认识绝大多数是模糊不清的，随着对事件的观察与调查，侦查认识范围不断扩大，获取了足以确定事件性质的信息，认识的不确定性逐步消除，使事件性质不断由模糊变为清晰。确定事件性质之后，对犯罪案件情节的认识，也是由不知到知，由知之甚少到逐步增多的过程。犯罪情节包括：犯罪动机、目的、手段，犯罪时的环境、条件，犯罪的时间、地点，犯罪造成的危害后果，以及犯罪行为人的情况等。所有这些，在侦查认识的开始阶段都处于模糊状态，尤其是有伪装的犯罪，其情节的模糊性更大，真相与假象交织在一起，错综复杂，难以辨别。这就给侦查认识蒙上一层迷雾，一时处于朦胧状态。

2. 侦查方向和侦查范围的模糊性。在侦查认识过程中，即使对案件的性质有了较清晰的认识，对犯罪情节有了一定的了解，但犯罪事件究竟是什么人所为，到哪里去寻觅犯罪嫌疑对象，或者先发现了犯罪嫌疑人，需要从何处收集揭露、证实其犯罪的赃款、赃物及其他罪证等，这又为侦查认识提出来新的课题。在侦查实践活动中，对侦查方向的判定，并不是开始就明确的，也不是一成不变的，常常随着侦查认识的不断深化、不断调整，完全改变的情况也是常有的。这说明判定侦查方向、划定侦查范围的时候都带有一定的模糊性，这种模糊性随着侦查的发展，认识范围不断扩大、不断深入，逐渐变得清晰起来。

3. 认定犯罪嫌疑人及其与犯罪事实的关系的模糊性。根据刑事案件的侦查途径，可将其分为由事到人和由人到事的案件，所谓“由事到人”，是指犯罪行为人实施犯罪后逃逸，侦查主体先从犯罪事实开始，像“猜谜语”一样认识案件，通过逆向思维认识犯罪嫌疑人，继而揭示出犯罪嫌疑人与犯罪事实的内在联系。所谓“由人到事”的案件，是指先从发现犯罪嫌疑对象开始，进一步把握和认识其犯罪事实，最后揭示出犯罪事实与犯罪嫌疑对象之间的内在联系，确定其为本案的犯罪嫌疑人。

对“由事到人”的案件，认识犯罪嫌疑人的过程，通常是由犯罪事实开始，发现嫌疑线索，逐步发现嫌疑对象，最后筛选出重点嫌疑对象。逐步揭示出犯罪嫌疑对象与犯罪事实存在的内在联系，就认定其为该案的犯罪嫌疑人。嫌疑对象通常并非一人，在若干个嫌疑对象中，有无犯罪嫌疑人，究竟谁是犯罪嫌疑人，在未揭示嫌疑对象与犯罪事实的内在联系之前是模糊的、不确定的。在“由人到事”的案件中，被指名控告或被举报的人，开始还不能称其为犯罪嫌疑人，只能是嫌疑对象，至于该嫌疑对象有无犯罪事实，或者犯罪事实是否为该嫌疑对象所为，尚带有一定的模糊性和不确定性，只有将犯罪事实查清并揭示出该犯罪事实与嫌疑对象的内在联系，才能认定嫌疑对象为该案的犯罪嫌疑人。

四、侦查认识的动态性

运动是物质的根本属性，是物质存在的方式，犯罪活动是物质运动的一种形式，由犯罪行为构成的刑事案件每时每刻都发生着变化，所以侦查活动也是一种动态的不断调整、不断优化的思维过程。

侦查认识动态性，体现在侦查认识主体和侦查认识对象两方面，就侦查认识对象而言，既表现在物的方面，又表现为人的方面，犯罪是在特定的时间内，在一定的物质环境下发生的，随着时间的推移，物质环境不断地发生变化，犯罪现场的面貌在变化，与犯罪有关的痕迹、物品及其他物证会变化，形成痕迹的客体以及其他罪证也会变化，甚至会灭失。被侵害人、知情人在心理和生理方面也发生变化，案件刚发生时，对事情记忆犹新，思想上较重视，提供的情况较多、较准确。随着时间的流逝，事过境迁，人们的记忆就会变模糊，思想会松懈，甚至会厌倦，提供的信息变少而且模糊。犯罪行为人到处流窜，行迹不定，以及其体貌特征、衣着打扮、嗜好、生活习惯、书写习惯等会发生变化，加之犯罪行为人反侦查手段不断变化，故意制造假象，释放干扰信息，混淆视听。上述变化，与时间的变化成正比，相隔的时间短，变化较小，时间越长，变化愈大，甚至丧失认识的条件。从侦查主体来说，案件刚发生，热情高，斗志旺盛，思想敏感，思维积极；时间变长，侦查进展不大，容易产生畏难情绪，意志消沉，以致产生厌战情绪，侦查认识的广度和深度受到限制，如不及时纠正，容易使侦查认识搁浅。根据侦查认识的动态性，要求侦查认识主体必须依据案情的变化、不断调整和改变自己的思维程序和方向，为提高侦查认识能力，侦查主体应当把静态与动态思维结合起来，形成以动为主、动中有静的良性思维方式。不断缩小思维的目标差，以达到优化的思维目标。

（西南政法大学侦查系主办《侦查》1997 年增刊。）

论侦查认识的基本途径

侦查认识过程是一个复杂的过程，在侦查活动中，侦查主体欲要不断提高自身的认识能力，提高侦查认识的自觉能动性，使侦查认识达到新的高度，似可沿着以下途径进行。

一、积极变革实践，发挥主观能动性

实践是认识的来源和基础。实践是借助一定的手段，有意识、有目的地改造客体的物质运动。侦查认识是主体与客体通过实践相互作用的结果，实践是侦查认识主体与客体联系的中介。在侦查认识活动中，一般说来，侦查主体处在主动地位，客体则是主体认识的对象，处在被动地位。但作为认识对象中的人，尤其是犯罪行为人，都是有自觉能动性的活人，经常表现出反侦查认识的能动性，它会给侦查认识主体认识案件带来一定的困难。侦查认识主体对侦查认识的能动性，是通过侦查实践实现的，侦查主体认识的能动性主要表现为主动性、目的性和创造性。认识的主动性：侦查认识主体为了战胜对手，总是积极主动寻找侦破案件的线索，多方收集信息，并对信息进行筛选、过滤。认识的目的性：侦查认识是一种自觉的、有目的的活动，侦查主体总是先在头脑中形成一定的设想，提出预定的目标，制订实现预定目标的计划、步骤和措施。由于侦查主体认识的目的性，所以对侦查中获取的信息进行有选择的接受，主体的目的性越明确，对信息的选择性越强。选择的正确与否，还要看与实际情况是否相符。认识的创造性：侦查认识的创造性，是说侦查主体对客体提供的信息不是简单地记录和移植，而是通过头脑进行加工和制作，有些还要借助科学技术手段或电脑协助鉴别使侦查认识不停留在表面，而是深入认识和把握问题的本质，提高侦查认识的预见性。

二、加强理性思维，提高认识质量

侦查是一种对抗性较强的活动，它是在能思维的活人或活人集团之间进行的，是活力对抗的一种形式。侦查认识也是一个复杂的、经过多次反复的、积极的、自觉能动的过程。侦查主体对侦查对象的认识，需要有感性认识到理性认识的飞跃。感性认识是侦查认识的开始，它具有直接性、生动性、形象性，但又具有片面性和表面性。侦查认识初始阶段，往往遇到许多支离破碎的、杂乱无章的现象和材料，需要依靠侦查主体的思维能力对大量感性材料进行加工、处理，通过抽象与概括、分析与综合，进行去粗取精，去伪存真，由此及彼，由表及里的改造制作，从中把握案件的本质和规律。侦查认识绝不能停留在感性认识阶段，满足于局部的经验，而必须突破感性认识的局限性，上升到理性认识。在侦查实践中，不能为许多表面现象所纠缠，应当把得来的各种线索和现象作为入门的向导，尽快抓到事物的本质，将侦查活动推向新的阶段。对侦查理论的研究，也不应当停留在对局部经验的总结和描述上，而应该把丰富的实践经验上升为理论。

列宁指出："从生动的直观到抽象的思维，并从抽象的思维到实践，这就是认识真理、认识客观实在的辩证的途径。"[①] 认识的真正任务在于经过感性认识达到理性认识，把握事物本质和规律。理性认识具有间接性、抽象性、概括性和本质性的特点。理性思维，在侦查认识中起着重要作用，只有通过理性思维把握住侦查认识对象的本质，才能更深刻地感觉它。通过理性思维，对侦查中获得的大量的、分散的、表面的感性材料进行抽象，在思维中再现事物的具体，使侦查认识深化，理性思维可帮助侦查主体根据侦查案件的变化规律，提出科学的预见和假定。为侦查主体进行侦查构思和制订计划、措施提供理论根据。反映客观事物本质的理论认识对侦查实践有着巨大的指导和推动作用。但理论又必须在实践中经受检验，并不断地得到修正、补充和丰富。这样使侦查认识的层次一次比一次高，认识的质和量不断提高，使侦查主体改造侦查对象的能力，不断加强。

三、借鉴新方法论原理，为侦查认识注入活力

所谓新方法论，实际上是指运用一种跨自然科学和社会科学的学科领域，进行联合研究综合分析的思维方式。它包括以信息论、系统论和控制论为核心的新的方法论，新方法论是对辩证唯物论的发展和补充。新方法论有一体化、整体化、综合化、系统化的特点。一体化是说它属于自然科学和社会科学研究方法的融合。整体化是"三论"的核心，现代科学在探索任何一个问题的时候，都要从整体出发，当今各个学科互相渗透，明显地表现出整体化的趋势。综合化是指当今自然科学与社会科学的互相渗透与交叉，各门学科的传统界限被突破，在方法论方面的整体化和综合化。系统化是指用

① ［苏联］列宁著：《哲学笔记》，人民出版社 1960 年版，第 181 页。

总体联系的思想、系统观点对各学科进行研究。现代科学的系统方法，实质上是唯物辩证法在科学方法论中的体现和运用。新方法论是在传统的方法论的基础上发展起来的，又与传统的方法论不同，它是具有较高的概括程度和广泛的适用范围的新的科学的认识方法。

本文试图借鉴新方法论的某些原理来丰富侦查认识的内容。这些原理主要是预测性原理、模糊原理、创造原理和整体优化原理。

（一）预测性原理

预测性原理是根据事物发展的客观规律，对未来的事情所进行的科学预见和推测。兵法中的“审时”和“料敌”，实际上就是现代科学方法论中的预测，“凡事预则立，不预则废”。在活力对抗中，在与对手公开较量之前，首先要研究对手的动机、企图，以便为找到制胜之策创造条件。《草庐经略》中说：“常胜之家，必先悉敌之情也。”孙子提出了“知彼知己，百战不殆”的著名论断。在军事对抗中，从一定意义上讲，指挥员的预见力越强，他的用兵艺术就越高。没有深虑，难有远谋。预见的越远，准备的越周，主动性就越强。侦查是活力对抗的一种形式，它具有活力对抗的诸多特点，有人将侦查喻为“和平时代的战争”，“看不见战线上的战斗”。总之，侦查与军事对抗的相似之处较多，所以预测性思维在侦查认识中显得尤为重要。它关系着侦查对抗的成败。从认识论的角度讲，预见是建立在逻辑推理基础上的分析与综合方法。侦查中的预测表现在战略和战术、整体和局部等各个不同层次的思维活动中，是总体斗争方略和具体计划、计谋、决心定下之前的必要判断、思考，它贯穿于侦查对抗的全过程。《兵法》上讲：“测于敌者，避实而击疏；测于敌之测我者，现短以致长。测蹈于虚，反为敌诡。”其意为，判断敌人，是为避实击虚；判断敌人是怎样判断我的，就故意示假隐真，迷惑对方，以便发挥我方之长处。正确的部署来源于正确的决心，正确的决心来源于正确的判断。判断力是一种辨别力和透视力，预测要求侦查主体有敏锐的辨别力和超常的透视力，善于从对抗的朦胧迷雾中，透视对方的动机和图谋。资产阶级军事理论家克劳塞维茨说：“虽然诡诈在不妨害必要的感情力量（然而往往是有妨害的）的情况下没有什么害处，但是对统帅来说，正确而准确的眼力比诡诈更为必要，更为有用。”[①] 在侦查对抗中，由于犯罪的狡诈性，常给事实真相蒙上一层迷雾，犯罪行为人的反侦查活动，又使侦查对抗中充满着多变性和随机性，使侦查预测增加了难

① ［德］克劳塞维茨著：《战争论》（上），杨南芳等译校，陕西人民出版社 2001 年版，第 183 页。

度。但是，无论犯罪行为人多么狡猾，伪装多么巧妙，不可能天衣无缝，不露一点踪迹是不可能的。只要通过分析和综合，认识事物的内部联系，把握其变化的规律，是可以预测案情的发展趋势和某些必然结果的。根据科学的预测，作出多方面准备，提出几种预案，就可以在情况发生变化时，应付自如。

（二）模糊原理

模糊是对精确而言的。从认识论来说，它是具有弹性的不确定方法，模糊性是人脑思维的特点，人们在认识复杂事物的过程中，由于各种因素的干扰和客观条件的制约，在一定时期内无法精确地了解其含义，或者对有些含糊不清的概念，无法给予精确的定义，只能从整体方面去理解它，用自然语言的模糊性来描述它，解决它。

模糊方法是凭人的知识经验、直觉对认识对象进行定性或定量的分析。因此，因人的知识、经验、洞察力、判断力、创造性思维能力的不同，而带来不同的后果。

在活力对抗中，由于双方具有相向目的性，双方都想让对方按照自己的意愿行事，都不愿意做对方所希望的事情。因为活力对抗充满着多变性和随机性，不确定因素多，模糊性大。侦查对抗是一种活力对抗，对抗双方既是力量和勇气的抗衡，又是智慧的拼搏。侦查认识中存在许多模糊不清的问题，侦查主体进行谋划过程时，不能停留在传统的定性分析上，有些问题又无法定量，这就需要将定性分析方法与现代精确的量化、半量化方法结合起来，综合运用“软硬兼施”的方法，来解决侦查谋略问题。

（三）创造原理

在侦查认识中要求侦查主体善于创造性思维，不断了解新情况，研究新问题，揭示新规律。创造性思维是思维的一种智力品质，人们在认识世界和改造世界的过程中要有所作为，总要不断地有所发现、有所创造、有所前进。侦查对抗是正义与邪恶的较量，侦查主体只要肯动心计，善于进行超常的创造性思维，克服直线思维和贯常思维的保守性，善于从司空见惯中提出新问题，阐明新道理，不循规蹈矩，坚持刻意求新，就能够找到克敌制胜的奇谋良策。

在侦查认识中欲要提高创造思维能力，不能就事论事，必须进一步提高抽象能力和概括能力，即运用内涵更丰富、概括力更强的抽象思维去认识侦查中的新问题，使侦查认识的广度与深度不断向新的方向发展，在侦查认识中遇到新情况、新变化，就会想出新点子，拿出新办法。应当不断提高侧向思维能力，侦查主体要善于从不同的侧面启发自己的思维，善于借鉴他人的经验，学习其他学科领域的新知识，才能提高创造成功的机会。积极培养自己的联想能力，在侦查认识中，联想能力越强，就可以将两个差距很大的概念联结起来，产生新思想。联想思维越活跃，在侦查认识过程中，就会最大限度地发挥创造力，侦查主体要锻炼思维的灵活性，不断克服思维的惰性、刻板、僵化和呆滞的缺陷。善于把坚持性和灵活性统一起来，使思维活动既灵活又有度。灵活的思维必须以广博的学识为基础，有了广博的学识，需要有正确的思维方法作指导，才能做到思路开阔，左右逢源，妙思泉涌。

（四）整体优化原理

侦查是一个复杂的系统，整体优化原理要求处理好整体与部分的关系，全局与局部的关系，充分发挥系统的整体功能。侦查是由诸多要素，按照一定的方式，一定的层次组成的复杂系统，首先要协调好各要素之间的关系，使整体发挥出各个部分原来所不具有的新功能。“三个牛皮匠，顶个诸葛亮”，是指三个皮匠协调一致，同心同德，群策群力，方能显示出个人所不具备的智慧。如果三个人三条心，互相掣肘，互相扯皮，不仅不能成为“诸葛亮”，反而会形成“三个和尚没水吃”的互相依赖、互相推诿的结局。侦查整体优化原理要求先从优化各个部分开始，由整体支配影响各部分。无论从侦查决策，还是队伍建设方面，都要从整体目标出发，在整体目标指导下，协调各个部分的目标，使各部分从整体上达到整体目标，这就是通过各部分的优化，经过协调而达到整体的优化，发挥整体优势，取得最大的效果。

（西南政法大学侦查系主办《侦查》1998 年第 1 期。）

侦查认识中的必然性与偶然性

侦查破案是侦查人员对案情及嫌疑对象的复杂认识过程。刑事案件的发生具有一度性，即形成案件的犯罪行为，不可重演，同一个案件不会重新出现。凡是被立案侦查的案件（经过侦查，已查清没有犯罪事实，作出撤销案件处理的除外），都是先由犯罪行为造成的案件事实存在。然后，通过一系列侦查活动，逐步完成侦查认识，最终揭示出犯罪事实与犯罪嫌疑人之间的内在必然联系。如果揭示的正确深刻，就完成了正确的侦查认识，假若没有正确揭示，或者误把犯罪事实与嫌疑对象之间外在的、偶然联系，当成内在的、必然联系，就会造成错案。通过下面的古案例，就可以看出，两种认识导致的两种结果。

司马光在《涑水纪闻》中记载宋朝丞相向敏中在西京当判官时，遇到过一个案件。一天，有个和尚路过某村，天色将晚。和尚便到一家借宿，这家主人不同意，无奈和尚便要求在这家门外的车厢中暂宿一夜，主人允许了。正巧，当夜有个强盗进入这一家，携带一个妇女，还有一个包袱越墙而出。此时，睡在车厢中的和尚没有睡着，对这事看得一清二楚。和尚心想：这家主人开始不同意我借宿，我硬赖在这里不走，现在又出了这种事，明天他一定会怀疑是我干的，把我捉到官府去。和尚越想越害怕，于是就连夜逃走了，因为心慌路又不熟，黑夜里在荒草中跑，忽然一失足掉进一个干枯的井里去了。不料那个被劫持的妇女已被人杀死，尸体也丢在枯井中，和尚掉进井里就沾了一身血。

第二天，这家主人沿着足迹找，在这个枯井里找到了和尚和被杀妇女的尸体，于是便把和尚送到了官府。和尚说了实情，官府哪里会相信，在严刑拷打之下，他就冤枉地承认了，他说原来和这被杀的妇女通奸，夜里引诱她一路逃跑，逃出来后又怕被人发觉，于是就把她杀了，抛尸枯井中，不小心失足，自己也掉下去了，赃物放在井边，不知被谁拿走了。这个案子就这样定了，大家都认为合乎情理了，没有什么可疑的。

向敏中看了此案，认为赃物和凶器都没有找到，夜里也不会有人到这荒郊野外来，案子如此蹊跷值得怀疑，就再三盘问和尚，那和尚只是说：“我前生欠下这笔债，没有什么可说的了!”向敏中还是坚持要他说，最后和尚还是说出了真情。向敏中为了查明事实真相，便派人秘密查访本案的真正凶手。查访官吏来到那个村庄的一家小吃店里买饭吃，店里有个老婆婆听说他是府里来的，但不知他是查访此案的官吏，就随便问道：“那个和尚的案子怎样了?”这个官吏哄她说：“昨天已经在大街上用棍子把他打死了。”老婆婆叹口气道：“现在如果把真正的凶手找到，还办不办罪?”查案的官吏说：“府里把这案子错误的解决了，现在就是找到真正的凶手，恐怕也不敢再过问了。”老婆婆说：“照你这样说，那么把真正的杀人凶手说出来也不要紧了。说实在的，那个妇女是本村少年某甲杀的。”官吏根据这一线索，查清了某甲的情况，便把他抓起来，连那包赃物也一起缴获了。经过审讯，杀人案便真相大白，那个被冤枉的和尚也被释放。

造成这一错案的原因固然是多方面的，但从侦查认识的角度看，它与办案官吏对案件的错误认识有关，根本的原因是把事物间的偶然巧合当成内在的必然联系。该案中的偶然现象很多，如和尚来到村里向这家主人求宿是偶然的；和尚住在门外的车厢内，偏又看见强盗带着一个妇女从此翻墙而出，又带有偶然性。如果和尚已经入睡，或者强盗从别处越出墙外，那么和尚也就看不到这种情况。假如和尚不逃跑，也不会有后边的巧合，可是这个和尚逃跑的方向偏又与强盗携带妇女所走的方向一致，和尚走到枯井边偏又失足掉入枯井中，真是巧上加巧。再加上办案官吏先入为主，一味进行刑讯逼供，屈打成招，以假乱真，以致酿成错案。

犯罪案件是在一定时间、空间条件下，犯罪行为人在一定的思想动机支配下，实施一系列犯罪行为完成的，是由原因到结果的发展过程，而侦查人员对案件事实的认识则是逆向思维过程，即先由结果到原因，沿梢刨根，从流到源的回溯推理过程。任何案件形成的过程，既有必然因素，同时又有许多偶然因素。侦查人员分析认识案件时，头等重要的是善于从大量杂乱无章的现象中去掉偶然的东西，找到必然性，抓住实质的东西，使侦查认识不断深入。上述案件中就是因为办案官吏将偶然巧合当成必然因素，而对案件存在的必然因素，没有深入调查，假如和尚与被杀妇女通奸，必然有形成奸情的过程，和尚对死者及其家人的情况应该有所了解，如对死者的住处、起居必然熟悉，对此若加以细究，就会露出破绽，从中发现疑点以揭示真伪，免成冤案。

在侦查认识中，侦查人员必须竭力排除偶然性，把握案件中的必然因素，才能抓住问题的本质。侦查决策和侦查计划的制订，只能依靠案件的必然性，这是部署侦查、施谋用策的基点。须知，侦查破案是个复杂的认识过程，就具体案件来说，只要把握住必然性，深入群众，做艰苦细致的工作，充分利用各种侦查手段，绝大多数案件都能破获，这也是必然的。但是，每个案件究竟从哪个环节突破却带有很大的偶然性，“踏破铁鞋无觅处，得来全不费功夫”的事也是常有的。例如，某地有一盗贼夜间潜入百货商场偷金银首饰，作案之后感到饥饿，便窜入该商场的食品部，见到糕点便狼吞虎咽地吃起来。吃饱之后又觉得口渴，看到旁边的货架上摆放着各种酒，于是又打开一瓶葡萄酒喝起来，谁知该人的酒量并不大，偏又“贪杯”，结果醉倒在柜台旁，直到第二天商场职工上班，这位“梁上君子”仍昏睡不醒，最终被送到保卫科，人赃俱获。

在侦查实践中，有时偶然性常给破案带来好的机遇，使侦查走了捷径。例如，某地发生一起盗窃案，正在侦查人员赶赴现场途中，遇上一个形迹可疑的人，在准备停车盘问时，那人拔腿便跑，待将其抓获后，该人正是盗窃案的作案人。该案侦查人员还未到现场，就将犯罪嫌疑人缉捕归案，大大缩短了破案时间，节省了人力、物力，真乃是“天赐良机”。

侦查破案首先要研究案件中的必然因素，抓住问题的本质，树立坚定不移的破案决心和信心，要科学地分析案情，正确预见案情的变化和侦查态势的发展，准备付出更多的劳动，做过细的工作，不断排除不利偶然因素的干扰，使对案情的认识不断深化，以取得理想的效果。同时要充分利用对侦查有利的各种偶然因素，以便发现线索和破案的战机，从而推动侦查工作的进展，提高工作效率，缩短破案进程。但是，侦查中重视和利用有利的偶然因素，绝对不是存有侥幸心理，投机取巧，应当做好应付各种突然事件发生的准备，做到有备无患，才能积小胜为大胜，最终取得胜利。

（北京军地专修学院院刊《军地通讯》2004 年第 4 期。）

对于侦查认识的再探讨

侦查人员对犯罪事实认识得快与慢、深刻与肤浅、正确与错误直接影响破案的效率，甚至关系到侦查活动的成败问题。这是侦查学界大多数学者共同认可的道理。但在具体认识上、理论研究和办案实践中，对侦查理论的来源、理论与实践的关系、理论对侦查实践的作用，以及侦查学理论体系的构建等方面都存在差异，为了繁荣侦查学理论研究，促进侦查实践发展，交流学术思想，本文拟将对侦查认识中有关问题进行再探讨，以求教于同人。

一、案件事实是侦查认识的前提

侦查认识的对象是犯罪行为构成的案件，犯罪活动是采取一定形式的物质运动，每个具体的犯罪行为都有其产生、发展和结束的过程，不论过程长短，都是有始有终的。任何犯罪案件的发生都离不开一定的时间、空间、条件等因素，并会与周围环境存在千丝万缕的联系，还会引起一系列的物质环境变化。犯罪行为与周围环境的联系及引起的物质环境变化，都是客观存在的，不以人们的意志为转移。犯罪事实的客观存在为侦查员进行侦查认识提供了客观依据。侦查认识首先要解决的是有无犯罪事实的问题，如果有犯罪事实没有被认识，就会漏掉犯罪；假如没有犯罪事实存在，误认为有犯罪事实，硬要找到犯罪嫌疑人，势必要造成假案、冤案。所以犯罪事实是侦查认识的前提。如果没有犯罪事实，那侦查认识就会产生差错。

侦查认识的目的是查明案件事实，揭示出犯罪事实与嫌疑对象之间的内在联系。侦查认识的目的是通过侦查实践实现的。所以，侦查实践是侦查认识的源泉，是侦查认识发展的动力，也是检验认识真理性和价值的标准。马克思主义哲学认为，实践是人类借助一定的手段，有目的地改造世界的物质活动。正确的侦查认识必须建立在实践的基础上，离开侦查实践的侦查认识就成了无源之水，无本之木。因此，侦查实践中的任何一个正确认识都是侦查员头脑对犯罪案件事实某一阶段或某一方面本来面目的反映，而任何一次正确的侦查实践活动又都是在正确认识指导下取得的成功活动。

人们对客观事物的反映是由现象到本质的过程。在侦查实践中，侦查人员开始接触的都是具体案件所表露出来的这样和那样的现象，由此在侦查员头脑里形成种种印象，这些表面现象的感觉和印象，还只是对案件的感性认识，感性认识只反映案件的各种现象和各个片面，要把握案件的本质和规律性，必须使感性认识上升为理性认识，理性认识是靠侦查员的思维能力对各种感性材料进行一系列的抽象与概括、分析与综合、判断与推理等理性思维活动，从而得出理论性的结论，完成侦查认识对实践的能动反映。

二、侦查学理论是侦查认识规律的总结与升华

在侦查认识活动中，具有思维能力的侦查员（个体与群体）是认识的主体，而客观存在的犯罪案件事实（包括人与物）是侦查员认识的对象或客体。侦查认识主体与客体在实践中相互发生作用，侦查认识就是二者通过侦查实践相互作用的结果。侦查认识的高级阶段即理性认识就形成了理论。它包括概念、原理等一系列系统化了的理性认识。有人说侦查学只有实践没有理论，这显然是一种缺乏辩证唯物主义常识的无知之说。有人认为，研究理论是学者们的事，与侦查实际无关。还有人认为，侦查破案是撞大运，碰上了就能破案，碰不上就破不了案。这些认识不仅是片面的，而且在理论上是错误的，在实践中也是有害的。前者割裂了理论与实践的统一性，否定了理论来源于实践和理论对实践的指导作用。后者否定了人们有能动性地反映客观世界的能力，如果不及早纠正的话，就可能会陷入认识与实践相脱离的狭隘经验论和不可知论的泥潭。

唯物辩证法认为，实践与认识是相辅相成的。它既承认实践是认识的基础，同时又承认认识，特别是反映客观事物本质和规律性的理性认识（理论）对新的实践有着巨大的指导作用。① 当然，理论有正确的理论，也有错误的理论。正确的理论对侦查实践起着促进作用，错误的理论对侦查实践会起误导作用。

近年来，在侦查学理论研究中，有的学者可能由于建立侦查学理论体系的心切之故，有意无意地忽视了中国的国情和侦查实践，试图从外国和其他学科寻找侦查学的理论，以此建立中国的侦查学理论体系，如有的学者主张照搬西方的侦查制度，效仿西方的侦查模式等。笔者并不反对吸收借鉴国外的先进技术和一些对我国有益的经验；更不排斥吸收其他学科的相关知识，各学科之间可以互相渗透。但不是生搬硬套，应当经过加工制作使其与侦查

---

① 中共中央宣传部理论局组织编写：《马克思主义哲学学习纲要》，中共中央党校出版社 1989 年版，第 37 页。

学融为一体，为侦查实践所用，而不应该牵强附会，甚至故弄玄虚使人摸不着头脑。这样无论对侦查学理论建设或对侦查实践都有害无益。

笔者认为，我国的侦查学理论研究，应当紧密结合中国的国情，以研究中国的侦查实践为主，本着“古为今用，洋为中用”的原则批判地继承和有选择地借鉴古今中外对侦查学有益的知识，以丰富我国侦查学理论的内容，促进侦查实践的发展。再者，我国的侦查实践活动源远流长，具有深厚的文化底蕴，侦查实践中蕴藏着丰富的经验和高深的理论有待后人运用辩证唯物主义和历史唯物主义的立场、观点和方法进行科学的概括和抽象，从而建立起具有中国特色的侦查学理论体系。

三、侦查学理论是在实践基础上主观与客观相统一的认识过程

“马克思主义的哲学认为十分重要的问题，不在于懂得了客观世界的规律性，因而能够解释世界，而在于拿这种对于客观世界规律性的认识去能动地改造世界。”① 我们进行侦查认识的目的就是积累知识，将知识用于新的侦查实践，破获更多的案件，推动侦查实践的发展。犯罪与揭露犯罪有悠久的历史，经过了曲折的发展过程。随着社会的发展和科学技术的进步，人们对犯罪案件的认识和揭露、证实犯罪的能力都在逐步提高。现代化侦查手段的出现，大大提高了人们的侦查认识能力，破获了许多疑难案件。在我国，同犯罪作斗争的侦查手段已延续了几千年，前人在侦查实践中获得了大量认识成果，积累了丰富的经验，使侦查学的知识代代相传。

知识来源于实践。人们获得知识的途径不外乎两个方面，一是通过亲自实践得到直接经验，通过这种途径得到的经验是宝贵的，但也是非常有限的；二是学习他人在实践中获得的知识成果，学习他人的经验，对自己来说就是间接经验。把间接经验和直接经验结合起来，再运用于新的实践就可以提高自己的认识能力，从中获得改造世界的新成果。对于从事实际工作的侦查员来说，除了积极参加侦查实践以外，重视学习理论知识是非常必要的。学习的知识越多，理论水平越高，视野就越开阔，在未来的侦查实践中若能加以创造性地运用，就可以更好地发挥主观能动性，取得更多的成绩。

（一）侦查实践是检验侦查理论的唯一标准

理论是系统化的理性认识，是认识的高级形式。研究侦查学理论的目的全在于运用，而不是为理论而理论，正如毛泽东同志所告诫的“如果有了正确的理论，只是把它空谈一阵，束之高阁，并不实行，那么这种理论再好

① 《毛泽东选集》（第1卷），人民出版社1966年版（横排版），第268页。

也是没有意义的”。[①] 侦查学理论都是对以往侦查实践经验的总结，可以说是他人侦查认识的结晶。尽管理论来自于实践，但理论毕竟是主观精神产品，它对以往实践认识的对与错，对现实和未来侦查实践是否具有指导价值，必须经过侦查实践检验，检验理论与实践、主观与客观是否相符及相符程度，以便不断修正和补充原有的理论，使其不断地发展和创新。

在侦查认识中，主观认为是正确的东西也不一定正确，究竟正确与否必须拿到实践中检验。任何案件的破获，都必须有充分、确实的证据支持，而不是根据似是而非的材料主观认定。侦查中所有破获的案件（包括已经判决的案件）都必须经过社会实践和历史的考验。侦查认识活动中必须反对真理多元论。对于某个具体案件事实的认识只能有一个正确的结论。凡是对案件真理性的认识，必须主观与客观相符合，不然的话就不能称为真理。一般来说，凡是主观符合客观的并有确实、充分的证据证明的案件就是正确的。没有确实、充分的证据证明，仅自己主观认为是正确的，还不能算是正确的，有可能是冤假错案。事实上，因侦查是对既往事件的认识，要求主观完全符合客观是难以办到的。但是，必须做到在基本事实上主观符合客观并有基本证据予以证实。如果在基本问题上主观与客观不符，那就是事实不清，或者错误。对具体案件的认识不能说是相对的。即使程序再合法，如果主观认识没有反映案件客观事实，仍然是错案。不能认为过去的认识是对的，现在被证明是错的；也不能说从法律程序上说是对的，从事实上说是错的，以此来推脱责任。

（二）发挥理论对侦查实践的指导作用

任何成功的实践都离不开正确理论的指导。没有正确理论指导的实践就会变成盲目的实践。正如列宁所说的：“没有革命的理论，就不会有革命的行动。”[②] 就是这个道理。科学理论所以能指导实践，是因为它正确地反映了事物发展的客观规律。随着实践的发展和理论水平的提高，理论对实践的指导作用愈加明显。理论往往能够超前地指导实践活动。

侦查学理论对实践的指导意义是面向现实和未来，而不是对过去实践活动的重演，也不是重复实验。现实和未来的侦查实践充满着多变和偶然性因素。因此，要求在侦查实践中运用理论时，应根据实践的变化，使一般性理论原则具体化，加以创造性运用。不能把理论当教条，不分具体情况，千篇一律地在侦查实践中乱套、硬套，甚至采取削足适履的办法乱用，这样做是

---

① 《毛泽东选集》（第1卷），人民出版社1966年版（横排版），第269页。

② 《列宁选集》（第1卷），人民出版社1972年版，第241页。

会出问题的。有人认为，侦查学理论是学者们造出来的，侦查实践中用不上。还有人认为，“经验大似学问”，不学理论照常破案，学了理论影响破案。之所以存在上述错误认识，有两方面的原因，一方面，在侦查学理论研究中确实存在理论脱离实际、追风赶浪、故弄玄虚的现象造成一些误导；另一方面，在一些同志头脑中存有主观主义的思想方法。主观主义是一种唯心主义倾向，表现在理论与实践的关系上，或者是教条主义，生搬硬套；或者表现为狭隘的经验主义，故步自封，夜郎自大。须知，高层次的侦查学理论是帮助侦查员提高思维能力，引导大家在侦查实践中如何进行思考，并不提供具体解决问题的方法。西方军事理论家克劳塞维茨曾说：“理论应该培养未来指挥官的智力，或者更正确地说，应该指导他们自修，而不应该陪着他们上战场，这正像一位高明的教师应该引导和促进学生发展智力，而不是一辈子拉着他走一样。”“理论之所以要这样做，也只是为了要和人们思考的逻辑关系一致起来，明确许多线索的汇合点，而不是为了制定一套供战场上使用的代数公式。”[①] 在侦查活动中，我们既要承认实践是认识的基础，又要承认正确的理论对侦查实践有着巨大的指导作用。在侦查实践和理论研究中，要自觉地坚持唯物主义辩证法的理论指导，提高侦查认识能力，排除形形色色错误思想的干扰，推动我国侦查实践沿着正确的方向发展。

四、如何提高侦查认识能力

（一）反对主观主义，坚持实事求是

在侦查认识过程中，要想有效地提高认识能力，必须坚持辩证唯物主义和历史唯物主义思想作风，坚持实事求是的工作态度，反对主观主义的思想方法和工作方法。侦查活动中的主观主义是一种唯心主义倾向，它单凭主观热情去办事，对周围环境不愿做深入、细致地调查，在侦查实践中仅凭对案情的一知半解，或依据某些片面材料对复杂的案件事实作出错误的判断，致使侦查认识误入歧途，导致侦查工作的失败，甚至造成冤假错案。主观主义的基本特征是主观与客观相分离，理论与实践相分离，“教条主义、经验主义，二者都是主观主义，是从不同的两极发生的东西”。[②] 主观主义者看问题，只看到片面，没有看全面，只见树木，不见森林。在侦查实践中，往往会作出许多假设和想象，这与主观主义的胡思乱想是有本质区别的。侦查中

---

① ［德］克劳塞维茨著：《战争论》（上），杨南芳等译校，陕西人民出版社 2001 年版，第 98～99 页。

② 《毛泽东选集》（第 3 卷），人民出版社 1966 年版（横排版），第 777 页。

假设（或假定）是根据现有材料结合以往的经验作出某种猜想，是一种逻辑思维方法，它可打开侦查员的侦查思路，开阔视野。侦查假设是否正确，还必须经过多方查证，予以证实，假设需要经过一系列求证，才能作出结论。主观主义则是唯心主义的思想方法和工作作风。他们看问题的方法是主观的、片面的和表面的。他们不认为客观事物是互相联系的，不了解事物的内部规律。总之，主观主义对侦查认识是有害的，是必须反对的。

实事求是是马克思主义的思想路线和最根本的思想方法、工作方法。什么是实事求是?“实事”就是客观存在的一切事物，“是”就是客观事物的内部联系，即规律性，“求”就是我们去研究。“从其中引出其固有的而不是臆造的规律性，即找出周围事变的内部联系，作为我们行动的向导。”① 实事求是就是一切从实际出发，“作为出发点的实际，应当是事实的全部总和和事实之间的联系，而不是片段的和随便挑出来的。这种实际包括客观事物提供的转化的某种可能性和发展趋势”。②

在侦查认识过程中坚持实事求是，要求我们认识分析案情必须从案件的具体情况出发，从现场实际出发（包括发现现场的时间、地点、现场状态、遗留痕迹物证情况、被侵害物状态、现场与周围环境的关系等），从调查访问得到的材料，技术手段提供的材料和结论，以及与案件相关的各种情报资料出发。根据案件的全部材料，进行综合分析，确定侦查思路，提出计划，开展侦查。对各种线索的选择和各种可能性的判断，也必须从实际案情出发，不能从毫无根据的主观猜想出发。采取各种侦查措施和行动也必须根据案情发展和掌握证据的情况，不可盲目行动。

坚持实事求是，一切从实际出发，是实现主观与客观相统一的根本保证。在侦查认识中坚持实事求是与发挥自觉能动性并不矛盾，侦查员特别是指挥员在侦查认识过程中，应当开动脑筋，根据案件的实际情况进行创造性思维。在分析案情时，根据案件事实，敢于冲破陈旧思想束缚，勇于提出新见解，开辟新思路，推动侦查活动向新的阶段发展，在改造客观世界中取得新成绩。

（二）坚持调查研究

深入实际调查研究，是获得真实、全面情况的基础性环节，是坚持实事求是，从实际情况出发的保障。也是提高侦查认识能力的基本途径和基本方

---

① 《毛泽东选集》（第3卷），人民出版社1966年版（横排版），第759页。

② 中共中央宣传部理论局组织编写：《马克思主义哲学学习纲要》，中共中央党校出版社1989年版，第27页。

法，要想了解某个案件的真实情况就得深入实际进行调查研究，不然的话就没有发言权。侦查破案好比“大海捞针，肉里挑刺”，既艰巨又细致，来不得半点粗心和虚假。应该把调查研究贯穿在侦查破案的全过程和各个环节。犯罪案件错综复杂，时隐时现，真假混杂，情况多变，不稳定、不确定因素多，对各种线索必须反复查证。侦查员在梳理材料、查证线索和分析案情时，要多方面思考，不放过任何蛛丝马迹，见异则疑，有疑则查，在调查中证实或消除疑点。

侦查破案犹如用兵作战，“指挥员的正确的部署来源于正确的决心，正确的决心来源于正确的判断，正确的判断来源于周到的和必要的侦察和各种侦察材料的连贯起来的思索”。[①] 经过“去粗取精、去伪存真、由此及彼、由表及里的思索，然后将自己方面的情况加上去，研究双方的对比和相互的关系，因而构成判断，定下决心，作出计划”。[②] 在侦查破案过程中调查研究取得的各种材料是认识案件事实，分析案情，侦查部署的依据。没有深入、细致的调查研究，不了解真情，只是根据一些似是而非的材料，就作出决定，并且一味地盲干，那就非碰壁不可。就像佘祥林杀妻那样的冤假错案，其教训是极为深刻的。

（三）紧紧依靠群众，坚持群众路线

侦查破案是侦查部门在党的领导下，依靠广大人民群众，为维护社会秩序，保护广大人民群众人身和财产安全而战的伟大事业。在侦查工作中必须实行专门机关和广大人民群众相结合的方法，发动群众，宣传群众，组织群众，依靠群众的智慧和力量同犯罪作斗争。是否承认劳动群众在历史发展中的决定作用，是群众史观，还是英雄史观的分界线，也是历史唯物主义与历史唯心主义的根本区别。因此，侦查员必须牢固树立群众观点，无论在什么情况下，侦查部门全心全意为人民服务的宗旨不能变，维护人民群众利益的原则不能变，依靠人民群众力量解决问题的方法不能变。相信群众，依靠群众关系到社会存在决定社会意识的根本问题，侦查认识中必须紧紧依靠群众。

在侦查破案过程中，坚持“一切为了群众”，“从群众中来，到群众中去”的群众路线同“从实践中来，到实践中去”的认识过程是完全一致的。因为犯罪是人的行为，犯罪人是从群众中分离出来的，他生活在群众中，活动在群众中，混迹在群众中，也暴露在群众中。他的犯罪行为和异常表现很

① 《毛泽东选集》（第 1 卷），人民出版社 1966 年版（横排版），第 163 页。

② 《毛泽东选集》（第 1 卷），人民出版社 1966 年版（横排版），第 164 页。

难逃出群众的视线，所以侦查中紧紧依靠群众，坚持群众路线，深入群众调查研究，就可以大大提高侦查认识能力。

（四）坚决反对刑讯逼供

刑讯逼供是唯心主义世界观和认识论的产物，它与“存在决定意识，认识来源于实践”，“实践是认识的基础”的唯物辩证法的观点是完全对立的。刑讯逼供完全违背实事求是，一切从实际出发调查研究的思想路线和工作方法。刑讯逼供是主观唯心主义世界观在侦查认识中的反映，它以主观主义、个人主义的英雄史观代替唯物主义世界观，用简单、粗暴、野蛮的思想方法和工作方法代替辩证唯物主义方法论。刑讯逼供不仅严重地歪曲了唯物主义辩证法指导下的侦查认识论，破坏了正确的侦查认识，而且是造成冤假错案的重要原因，人民群众对刑讯逼供深恶痛绝，因此必须严加禁止，肃清其错误影响。

［郝宏奎主编：《侦查论坛》（第六卷），
中国人民公安大学出版社2007年版。］

侦查中应当坚持宽严相济的政策

维护社会稳定是治国兴邦的必然要求。侦查部门是同犯罪作斗争的主力军，维护社会秩序，保卫经济建设，是其责无旁贷的重任。侦查部门在打击刑事犯罪过程中，如何更有效地发挥职能作用，是我们必须予以解决的重要问题。本文试图通过对侦查中贯彻宽严相济政策有关问题的研究，探讨侦破案件、瓦解犯罪的新思路。

一、"宽严相济"是我国传统文化的传承和发展

"宽严相济"的治国之策，并非自今日始，其历史源远流长，可以追溯到上古时代。《易经》噬嗑卦中的"六五爻"讲：柔而居尊位，是"用狱"之主。这里说的"用狱"，包括"究治情伪，判断是非的内容"。"噬嗑是讲用狱的，而明辨乃是察狱之根本。"① 我理解"用狱"中有侦查的含义。噬嗑卦《象》辞中讲："柔得中而上行，虽不当位，利用狱也。"是说噬嗑卦的"六五爻"以柔居刚位，得位不当，以柔得中而居尊位。所以说"用狱"之事，不能过柔，也不能过刚，过柔则失之宽，过刚则失之暴，而是以柔居刚且得中"用狱"最为适宜。②《周易》是儒家经典著作，以孔子为代表的儒家在对待刑罚问题上主张治国首先靠德政，杀人不是最好的办法。但儒家又非常重视刑罚，在立法方面主张"明罚与敕法"，在司法方面主张"宽猛相济"，对于该杀的人主张先教后杀，"不教而杀谓之虐"。对于犯有轻微过失的人，也要给予适当刑罚，使之改恶迁善。

《左传》中引用孔子的话说："宽以济猛，猛以济宽，政是以和。"意思是说用宽大调剂严厉，用严厉来调剂宽大，政治就是因它而调和。《诗经·商颂·长发》中说："不竞不絿，不刚不柔，布政优先，百禄是遒。"是说不急不缓，不刚不柔，施政宽和，福禄汇聚。这就达到了调和的最高境界。《素书》第五章中说："赏及无功，罚及无过者酷。"是讲赏罚要适当，如果

① 金景芳、吕绍纲著：《周易全解》，上海古籍出版社2005年版，第191页。

② 金景芳、吕绍纲著：《周易全解》，上海古籍出版社2005年版，第191页。

无功受赏，无过受罚就不公平了。据《素书》注曰：“刑罚，最初起源于道德感化，它包含有宽恕的含义。”儒家认为，用道德感化来治理人民，人民就有凝聚力，用惩罚来治理，人心就会散乱。所以上古时期，把刑罚作为道德感化的辅助手段，而不单用刑治。古人这些宽严相济的政治主张，对于后代的封建统治者影响很大，几乎成为历代封建王朝治国平天下政策中的一根主弦，渗透到政治、军事、司法等各个领域。

古人治国兴邦在政治上主张“宽猛相济”，以德治为主，以刑治为辅；古代军事家孙武在治军方面强调“民本主义”和“爱民严纪”的主张，在破敌方面强调“攻心夺气”，瓦解敌军。这一军事思想影响深远。诸葛亮在开发西南地区的过程中，对少数民族坚持“和抚”政策，把军事进攻和道德感化结合起来，先以“德”攻心，征服敌将，瓦解敌军营垒，在平息了建宁太守雍闿等人的叛乱之后。又取得了“七擒七纵孟获”的辉煌战绩。通过对少数民族首领孟获七擒七纵，具体反映了诸葛亮坚持攻心为上，征服人心的“和抚”政策的强大威力；同时也体现了他大度的胸怀和宽和的耐心。既平定了孟获等人发起的叛乱，又安抚了南中地区的人心，使西南少数民族与汉族之间较长时间和睦相处，对中华民族的统一和发展作出了卓越的贡献。

与此相反，公元前260年秦国与赵国长平之战中，赵军主将战死，群龙无首，阵脚大乱，秦军主将白起告诉赵军只要投降就没事了，结果40万赵军全部投降秦军。当天晚上，白起还让人送给赵国将士牛肉和酒，犒赏他们，并告诉他们说：“老弱病残和愿意回家者明天即可离营，愿意留在秦军中的人，明天就编进秦军队伍，发给兵器。”谁知这是个大骗局，待赵军降卒入睡后，一夜之间将40万降卒全部活埋，只放走240余人，让他们回赵国宣扬秦国的威风。秦军这种惨无人道的行为不仅没有显示秦国威风，反而显示了秦军的残暴，等于向世人宣布，凡是投降秦军的就是如此下场，使赵国人更加仇视秦国，更坚定了赵国和各诸侯国坚守自己疆土的意志和决心，宁可英勇战死，也决不向秦将投降。白起坑杀赵卒40万，自以为得计，结果不仅没有使赵国灭亡，反而在秦军进军的有利形势下，丧失了主动，削弱了自己的力量，大大延缓了秦国统一天下的时间。

无产阶级革命家毛泽东以马列主义理论为指导，高瞻远瞩，从全民族利益出发，他根据中国革命战争的实践，把瓦解敌军和宽待俘虏作为我军政治工作的重要内容之一，在抗日战争初期就提出：“我们的胜利不但是依靠我军的作战，而且依靠敌军的瓦解"[①] "对敌军、伪军、反共军的俘虏，除为群众所痛恶，非杀不可而又经过上级批准的人以外，应一律采取释放的政策……如其再来，则再捉再放；不加侮辱，不搜财物，不要自首，一律以诚恳和气的态度对待之。"[②] 1947 年，毛泽东为中国人民解放军总部起草的《中国人民解放军宣言》中又指出："本军对于放下武器的蒋军官兵，一律不杀不辱，愿留者收容，愿去者遣送。对于起义加入本军的蒋军部队或公开或秘密为本军工作的人们，则给予奖励。"[③] 毛泽东制定的瓦解敌军、宽待俘虏的革命人道主义政策，对壮大发展我军，瓦解敌军起到了重要作用，有深远的影响和现实意义。

在我国古代司法活动中，主流思想也是主张宽严相济，慎重处之的。最早的历史文献《尚书·康诰》中说："克明德慎罚，不敢侮鳏寡，祇祇，威威，显民。"[④] 即崇尚德教，慎用刑罚，不欺侮无依无靠的人，要敬重可敬重的人，惩罚应当惩罚的人，以此治国方略显示给人们。《尚书·康诰》中记载周公告诫康叔封说："乃有大罪，非终，乃为眚灾，适尔，既道极厥辜，时乃不可杀。"[⑤] 即一个人犯了大罪，不是屡犯，因过失或偶然犯罪，只要他全部说出来，这样是不可杀掉的。据《史记》记载："康王即位……天下安宁，刑错 40 余年不用。"[⑥] 是说周康王当政时期，天下安宁，无人犯罪，所以刑法搁置起来 40 余年没有用。西汉汉文帝、汉景帝在位，坚持宽严相济的治国之策，国家民族比较安定，犯罪的人较少，历史上称之为"文景之治"。唐朝的贞观年间，惩处的犯罪者也不太多，社会秩序比较安定。唐太宗曰："死者不可再生，用法务在宽简。"明太祖朱元璋说："凡听讼贵明，不明则刑罚不中，罪加善良，人心怨咨，有伤天和。"明成祖主张："司理之职，重民命为本；辅君之道，施仁政为务。"这些主张都含有明德慎刑的民本思想之意。历代的封建统治者，虽然讲得好，实际上并未完全做到，这是阶级局限性所致。这里介绍历史资料，并非为封建统治者歌功颂德，而是为了借鉴历史经验和吸收传统文化的精华，为构建社会主义和谐社会服务。

---

① 《毛泽东选集》（第 2 卷），人民出版社 1966 年版（横排版），第 350 页。

② 《毛泽东选集》（第 2 卷），人民出版社 1966 年版（横排版），第 752 页。

③ 《毛泽东选集》（第 4 卷），人民出版社 1966 年版（横排版），第 1134 ~ 1135 页。

④ 《尚书》，广州出版社 2004 年版，第 100 页。

⑤ 《尚书》，广州出版社 2004 年版，第 104 页。

⑥ 司马迁：《史记》（上），时代文艺出版社 2001 年版，第 17 页。

二、侦查中坚持宽严相济，旨在瓦解敌人，减少犯罪

侦查是刑事司法活动的重要组成部分，是同犯罪作斗争的重要手段，侦查的对立面是敌对势力和敌对分子，各种刑事犯罪和严重经济犯罪。侦查的主要任务是查明案情，收集证据，揭露证实犯罪，查缉犯罪嫌疑人，以达到遏制和减少犯罪，维护社会安定之目的。侦查部门同犯罪作斗争，多数是在看不见硝烟的战场上进行的，侦查主体不仅靠力战，更要注意智取。一方面要积极进攻，另一方面要切实采取措施分化瓦解对方。尤其在当前发案率高，破案率低，流动人口犯罪多，结伙作案比例大，初次犯罪人数增加，青少年犯罪案件上升，司法资源有限的情况下，侦查中更有必要加强政治攻势，号召犯罪者自首，坦白立功，孤立少数，争取挽救多数，从而减少破案的阻力，节省司法资源。

以毛泽东为代表的中国共产党人，比历代的封建统治者都高明、更进步、更伟大，他站在广大人民群众的立场上，以无产阶级的宽广胸怀，为了中国革命的胜利，一贯强调在对敌斗争中坚持惩办与宽大相结合的政策，以分化瓦解敌人。1934 年颁布的《中华苏维埃共和国惩治反革命条例》中就明确规定，根据反革命分子的不同情况，予以轻重不同的处理。对于胁从、自首、坦白和立功的分子，给予减轻或免除刑罚处罚。在抗日战争时期毛泽东曾指出："锄奸运动应该注意区别首要与胁从，自觉与被欺骗的，坚决分子与动摇分子，分别处理，前者从重，后者从轻，并注意争取后者，使之回心向善。"① 解放战争时期，毛泽东又对惩办与宽大相结合的政策作了概括，对蒋方人员采取分别对待的方针，"这就是首恶必办，胁从者不问，立功者受奖"。中华人民共和国成立以后，在镇压反革命和其他犯罪分子斗争中又增加了"坦白从宽，抗拒从严"的内容。这样便形成了"首恶必办，胁从不问；坦白从宽，抗拒从严；立功折罪，立大功受奖"的刑事政策。"首恶必办"，是指对那些罪行严重的反革命分子和其他刑事犯罪分子，必须坚决惩办。"胁从不问"，当时主要针对大批日伪、国民党军队、政府机构中的一般人员而言。对他们实行"胁从不问"，对分化瓦解敌方营垒发挥了重要作用。"坦白从宽"，是指反革命分子和其他刑事犯罪分子，向人民政府投案自首，或主动坦白交代罪行，可以获得从轻、减轻或免除刑罚处罚。"抗拒从严"，是指犯罪之后顽固抵赖，拒不认罪，无悔改之意的犯罪者应当从

---

① 毛泽东：《在党的六届六中全会上的报告》，转引自张穹、阮其林著：《毛泽东刑事法律思想初探》，中国检察出版社 1991 年版，第 108 页。

严处罚。宽大坦白者是从正面鼓励犯罪者坦白悔罪；严惩抗拒者是从反面敦促犯罪者坦白。这一政策的精神实质是鼓励坦白，它为犯罪者提供了选择争取从宽处理的机会，也是人道主义的体现。有人认为："坦白从宽"是引供、诱供；"抗拒从严"是逼供。这是不符合事实的，这种观点至少是没有真正了解这一政策的实质，是不正确的，也是极其有害的。"立功折罪，立大功受奖"是战争年代针对大小战争罪犯提出的。中华人民共和国成立后，主要针对反革命分子和其他刑事犯罪分子，积极检举、揭发共同犯罪人或其他案件的犯罪分子，或者协助侦查部门破获重大刑事案件，可根据其罪与功的大小，予以减轻、免除处罚，直至给予奖励。

惩办与宽大相结合政策，除了上述基本内容外，还有介于可捕可不捕之间的一定不要捕；可杀可不杀的人一定不要杀，对于民愤不大，危害国家利益尚未达到严重程度，又罪该判处死刑者，可以缓期两年执行，都体现了宽大为怀的社会主义人道主义精神。

研究惩办与宽大相结合的政策，要对各种刑事犯罪的状况加以具体分析。不论何种刑事犯罪，其具体情况都不相同，尤其是犯罪团伙和各种有组织犯罪集团，他们中间有首恶分子、骨干分子，也有一般胁从分子；有罪大恶极者，也有罪行较轻者；有拒不悔改的顽固分子，也有投案自首、坦白交代罪行的，还有立功的。依照不同情况，区别对待，可以孤立、打击少数，挽救、争取多数，缩小打击面，扩大教育、改造面。如果对犯罪者不加具体分析，不区别对待，势必把首恶与胁从、顽抗与坦白、立功者不加区别地一起打击，这样就会把胁从者推到首恶者一边，把坦白、立功者推上顽抗道路，不仅不能分化瓦解犯罪营垒，反而壮大了犯罪者的力量，加大了侦查破案的阻力。

贯彻执行惩办与宽大相结合的政策，也必须根据犯罪的性质，犯罪事实情节，犯罪危害结果，犯罪人的主观恶意，在犯罪活动中的地位、作用，犯罪后悔罪、认罪态度等，加以具体分析，区别对待。没有区别就没有政策。执行惩办与宽大相结合的政策，惩办要防止出现两种倾向，既要防止宁左勿右的"惩办主义"倾向，一味地强调"惩办"，不讲宽大，不分罪恶大小、认罪态度好坏，不加区分地一律加以打击，不仅难以分化瓦解犯罪营垒，而且还会使犯罪者更加凝聚在一起，顽固对抗，得不到社会同情，反而使自己陷入困境，也要防止"宽大无边"的倾向。如果只讲宽大不讲惩办，会使政策法律失去震慑作用，会助长犯罪者的嚣张气焰，无法维护社会稳定，人民群众会更加抱怨。所以无论"惩办主义"还是"宽大无边"，都不能有效瓦解犯罪营垒，都是错误的。

侦查破案是严肃的执法活动，一定要慎之又慎，用真凭实据证实犯罪，千万不能草率行事，把好出现错拘错捕乃至枉杀无辜的第一道关。特别是近年来犯罪出现新变化，流动人口犯罪案件增多，初次犯罪比例大，未成年人犯罪数量逐年攀升，且呈现出暴力化、团伙化的趋势。对于各种团伙犯罪，应该通过各种方式宣传“坦白从宽，抗拒从严；立功折罪，立大功受奖”的政策，鼓励、敦促他们投案自首、坦白、立功，扩大他们选择争取宽大处理的范围，分化瓦解犯罪团伙和各种犯罪集团，孤立少数顽固分子。当然对于坦白、立功、立大功的首恶分子也应当宽大处理，以感召更多的人走坦白从宽之路。例如，海南省某公安机关破获“9·12”杀人案时，在缉捕犯罪嫌疑人的过程中，积极开展政治攻势，使隐藏在深山密林中的犯罪嫌疑人吴某某等10人全部投案自首，取得了很好的效果。

宽严相济的法律思想和政策，既有原则性，又有灵活性，在不同形势、不同条件下都会有所发展变化。那么在当今形势下，这一政策在侦查阶段应该如何体现，在法学界一直存在争议。笔者认为，“惩办与宽大相结合”的政策精神，包括“首恶必办，胁从不问；坦白从宽，抗拒从严；立功折罪，立大功受奖”的主要内容，在侦查活动中都应当得到充分体现。不过近年来有人对惩办与宽大相结合的政策，特别是对“坦白从宽，抗拒从严”的内容在认识上有偏颇，有些地方在执行中走了调，变了味，甚至反其道而行之，在社会上造成一些负面影响，使这一政策的公信力掉了价。因此，在法学界出现了全盘否定的论调，企图用别的东西来代替它。

三、切实执行宽严相济政策，最大限度瓦解犯罪

为了更好、更全面地坚持惩办与宽大相结合的政策，缩小打击面，扩大教育、改造面，有效地分化瓦解犯罪营垒，应采取以下措施：

（一）立足国情，服务大局

侦查活动中既要注重打击，又要注重防范。侦查破案必须坚持惩办与宽大相结合的原则，不折不扣地执行“坦白从宽，抗拒从严；立功折罪，立大功受奖”的政策，要从维护社会治安的长远利益着想，摒弃急功近利的做法。古人云：“深谋计远，所以无穷。”“务善策者无恶事，无远虑者有近忧”。[①] 三国时期的诸葛亮对孟获七擒七纵，南人感德，故历千载。白起坑降卒40万，成为历史悲剧，世代引以为戒。推古验今，方可不惑。有人把“坦白从宽，抗拒从严”的政策曲解为骗取口供的圈套、陷阱，作为引供、

① ［秦］黄石公著：《素书》，内蒙古人民出版社2005年版，第77页、第276页。

诱供的手段，这种做法等于自废武功、自毁前程。

在侦查中体现宽严相济政策，必须从大局着眼，从战略高度认识惩办与宽大相结合的政策原则，全面理解“首恶必办，胁从不问；坦白从宽，抗拒从严；立功折罪，立大功受奖”的精神实质，才能不折不扣地贯彻执行，只有正确理解和不折不扣地执行这一政策，才能最大限度地孤立、打击首恶分子，争取、挽救愿意悔罪的人，起到瓦解犯罪营垒的作用。只有如此，才能得到广大人民群众最大限度的支持，有效地提高破案的效率和质量，为构建社会主义和谐社会创造安定的社会环境。

（二）政策法定化，体现可操作性

1979 年《刑法》，虽然把惩办与宽大相结合的政策写进总则，但在分则条文中没有规定。1997 年《刑法》中又将“惩办与宽大相结合的政策”字样删去，总则中第 67 条、第 68 条虽然规定了“自首和立功”，可以从轻、减轻或免除处罚的条款，但在分则中，除了第 164 条公司、企业人员“行贿人在被追诉前主动交代行贿行为的”、第 383 条个人贪污“犯罪后有悔改表现、积极退赃的”、第 390 条“行贿人在被追诉前主动交代行贿行为的”、第 392 条“介绍贿赂人在被追诉前主动交代介绍行贿行为的”，可以减轻处罚或者免除处罚的以外，其他条款中均未明文规定对“自首”、“坦白”、“立功”者予以从轻、减轻或者免除处罚的字样。由于刑法分则中未对“自首”、“坦白”、“立功”者的量刑作具体规定，不仅使惩办与宽大相结合的政策失去了法律保障，也使法官具体操作失去了法律依据。刑法总则中第 67 条、第 68 条的规定只能作为法官判案的酌定情节，而不是法定情节，随意性很大，没有统一标准，不便于操作，容易形成司法不公，产生不良效果。侦查环节中更无法兑现，形同虚设。

为了充分体现惩办与宽大相结合的政策精神，笔者认为“自首”、“坦白”、“立功”的内容适用各种犯罪，应当在刑法分则中作出明文规定，根据犯罪行为的性质、情节和犯罪后认罪、悔罪的态度予以从轻、减轻或者免除刑罚。以鼓励犯罪人实施犯罪后主动投案自首，彻底坦白犯罪事实，真诚悔罪，鼓励犯罪团伙、犯罪集团中的成员争取立功。同时，还应当规定对于首要分子主动投案自首、有立功表现者也应当从宽处理。将惩办与宽大相结合的政策法定化，既便于司法人员操作，又体现了区别对待，有利于瓦解犯罪营垒，做到司法公正，节约司法资源，给愿意悔改者留有争取从宽处理的机会。我认为这样做比引进“辩诉交易”更积极、更主动、更高明、更人性化。

（三）言不失信，政策兑现

诚信，是我国传统文化的精髓。古人把诚信作为立身处世之本，把诚信视为一切道德的根源，讲诚信可以缩短人与人之间的距离，引起共鸣，沟通情感，促进和谐与团结，更能发挥教化的功能。惩办与宽大相结合是我国同犯罪作斗争中一贯坚持的政策，是分化瓦解犯罪营垒的有力武器，是社会主义人道主义精神的体现，与构建社会主义和谐社会的精神是一致的。国家鼓励犯罪人投案自首，主动坦白交代犯罪事实，允许悔罪自新，并向社会承诺“坦白从宽”、“立功折罪，立大功受奖”。从国家讲应该是一言九鼎，绝非戏言，犯罪行为人既然向国家司法机关投案自首，或者归案后如实坦白交代了犯罪事实，就应该认为是认罪服法的表现，也是对公安司法机关的信任。公安机关、人民检察院、人民法院都应该表示欢迎，予以鼓励，应该依照法律规定予以从宽处理。当然，“自首”、“坦白”、“立功”都是指犯罪行为人犯罪后的态度而言，至于能否从宽，从宽到什么程度，从宽或从严要由审判机关来确定。目前，由于刑法对“自首”、“坦白”、“立功”从宽处罚未做明文规定，只能由法官量刑时酌情而定，由于法官对政策理解不同，运用自由裁量权的标准不统一，结果相差甚远。同样的案件，有的得到了从宽处罚，有的未受到宽大，有的甚至受到了从严处罚。于是社会上便流传着“坦白从宽牢底坐穿，抗拒从严回家过年”的奇谈怪论。这种流言从另一方面表明，政策不兑现已经造成严重的负面效应，给贯彻“坦白从宽，抗拒从严；立功折罪，立大功受奖”政策设置了障碍，使刑事政策的公信力下降，对公安司法机关的形象亦有所损害。所以，政策兑现，言而有信，乃治国之道。

（四）统一标准，各司其职，各尽其责

坚持惩办与宽大相结合的政策，是公检法机关的共同任务。从刑事诉讼过程讲，侦查部门担负侦查取证的任务，法院承担审判的职责，检察院担负审查批捕、起诉和监督的职责。它们各居其位，各司其职，只有尽职尽责才能做到不折不扣地执行惩办与宽大相结合的政策。

侦查处在同犯罪作斗争的最前沿，担负收集证据、查缉犯罪嫌疑人的任务，为起诉和审判作准备。侦查阶段应当积极开展政治攻势，通过各种渠道，利用各种形式向社会（包括犯罪嫌疑人的家属、亲友及本人）大力宣传惩办与宽大相结合的政策，号召、鼓励犯罪人投案自首，主动坦白交代，争取从宽处理，以感召愿意悔改者，孤立顽固者，分化瓦解犯罪营垒，缩短破案时间，节约司法资源。侦查部门对于投案自首、坦白、立功者，经查证属实，应当把犯罪嫌疑人“自首”、“坦白”、“立功”的情况及查证结果记录在案，并以司法文书形式，如起诉意见书、侦查终结报告等，移送起诉、审判机关，以此作为从宽处罚的事实依据。假若没有如实记录或未如实移送，法律监督机关有权查询，当事人可以提出控告。只有如此才能做到政策落实，取得社会同情，提高惩办与宽大相结合政策的公信力，有效地孤立不思悔改的顽固分子，争取挽救愿意悔改的人，更有效地分化瓦解犯罪团伙或集团，逐步缓和社会治安形势严峻的局面，为构建社会主义和谐社会创造安定的环境。

（《山东警察学院学报》2006 年第 3 期。）

“坦白从宽”与刑讯逼供

“坦白从宽，抗拒从严”是我国司法机关实行多年并行之有效的刑事政策；“刑讯逼供”则是我党和政府一贯反对，多次明令禁止的违法乱纪行为，现行刑法又将其规定为犯罪行为，应当依法惩处。这两个互相对立，又无必然联系的命题怎么能扯在一起呢？但这绝非笔者庸人自扰、故弄玄虚，确属事出有因。

近年来，有学者对“坦白从宽，抗拒从严”的刑事政策提出了质疑，认为：“坦白从宽，抗拒从严”政策的立足点就是认定犯罪嫌疑人和被告人有罪，与不得强迫自证其罪与沉默权是对立的，他们意欲用沉默权取代该项政策。有的则认为：“长期以来，由于受‘宁枉毋纵’办案思想的影响，我们一直对被告人享有沉默权持否定态度……这种思想集中体现在‘坦白从宽，抗拒从严’的刑事政策上……不仅无助于获取客观事实，而且助长了诉讼活动中对被告人陈述的过分依赖心理，导致刑讯逼供屡禁不止且愈演愈烈。”还有人认为：“坦白从宽是诱供，抗拒从严是逼供。”

司法实践部门也产生一些困惑，有的不敢理直气壮地坚持“坦白从宽，抗拒从严”的政策；有的即使坚持这一政策，也感到底气不足。还有的公安机关把悬挂在审讯室中的“坦白从宽，抗拒从严”的警示牌摘下，好像这一坚持多年的刑事政策从此在中国刑事司法制度中将消失（当然是否能正确执行这一政策，并不在于是否挂警示牌，这里仅表明某种心态）。这一情况的出现，给我国公安系统乃至整个司法系统提出了一个极为严肃，又值得深思的问题：“坦白从宽，抗拒从严”的刑事政策是不是导致诱供和刑讯逼供的根源？换句话说，刑讯逼供是否是“坦白从宽，抗拒从严”这棵刑事政策的“毒树上结出的毒果”？我国的司法活动中还要不要坚持“坦白从宽，抗拒从严”的刑事政策？鄙人对此略述浅见，以求教于智者。

一、“坦白从宽，抗拒从严”政策的来由与本意

“坦白从宽，抗拒从严”的刑事政策是对反革命分子实行“惩办与宽大相结合”政策的具体化，它是对我国处理反革命案件及其他刑事案件司法

实践的科学总结，是在长期司法实践过程中形成的。1950 年政务院、最高人民法院《关于镇压反革命活动的指示》中，明确指出在镇压和处理一切反革命案件中，“必须贯彻实行镇压与宽大相结合的政策，即首恶者必办、胁从者不问、立功者受奖的政策，不可偏废，以期团结人民，孤立反革命分子而达到逐步肃清反革命分子之目的”。同时指出对“各项反革命案犯的处理，均应切实调查证据，认真研究案情，并禁止刑讯逼供”。防止乱打乱杀，如发生此种情形时，应予迅速有效制止，并查究责任，依法处理。

1951 年根据“镇压与宽大相结合”，即“首恶者必办，胁从者不问，立功者受奖”的政策而制定的《中华人民共和国惩治反革命条例》第 14 条规定：“凡犯本条例之罪而有下列情形之一者，得酌情从轻、减轻或免予处刑：（一）自动向人民政府真诚自首悔过者；（二）在揭发、检举前或以后真诚悔过立功赎罪者；（三）被反革命分子胁迫、欺骗，确非自愿者；（四）解放前反革命罪行并不重大，解放后又确已悔改并与反革命组织断绝联系者。”

1955 年最高人民法院《肃清反革命分子斗争审判工作经验初步总结》中，又提出：“对一切自首、坦白、立功的分子，一律从宽处理”。贯彻执行了“镇压与宽大相结合”的政策。该总结中还指出：“对反革命分子必须全面地贯彻执行‘镇压与宽大相结合’的政策和‘坦白从宽，抗拒从严，立功折罪，立大功受奖’的政策”。并充分肯定“这是彻底分化、瓦解、孤立以至肃清一切反革命分子的极为重要的政策”。还进一步解释说，“对那些证据确凿、但是仍然拒不坦白、坚持反革命立场、继续与人民为敌，进行造谣破坏、行凶报复等破坏活动的反革命分子，应该依法从严惩处。对于自首的反革命分子，应该根据他们坦白的程度予以减刑。罪恶不甚严重而真诚坦白的或罪恶虽然比较严重而坦白真诚、又有显著的立功表现的，应当免予处刑；经过查证属于假坦白的反革命分子，则应严肃对待，依法惩办。对那些自动投案自首或真诚悔过并且有立功表现的反革命分子不予宽大处理，是错误的”。

1956 年《中央十人小组关于反革命分子和其他坏分子的解释及处理的政策界限的暂行规定》第 6 条提出：“凡是反革命分子和其他坏分子在运动中坦白交代或有立功表现的，并有充分证据证明是真实的，应该根据坦白从宽，立功折罪，立大功受奖的政策分别从宽处理。”

同年，《中共中央关于逮捕反革命分子和其他刑事犯罪分子的政策界限的规定》也明确规定：“对坦白自首或有立功表现，经查证属实的，都应该根据‘坦白从宽，抗拒从严，立功折罪，立大功受奖’的政策，分别从宽处理。”

1958年《中共中央关于逮捕反革命分子和其他刑事犯罪分子的政策界限的规定（草案）》指出："凡属直接投案自首的分子，都应该根据'坦白从宽，抗拒从严，立功折罪，立大功受奖'的政策，分别从宽处理；罪当处死的，免处死刑；罪重可以减刑；罪轻的可以免刑；罪当管制的，可以免予管制；立功可以折罪的免予刑事处分，立大功的除免予刑事处分外，给予适当奖励。"

1957年，中共中央批准的公安部党组《关于处理盗窃、流氓、诈骗、凶杀、抢劫等刑事犯罪分子政策界限的规定》指出："刑事犯罪分子，凡能自动向政府坦白自首的；或自动检举揭发了其他犯罪分子，有立功表现的，均可根据其具体情节，从宽处理"。

早在1952年颁布的《中华人民共和国惩治贪污条例》中就已规定，对于犯贪污罪在"未被发觉前自动坦白者；被发觉后彻底坦白、真诚悔过并自动地尽可能缴出所贪污财物者"；及检举他人犯贪污罪而立功者，都应得以从轻或减轻处刑，或缓刑，或免刑。

直至1979年和1997年的《刑法》，以及最高人民法院所做的司法解释中，"坦白从宽"的刑事政策精神都得到了体现。从"坦白从宽，抗拒从严，立功折罪，立大功受奖"这一刑事政策的形成发展过程中，都体现着人民政府对反革命分子和其他刑事犯罪分子，给予悔过自新的机会，对于愿意真诚悔过者，根据其犯罪情节及坦白的程度，分别予以从宽处理，充满着革命的人道主义，这种政策表现出人民政府的宽广胸怀和无产阶级改造世界的伟大气魄。丝毫看不出"坦白从宽"政策与刑讯逼供的因果联系。相反，在贯彻"坦白从宽"刑事政策的同时，都强调"调查证据"和"查证属实"，"禁止刑讯逼供"。我们研究问题应该从客观事实出发，实事求是，不能凭想当然，感情用事。

二、"坦白从宽，抗拒从严"政策执行中的偏差

法律和政策都是在司法实践中产生的，是对司法实践的科学抽象和概括，法律和政策又支配和约束着司法实践活动。但法律和政策是由人制定的，它还要靠人去执行，法律和政策得以正确实施，才能发挥其积极的效能。再好的法律和政策，若得不到执行，或执行中受到干扰和破坏，都不能发挥它应有的作用，不发挥作用的法律和政策，形同虚设，等于废物。有的法律和政策在执行中被曲解，走了样、变了味，不仅起不到它应有的积极作用，而且对社会还会产生消极效应，甚至引出坏的结果。因此，要求各级司法机关的司法人员，必须坚持"有法必依，执法必严，违法必究"的原则，

必须不折不扣地执行法律和政策。

刑事政策虽然不等同于法律，也不能超越现行法律，但它对执行法律有一定的指导作用。“坦白从宽，抗拒从严，立功折罪，立大功受奖”在我国刑法中也得到体现，它蕴含着同犯罪作斗争的高度策略性和艺术性，它指导着司法人员在办案过程中严肃、灵活地运用法律，与法律互补，更好地发挥法律的震慑和感召作用。

我认为，“坦白从宽，抗拒从严”的政策，在20世纪50年代和60年代初期，得到了较好地贯彻执行，有效地分化瓦解了犯罪营垒，争取挽救了一批犯罪者，使其得到弃恶从善的机会，走上了从宽处理之路，社会效果较好。“文革”期间，我国的社会主义法制遭到严重破坏，“四人帮”为实现其篡党夺权的政治需要肆意歪曲“坦白从宽，抗拒从严”的政策，把“坦白从宽，抗拒从严”作为引供、诱供和逼供的手段，制造大批冤假错案。“四人帮”被粉碎后，在拨乱反正过程中，被“四人帮”歪曲了的“坦白从宽，抗拒从严”的政策，并没有从根本上得到正本清源。由于对这一政策认识有偏差，以致80年代初期，法学界曾有人对“坦白从宽，抗拒从严”的政策造成的负面影响不进行具体分析，便妄加罪名，提出从根本上否定。尔后被多数学者和司法部门拒绝，未形成气候。由于当时未能得到充分的争论，使人们对此产生一些误解，有些人把这项严肃的刑事政策，当成了口耳之学，在办案实践中，许多地方只是停留在口头上，并未认真贯彻执行。更有甚者，有人竟把“坦白从宽，抗拒从严”的政策作为“圈套”和“陷阱”看待，以此引诱、骗取犯罪嫌疑人的口供，对于在侦查阶段，真诚坦白悔罪的人，在审判中也不能得到从宽处理。于是在犯罪者中间流传着“坦白从宽牢底坐穿；抗拒从严回家过年”的流言，这正是政策不落实产生的负面效应。试想用阳奉阴违的态度来对待国家的刑事政策，难道政策还能不变味吗？还会引出什么好的结果吗？法律不兑现，政策不落实，法律的严肃性和不可违性就会在人们的心目中大打折扣，司法机关的公信力势必降低，坚持多年的“坦白从宽”的政策也必然掉价。

政策和法律在执行中被扭曲，出现了偏差，甚至走了调、变了味，或反其道而行，都不能说是政策和法律本身的问题。须知，好“经”也会被心术不正的和尚念坏的。例如，美国的现代化大型客机本来是为人们提供现代化的交通工具，可是被恐怖分子劫持后反而撞了美国的世贸大楼，造成震惊世界的恐怖事件。试问有谁会把这一罪过推到飞机设计师和制造者的身上呢？我们对事物的评价应该进行客观的、历史的分析，对正确的东西应该坚持，对其不足之处可以提出补充、完善的建议，对执行中的偏差和曲解应当坚决纠正，对于“坦白从宽，抗拒从严”的政策也应当如此。笔者认为，贯彻“坦白从宽，抗拒从严”的刑事政策，对我国司法实践有很大的积极意义，不应该不分青红皂白，牵强附会地罗织罪名，把正确的东西予以否定。更不能借刻画无盐来唐突西施，这不能说是理论研究的科学态度，也是不负责任的。

三、“坦白从宽”与“有罪推定”

有人认为，“‘坦白从宽，抗拒从严’政策的立足点就是认定犯罪嫌疑人和被告人有罪，是在有罪推定的前提下要求犯罪嫌疑人和被告人交代自己的罪行，这与不得强迫自证其罪与沉默权是对立的”。笔者对这种笼而统之的观点是不敢苟同的。首先说“有罪推定”是封建纠问式诉讼的一个原则，是指在刑事诉讼中，犯罪嫌疑人、被告人在未经法院判决确定其有罪之前即作为罪犯对待。换言之，刑事犯罪嫌疑人、被告人在法院未作有罪判决之前，不论其有罪或无罪，均认定其有罪，不认罪就动刑逼取口供。从观念上认为，对犯罪嫌疑人、被告人只信其有罪，不信其无罪。在诉讼过程中，只要犯罪嫌疑人、被告人不承认所指控的事实，就要逼取口供，采取严刑拷打，屈打成招。“坦白从宽，抗拒从严”的政策的立足点并非在此，它是针对已经实施了某种犯罪行为的人，而不是指犯罪嫌疑人或刑事被告人。对于事实上的犯罪行为人不论在司法机关追诉之前或追诉之中，凡是主动如实说出自己罪行的应视为是主动悔罪的表现，都应当依法从宽处刑；对于经过查证属实，确实犯有某种罪行，本人拒不悔悟者就应当依法从重惩处。“坦白”和“抗拒”是指已经实施了某种犯罪行为的人主动悔过自新的态度而言；“从宽”和“从严”是司法机关对“坦白”或“抗拒”的犯罪行为人的判决结果而言。无论“坦白”和“抗拒”，以及“从宽”和“从严”，都要以查证属实的证据为根据，而不是以主观推断为标准。“坦白”或“抗拒”应当由犯罪行为人自愿选择，司法人员可以向其正确的阐明政策精神，言明利害，而不能强迫其作出某种选择，使已经走上犯罪道路的人明白，两种选择会换来两种截然不同的处理结果，这是政策兑现。由此可见，“坦白从宽，抗拒从严”政策的出发点并不是有罪推定。

诚然，“坦白从宽，抗拒从严”的政策是针对已经犯了罪的人而制定的。对于未实施犯罪的人，包括犯罪嫌疑人、被告人中的无罪者，根本无从谈“坦白”或“抗拒”的问题，对无罪的人无论“从宽”和“从严”处理都是冤枉的。值得提出的是，不能把针对犯罪人制定的政策和法律同有罪推定混为一谈。如果这样认识，那么无论哪个国家的刑法，尤其刑法中的定罪量刑条款都是针对犯罪行为的，任何一个神经正常的人，都不会说刑法都是以有罪推定为立足点吧！是或不是有罪推定一定要具体分析，不能一股脑而论。

至于“坦白从宽，抗拒从严，立功折罪，立大功受奖”的政策在执行中走了样，变了味，甚至有人反其道而行之。有的对如实坦白了罪行或者立了功的，经过查证属实，本应该从宽处刑的，结果并没有得到从宽，反而加重了刑罚；有的对犯罪嫌疑人正当的辩解和申辩，不认真查对，一律视为“抗拒”，不分青红皂白一律作为从严处罚的理由，造成很坏的社会效果。这并不是“坦白从宽，抗拒从严”政策本身之过，它属于政策被扭曲，有法不遵之列。好比犯罪者用菜刀杀了人，总不能因此而废除菜刀、禁止生产和使用菜刀吧。俗话说：猪是猪，羊是羊，猪头不能安在羊身上（将来猪与羊的脑袋也可能互相“嫁接”，那另当别论），就是这个道理。

四、“坦白从宽”与“辩诉交易”分析

“坦白从宽，抗拒从严，立功折罪，立大功受奖”是从中国司法实践中形成的行之有效的刑事政策。“辩诉交易”是漂洋过海而来的“舶来品”。二者虽有某些相似之处（亦可能是不谋而合），但它适合于不同的司法制度。所谓“辩诉交易”，是指检察官与被告人及其辩护律师经过谈判和讨价还价来达成由被告人认罪换取不起诉或者较轻刑罚的协议。[①] 实质上是以检察官撤销指控、降格指控或要求法官从轻判罚为条件，从而换取被告人的有罪答辩。有人把“辩诉交易”誉为“新生”事物，其实并不太新鲜。据鄙人所知，“辩诉交易”在19世纪产生于美国，20世纪30年代已进入美国的司法活动，但它一直处于“地下交易”状态，直到1970年美国联邦最高法院才正式确认了“辩诉交易”的合法性。还听说“辩诉交易”在美国的司法实践中应用非常广泛，80%~90%的刑事案件都是通过“辩诉交易”结案的。由此可见，美国的“辩诉交易”与美国的政治制度、司法制度及意识形态是一致的，同美国犯罪活动的现状也是相适应的。

我国的“坦白从宽，抗拒从严”的刑事政策，萌生于新中国成立之前，形成于中华人民共和国成立之后，它不是先有司法机关对犯罪嫌疑人或被告人作出从轻处罚的承诺，而是由犯罪者主动悔罪为前提，决不允许搞“假坦白”。“坦白从宽”政策在我国的司法实践中有效地分化敌对势力和敌对

① 何家弘著：《选择性起诉与辩诉交易》，载《检察日报》2001年8月21日第5版。

分子，争取挽救失足者和胁从者，给愿意悔过自新的反革命分子和刑事犯罪分子，提供了改恶从善的机会，被许多犯罪者所接受，也得到了广大人民群众的认可，取得了好的社会效果。我国刑法中关于“自首和立功”的规定，正是这一刑事政策的体现。长期的司法实践证明，“坦白从宽，抗拒从严”的刑事政策是成功的，是符合中国国情的。

正确贯彻执行“坦白从宽，抗拒从严”的刑事政策，不仅有深远的历史意义，而且有很强的现实意义，它可以给已经走上了犯罪道路的人留一条悔罪自新的路，符合“惩前毖后，治病救人”的人道主义精神，表现出无产阶级改造世界的宽广胸怀。不折不扣地执行“坦白从宽，抗拒从严”的政策，有利于“争取多数，孤立少数”，分化瓦解犯罪营垒，尤其是与走私集团、贩毒集团、黑社会性质的犯罪团伙，以及各种有组织犯罪的斗争中将继续发挥积极作用。

有人主张用“沉默权”、“辩诉交易”取代“坦白从宽，抗拒从严”的政策，美其名曰“是在学习美国的先进司法经验”。“沉默权”是否先进暂且不表，仅就“辩诉交易”与“坦白从宽，抗拒从严”的政策相比，恐怕不能简单地说谁是“新生”事物，谁是“腐朽”事物，也难定谁优谁劣，不能总是一味地认为“洋玩意儿”一定比“国产”的好。长于思辨，善于动脑的中国人，千万不能有病乱投医，更不能盲目追风赶浪，为赶时髦不惜用削足适履的办法照搬洋教条，亦步亦趋，一颦一笑地跟在他人后面走。交易者，交换也，或称生意买卖之谓。“辩诉交易”还不就是诉讼活动中被告方和控诉方之间进行的一笔买卖吗？做买卖当然要讨价还价，在各种“价值”因素影响下，很难杜绝司法腐败，出现“权钱交易”。出现“有钱者成交”，“无钱者坐牢”的现象，甚至连一些清白无辜的人也会接受“辩诉交易”以暂免受牢狱之苦。难怪在“辩诉交易”的策源地美国，也有人批评“辩诉交易”只不过是一种以牺牲社会正义或司法公正为代价的交易。

总之，不折不扣地执行“坦白从宽，抗拒从严”的政策，是把握住了孤立少数，争取多数，分化瓦解犯罪营垒的要言妙道，也是保护受害人、挽救失足者，节省司法资源的有效途径。当前出现的消极效应，不是政策本身所致，关键是政策不落实，法律不兑现，我们在纠正执行中的错误时，不应因噎废食，自我否定。

[何家弘主编：《公安学论丛》（第1卷），法律出版社2005年版。]

警民结合乃侦查胜利之本

当今社会正处在科学技术突飞猛进的时代，在科技领先、依法办案的今天，侦查活动中是否还要走群众路线、依靠群众破案？如何走群众路线？这是值得深入探讨的大问题。本文试图就侦查活动依靠群众的必要性、可能性、紧迫性，以及侦查中如何取得群众的支持和配合等方面，略述浅见。

一、侦查之伟力寓于群众之中

人民群众是对推动历史前进的社会大多数成员的总称。在阶级社会里，劳动群众始终是人民群众的主体，同时还包括在社会历史发展过程中起进步作用的所有社会力量。人民群众属于社会历史范畴，不同的国家和每个国家的不同历史时期，人民群众具有不同的具体内容。侦查中所指的群众是指除犯罪嫌疑人之外，不与犯罪嫌疑人同流合污的人，都是侦查人员依靠、团结或争取的对象，以最大限度地把犯罪者孤立起来。

（一）犯罪行为人滋生于群众中，潜藏在群众中，暴露在群众中

犯罪是一种消极的社会现象，是寄生于社会的一种赘瘤。犯罪行为人不是一个固定的群体，社会上的各阶级、阶层、民族、团体、行业的人都可能进行犯罪，犯罪行为人正是从群众中游离出来的霉变分子。就具体犯罪人来说，他未走向犯罪之前，不论其职业、身份如何，他仍然是民众中的一员，是以自然人的形态存在于民众之中，和其他人一样从事各种活动，进行各种交往。只是在其蜕变为犯罪行为人并实施犯罪行为后，才从群众中分离出来，从而成为犯罪行为人群体中的一员。既然犯罪行为人是从群众中游离出来的，其身世、经历、言谈举止、处世为人、社会交往，以及个性特点等都会被其周围的人有所了解。

既然犯罪者来源于群众，是群众中的霉变部分，那么他的犯罪行为也不同程度地暴露在群众之中，无论何种性质的犯罪者，当他实施犯罪行为时，都必须在一定的时空条件下，侵害一定的对象，采取一定的行为方式，达到一定的目的，造成一定的后果。在实施犯罪行为过程中势必要引起一定的物质环境变化，或者遗留某些踪迹。这些情况都会被人们感知，从而在知情者

的头脑中形成记忆，把与犯罪有关的信息储存起来。

案件发生之后，犯罪行为人又会隐蔽在一定的人群之中。由于犯罪行为的非法性，迫使犯罪人改头换面，乔装打扮，以伪装的面目出现，将其真面目隐藏起来。但假的毕竟是假的，伪装不可能十分彻底，他们的举止言谈、接人待物、所作所为等方面，都可能露出许多破绽。这些迹象都会引起周围人的猜疑或各种各样的看法，这些猜疑和看法，反映到侦查员的头脑中便成了破案的线索和揭露证实犯罪的依据。

尽管有些犯罪行为人很狡猾，实施犯罪后迅速潜伏下来，暗中观察，或者逃离他乡、投亲靠友，或隐姓改名，或改变身份以掩盖真相。就地潜伏也好，逃到外地也罢，但他们不可能脱离人群，因为他们要生活，就要与社会交往，与人接触，天长日久就会在一定的人群中暴露出某些犯罪事实或与犯罪相关的蛛丝马迹。

犯罪者产生于群众中，暴露于群众中，又藏身于群众中，大量的犯罪线索存在于群众中，这就为依靠群众破案提供了客观依据。侦查人员只有相信群众，实心实意地依靠群众，深入群众之中，做深入细致的发动工作，取得群众的信任，才能把寓存在群众中的散乱线索及与案件相关的信息搜集起来，为正确分析认识案情，进行侦查决策提供材料，为收集证据、筛选线索、排查犯罪嫌疑人提供条件。如果不相信群众，不依靠群众，或者仅浮在面上不深入群众之中，群众中蕴藏的线索再多也难以发现，得不到真实情况和有价值线索，侦查破案只能是一句空话，难以变成现实。

（二）侦查活动的正义性决定依靠群众的必然性

侦查部门同犯罪作斗争，保护国家利益，维护社会秩序，保护人民群众的生命财产安全是正义的事业，正义的事业本应该得到广大人民群众的支持与配合，这是毫无异议的。但是，须知人民群众的构成是比较复杂的，有先进、后进和中间之分；同犯罪作斗争的态度也有坚决、动摇和观望。这是因为案件中涉及的人和事，对他们可能会带来各种各样的影响，甚至有某种利害关系。对此应有客观的认识，正确地对待，不宜急躁。

近些年来，侦查对抗中出现一些新情况，遇到一些新问题，有些人对侦查中是否还必须走群众路线产生一些错误的认识。有人认为，现在侦查破案主要是科学技术落后，甚至认为侦查中依靠群众“已经过时了”，是“落后的人海战术”，因此自觉或不自觉地淡化了群众观点，对相信和依靠群众破案不那么重视了。由于认识有偏差，一些人的架子大了，离群众远了，感情淡薄了。到群众中进行案件调查，工作方法简单生硬，作风急躁、粗暴、缺乏群众语言；有的侦查人员在破案过程中肆意损害群众利益，伤害了群众的感情，致使不少群众，包括一些基层干部和党员，对侦查人员有些意见和疑虑，不愿意和侦查人员接触，敬而远之，或避而不见。对于这些不正常状态，有些同志不从本质方面进行分析，反而怨天尤人，牢骚满腹，错误地认为，我们“辛辛苦苦地破案”，保卫群众的安全，你们还不协助我们。于是埋怨群众“太落后、自私、胆小怕事”等。久而久之，使以往的侦查部门与群众之间的水乳交融关系、鱼水之情，变成了油水关系，甚至水火不容，使有些地方的侦查工作处于困难境地。

（三）群众中蕴藏着同犯罪作斗争的极大积极性

犯罪是一种危害社会的行为，有些犯罪行为直接威胁广大人民群众的人身、生命财产安全，尤其是那些制造爆炸、劫机、劫船、制造恐怖、杀人、抢劫、强奸妇女、拐卖妇女儿童，以及带黑社会性质的流氓恶势力、车匪、路霸等，广大人民群众对他们恨之入骨，绝对不会同情支持他们，就连犯罪人的家属、亲友中，凡有良知的人也不会支持纵容他们的恶劣行径。实践证明，大义灭亲者有，规劝自己的亲友投案自首、弃暗投明者也大有人在。说明少数犯罪行为人是没有群众基础，非常孤立的。尽管有些犯罪行为人穷凶极恶、嚣张一时，他们本质上是虚弱的，没有市场。一旦把广大群众发动起来，大多数人，包括同犯罪行为人有某些牵连的人，只要把工作做细，他们都会支持和配合侦查部门的工作。一旦广大人民群众觉悟了，侦查破案的线索就会增加，犯罪嫌疑人很快就会无藏身之地。

虽然说群众中蕴藏着同犯罪作斗争的极大积极性，关键是我们如何把群众中蕴藏的同犯罪作斗争的积极性调动起来，这是摆在侦查部门面前的重要课题，这一问题解决得好与不好，不仅直接影响当前破案的速度和质量，而且还关系到侦查活动今后发展的状况。

我们应当清醒地看到，目前一些地方，确实存在群众对发生的案件漠不关心，对犯罪行为人的猖狂肆虐熟视无睹、无动于衷或敢怒不敢言的现象，甚至自己遭到非法侵害后也不报案，群众中主动向侦查部门提供线索、积极协助侦查部门抓捕犯罪嫌疑人的人和事较过去明显减少。侦查部门破案本属正义之举，而广大群众对犯罪行为人有切肤之恨，又蕴藏着同犯罪作斗争的极大积极性，那么二者为什么形不成强大的合力？相反，本来不得人心的犯罪行为人却能有较大的回旋余地，甚至潜藏在公安机关眼皮底下，有恃无恐。难道这种极不正常的现象还不值得我们深思吗？

有人对群众协助破案下降的原因从主、客观方面进行过分析：认为主观方面是群众对破案不关心、不尽义务；考虑个人利益怕招来麻烦和遭到报复；人情风重，有的与犯罪嫌疑人有千丝万缕的联系；只讲金钱、不讲贡献。客观方面是犯罪活动更加隐蔽、群众难以辨别；流窜犯罪增多、群众发现线索的机会少；警力不足、破案能力、警民关系、执法水平制约着群众协助破案的积极性。

这些分析虽说有一定道理，但我认为还只是看到一些表面现象，尚未深入问题的本质。所以，就事论事地研究问题，解决起来非常棘手，只能是头疼医头、脚疼医脚地解决一些表层的问题，不可能从根本上得到改观。那么问题的根源究竟在什么地方？出路在哪里？笔者愚见，要真正解决侦查人员与人民群众的关系问题，真正把群众中蕴藏的积极性调动起来，让人民群众真心实意地支持侦查部门，满腔热情地协助破案，既不能指责群众落后，又不能只注意解决方法问题，必须从根本上解决侦查部门与人民群众之间水乳交融的鱼水关系问题，真正实行专门机关与广大人民群众相结合，才能使侦查破案有坚实的基础，永远立于不败之地。

二、警民携手建立侦查破案的战略基地

侦查工作中贯彻群众路线，必须坚持一切为了群众、一切依靠群众，从群众中来、到群众中去，树立起真心实意依靠群众破案的侦查观。把人民战争的唯物史观原理，引入侦查领域中来。因为侦查是同犯罪作斗争，维护大多数人民群众利益的，它符合广大人民的利益和要求，由于侦查活动的正义性和广泛的群众性，已经具备了实行依靠群众破案、开展“人民战争”的极大可能性。关键是如何宣传群众、发动群众、科学组织群众，把广大人民群众同犯罪作斗争的积极性调动起来、发挥出来。对此笔者提出三点想法：

（一）深入宣传群众、发动群众，科学组织群众

毛泽东在《论持久战》中曾指出：“战争的伟力最深厚的根源，存在于民众之中，日本敢于欺负我们，主要的原因在于中国民众的无组织状态。”①侦查破案虽然代表广大人民群众的利益，但必须花大力量宣传群众，深入发动群众，让广大群众真正认识到自己的利益。只有把广大群众同犯罪作斗争的积极性调动起来，群众才能积极支持和配合侦查部门的工作。虽说群众中蕴藏着同犯罪作斗争的极大积极性，但群众的优势并不是自然而然形成的，它需要各级侦查部门通过各种形式的动员，使大家认识到支持和协助侦查部门破案的重要性，认识到破案与大家的切身利益关系，使群众明白和掌握国家的法律和政策，优势才能逐渐形成。当广大人民群众认识到了自己的利益所在，并愿意团结在侦查人员周围，为自己的利益而奋斗的时候，群众同犯

① 《毛泽东选集》（第2卷），人民出版社1966年版（横排版），第478页。

罪作斗争的伟力才能显示出来。

侦查活动中依靠群众，不是案件来了由侦查人员到群众中发号施令，让群众赶快起来向侦查部门提供线索，协助侦查部门破案，群众就会一呼百应，这样想是不现实的。平时就应当养成联系群众的好习惯、好作风。须知我们的侦查部门是全心全意为人民服务的，我们每一个侦查员（指挥员和战斗员）都是为人民群众站岗放哨的公仆，是彻底地为人民的利益工作的，一刻也不能脱离群众，平时要热爱人民群众，每到一地要和那里的群众打成一片，关心群众的疾苦，细心听取群众的呼声；不是高居群众之上，而是深入群众之中，根据群众的觉悟程度，耐心细致地做思想动员工作，提高群众的觉悟，在群众出于内心自愿的情况下，依靠基层组织把群众组织起来，协助侦查部门开展环境许可的工作，提供有关的情况。只要我们坚决地相信群众，真心实意地依靠群众，信任群众的力量，关心群众的疾苦，广大人民群众就会逐步觉悟，心甘情愿地和我们一起奋斗，那就能够克服任何困难。如果没有普遍、深入、经常、有效地宣传群众、动员群众、科学地组织群众，那么依靠群众破案只能是停留在口头上的一句空话。

（二）恢复警民鱼水情是取信于民的关键

近年来，有些地方在侦查破案中，对相信群众和依靠群众不那么重视了，群众观点淡化了，有的侦查人员到群众中调查情况方法简单、说话生硬，许多地方的群众对侦查人员态度冷淡，不愿意向侦查人员提供情况和线索，甚至见到侦查人员躲而避之，不愿同侦查人员打交道。出现这种现象，无形中使侦查部门的信息减少，有许多与案件有关的信息源枯竭，使本来属于自己的最大优势却无法发挥出来，过去的助力变成了阻力。反而为犯罪行为人与侦查部门对抗提供了可资利用的条件。

如果我们承认人民群众中蕴藏着同犯罪作斗争的巨大力量，就应该全心全意地依靠群众，尽最大努力去争取千百万群众与我们一道同犯罪作斗争。必须树立牢固的群众观点，尽快弥补与人民群众之间的裂痕，以实际行动逐渐取得广大人民群众的信任，恢复以往侦查人员与广大人民群众之间的鱼水关系，变被犯罪行为人利用群众隐蔽自己的环境，成为揭露、证实犯罪的可靠基地和缉捕犯罪嫌疑人的天罗地网。一旦广大人民群众觉悟起来，满腔热情地支持侦查部门，侦查人员就如虎添翼，为侦查破案提供最有力的帮助，使犯罪嫌疑人难以藏身。

（三）警民团结共建侦查战略基地

我国侦查部门与犯罪作斗争有着深厚的群众基础，它的优势在于能够最大限度地赢得广大人民群众的拥护和参与，因为人民群众长期生活在一定的区域内，他们对周围的人和事最熟悉、了解。因此，基层保卫组织及其联系的广大人民群众是侦查部门依靠群众破案的战略基地。没有这样的基地，就不可能有真正的依靠群众破案。毛泽东在讲到抗日游击战争战略的问题时，特别重视人民战争战略基地的作用。他指出："游击战争的根据地是什么？它是游击战争赖以执行自己的战略任务，达到保存和发展自己、消灭和驱逐敌人之目的的战略基地。没有这种战略基地，一切战略任务的执行和战争目的的实现就失掉了依托。"① 侦查对抗虽然与军事对抗不完全相同，但二者又有许多相似之处。侦查部门与犯罪之间的斗争，既是一种合法对非法、优势对劣势的较量，同时又是一种明对暗、公开或半公开对隐蔽的激烈对抗，这是侦查对抗的突出特点。侦查人员的对手，多乔装打扮混迹于群众之中，施展多种反侦查伎俩与侦查人员周旋，以隐蔽自己逃避法律制裁。侦查破案过程中充满着侦查与反侦查、查证与反查证、揭露与反揭露的斗争。

侦查人员要想在激烈复杂的对抗中战胜对手，及时、准确地把犯罪嫌疑人揭露出来，又不伤害无辜，就必须真心实意地依靠广大人民群众，创建以基层治保组织为核心，以广大治安积极分子为骨干，团结广大基本群众，争取一切可以争取的力量，剥夺犯罪者可资利用的条件，最大限度地孤立犯罪行为人，使其难以躲藏。

近年来，随着改革开放的深化，我国的经济体制和管理体制都发生了很大变化，人、财、物大流动，基层治安保卫组织更名换届，有的被取消，有的名存实亡；城市社区和企事业单位的群众性治安保卫委员会似有若无，不发挥作用。这一阵地的丧失，使侦查部门闭目塞听、信息不灵，原来被调动起来的群众同犯罪作斗争的积极性逐渐冷落下来，侦查部门丧失了同犯罪作斗争的优势。相反，却给犯罪活动、丑恶现象繁衍，封建迷信的复活，邪教的猖獗提供了宽松的环境。

在新形势下，如何恢复和创建同犯罪作斗争的根据地，建立稳定社会秩序的大后方，是值得认真研究的重要课题。笔者认为，应当把全面整顿和恢复城乡基层治安保卫组织，作为基层政权建设的重要内容，并把这一组织的领导权掌握在群众信得过的人手里，接通公安派出所、保卫处（科）与基层治安保卫组织的联系，使上下、内外的信息畅通，才能使广大人民群众与犯罪作斗争有了英雄有用武之地，使侦查部门依靠群众破案有了巩固的大后方，让犯罪和各种邪恶势力感到处处有监视的眼睛，不敢轻举妄动。

一旦广大农村和城镇社区都成了侦查部门巩固的根据地，加之侦查和治

---

① 《毛泽东选集》（第2卷），人民出版社1966年版（横排版），第387～388页。

安管理部门的现代化科技手段的运用，信息网络开通，侦查破案的速度和质量将会迅速提高。充分利用国际刑事司法协助，加强同国际刑警组织的合作，缉捕潜逃国外、境外的犯罪嫌疑人归案，就可以大大提高我国侦查部门的战斗力，成为一支无坚不摧、战无不胜的队伍。

三、专门机关与群众路线相结合是侦查部门克敌制胜的法宝

（一）专门机关和广大群众结合是依靠群众破案的理想形式

专门从事侦查活动的侦查人员，是侦查破案的主力军，他们好比军队的主力兵团；基层派出所和保卫处、科好比地方兵团，他们既配合侦查主力破案，又要做大量日常工作，确保一方平安；群众性的治安保卫委员会及其周围的治安积极分子好比武装起来的群众，他们与广大人民群众有天然的联系，具有丰厚的群众基础，对周围的人和事比较熟悉，既了解历史，又了解现状，如果平素对他们进行一定的业务培训，经常做好法律和政策宣传，他们联系面广、视野宽、信息灵通，在防范和控制犯罪方面有巨大的作用。

只要侦查部门与公安派出所，派出所与保卫处、科及治保会关系融洽、协调一致、互通信息、互相支持和配合，就可以形成同犯罪作斗争的天罗地网，再狡猾的犯罪行为人也难逃法网。如果侦查部门不紧密依靠基层保卫组织和广大人民群众，得不到他们的大力支持和配合，仅依靠侦查部门孤军作战，就是侦查部门的人员再多，但和人民群众相比也是少数，两眼漆黑去搜集情况、发现线索，真如大海捞针极为艰难。即使侦查人员本领再大、再能干、业务技能再高、装备再精良，若离开了人民群众真心实意的支持和配合，也难以发挥作用。

（二）群众是专门机关开展侦查的基础

侦查破案是侦查人员同犯罪行为人进行尖锐复杂的较量，是一项艰苦细致的工作，也是争取民心的政治工作，绝不能就案论案。在侦查活动中，要处处依靠群众支持，不仅调查案情、收集线索、排查犯罪嫌疑人、调取证据要依靠群众，就是施谋用策、采取各种侦查措施、运用科学技术手段、采取强制措施和缉捕犯罪嫌疑人也离不开人民群众的支持和掩护。具体地讲侦查部门进行如下侦查活动，都必须依靠群众的支持和帮助。

1. 侦查主体施谋用策必须依靠群众。侦查人员根据侦查对抗的需要，常采用设谋造势、攻心夺气、示形用佯、奇正结合和虚实之法攻击对手，以达克敌制胜之目的。这些奇谋良策在应用中所以能显示奇特效能，都离不开人民群众的配合和掩护。例如，依靠群众封锁消息；通过群众造声势、依靠群众传递信息、依靠群众制造舆论麻痹和震慑或给犯罪嫌疑人造成错觉等。

假如离开人民群众的支持和配合，即使再高明的计谋也难以发挥作用。

2. 各种侦查措施离不开群众配合。在侦查过程中进行现场勘验和现场访问、侦查辨认、跟踪、守候、追缉堵截，以及搜查、监控犯罪嫌疑人等都离不开广大群众的支持与帮助。现场勘验本来是侦查机关的专门工作，但现场勘验前首先要依靠群众保护现场，为勘验提供条件，同时还需要聘请群众作现场勘验见证人，在勘验过程中还需要群众提供必要的情况和物资帮助；在现场勘验时，还要向知情者调查有关情况，进一步了解案情；通过群众对无名尸体、可疑物品进行辨认，帮助侦查部门查明尸体和有关物品的来源。即使采取一些机密性很强的专门手段，也离不开广大群众的支持和掩护，若离开了群众必将一事无成。

3. 各种科学技术手段的运用也需要依靠群众。在群众中有各种能人智士，人民群众中有许多专家、行家，在侦查和科学技术检验中，有些专门知识和技术问题也需要依靠群众中的专家、行家帮助解决。就是科学仪器的研制也需要吸收和借鉴其他学科的知识和群众中的生产和生活方面的知识。科学技术手段的运用同样离不开群众。

（三）充分发挥专门机关的主导作用

专门机关与人民群众在同犯罪作斗争中犹如一车两轮，缺一不可。侦查部门是侦查破案的主力军，人民群众是强大的后备队，他们只能在主力军的带领下，积极参与、大力支援和配合主力军作战。在侦查破案中实行专门机关与广大群众相结合，就是要侦查部门充分相信群众、依靠群众，在群众的大力支持与配合下，充分发挥专门机关的主导作用，才能形成合力显示出巨大的力量。

侦查破案是一种刑事诉讼活动，既是严肃的司法行为，又是严格的执法过程，侦查的每个环节、每项行动都应当依法进行。侦查部门既是人民群众的服务者、公仆，又是依靠群众同犯罪作斗争的组织者、指挥者，是人民群众的坚强后盾。侦查部门必须依靠国家的法律和政策宣传群众、动员群众，把群众同犯罪作斗争的积极性充分调动起来。但是同犯罪行为人较量法律性、政策性极强，只有在专业侦查人员组织和指挥下，群众的智慧才能充分发挥。专业侦查人员肩负着国家的重托，国家法律赋予他们行使侦查权，配备先进的科学技术装备，具有丰富的专业知识，侦查中的各项专门措施的运用，如勘验犯罪现场，提取痕迹物证，询问证人，调取证据，搜查，扣押书证、物证，传讯，采取各种强制措施，讯问犯罪嫌疑人等都必须由专门机关的侦查人员依法行使，广大群众只能积极协助和配合专门机关的工作。

只有把广大人民群众和专门机关的两个积极性都调动起来，充分发挥侦查部门的主导作用，使广大群众同犯罪作斗争的积极性健康持久地发展，专门机关在人民群众真心实意的支持和配合下，才能显示其主力军的威力，若单枪匹马、孤军作战，就会困难重重、处处碰壁、寸步难行。侦查部门在破案过程中既要努力求得广大人民群众的大力支持，又要千方百计保护人民群众同犯罪作斗争的积极性，并要虚心接受人民群众的监督。只有加强警民团结才是侦查破案、确保社会安定的胜利之本。

[北京刑侦学会论文集：《刑事侦查理论与实践》2003 年（未出版）。]

侦查应当讲诚信

诚信，属于道德范畴，是一般社会公德的要求，在人与人正常的交往中，若没有诚信，就破坏了人与人之间的正常关系，因此各行各业，乃至整个社会都呼唤诚信。司法活动尤其民事司法活动，更应当有很强的诚信观念，坚持诚信原则，才能做到司法公正。那么，侦查是专门同犯罪作斗争的，侦查活动要不要讲诚信，能不能讲诚信，如何讲诚信是一个值得深入探讨的问题，本文试图对侦查中与诚信相关的问题发表个人浅见。

一、以诚取信于民

侦查是我国公安机关、国家安全机关、人民检察院以及军队保卫部门的重要职能，是人民民主专政的工具。它的基本任务是通过一系列的侦查活动，查明案情，收集证据，及时准确地揭露犯罪，查缉犯罪嫌疑人，保卫国家、集体利益和公民生命财产安全，维护国家法律的尊严。完成这项任务，犹如“大海捞针，肉里挑刺”，既艰巨又细致，必须慎之又慎。侦查活动必须在党和政府领导下，实行专门机关与广大群众相结合的方针，紧紧依靠广大群众，在广大群众大力支持和配合下，才能取得胜利。否则，将一事无成。侦查员是国家机关的工作人员，是人民群众的公仆，是为人民服务的勤务员，理应执政为民，始终坚持全心全意为人民服务的宗旨，把相信群众，紧紧依靠群众，维护人民群众利益，调动和保护人民群众同犯罪作斗争的积极性作为侦查工作的出发点和归宿。每个侦查员都应该时刻想着人民群众，深怀爱民之心，恪守为民之责。

侦查人员是人民群众的公仆，人民群众是国家的主人，侦查中讲诚信，首先是公仆对主人讲诚信、守信用，主人才能对公仆信得过。因此，侦查人员在人民群众眼里应该是知己、贴心人，而不应是凶神恶煞。侦查工作要想得到广大人民群众的积极支持和配合，必须取信于民。我认为侦查中对人民群众讲诚信应当从以下三方面体现出来：

其一，为民执法，以德取信于民。侦查部门的基本职责是及时准确地揭露犯罪，有效地保护人民群众，维护社会安定。侦查人员是代表国家和人民执法，对党忠诚，全心全意为人民服务就成了侦查人员职业道德的核心。侦查工作必须把热爱人民群众，诚恳为人民放在首位，这也是及时准确地揭露犯罪，查缉犯罪嫌疑人的前提和基础。因为揭露犯罪的目的就是为了维护人民群众的利益，揭露犯罪，维护社会安定，维护法律的尊严与人民群众的根本利益是一致的，国家机关的工作人员，必须维护广大人民群众的根本利益。侦查人员应当积极用国家的法律、党的政策，用爱国主义和集体主义精神，用社会主义道德宣传群众，动员群众，使广大群众认识到其根本利益所在。同时要结合实际揭露犯罪分子肆意侵害群众利益的凶残本质，以诚恳的态度，爱憎分明的情感，动员群众，关心群众的疾苦，解除群众的顾虑，以诚信换取广大人民群众的信任，使人民群众愿意起来为自身的利益而战。群众觉悟了，事情就好办了，就会满腔热情地支持和配合侦查工作，向侦查人员倾吐肺腑之言。侦查工作一旦得到广大人民群众真心实意的支持与配合，侦查部门就如鱼得水，路子会越来越宽，办法也多了，信息畅通，线索就会源源而来。只有心里想着群众，真心实意依靠群众，充分发动群众，团结各方面的人，才能将暴露在群众中与案件有关的蛛丝马迹搜集起来，从而把隐蔽在群众中的犯罪嫌疑人孤立起来。相反，如果侦查人员缺乏群众观点或者群众观点淡薄，把自己当做救世主，把群众视为随便驱使的群盲，任意摆布，把执法视为自己的特权，说话态度生硬，对群众缺乏感情，或者任意损害人民群众的利益，群众必然疏远你，敬而远之，或躲而避之，不仅得不到群众真心实意的支持，反而还会成为犯罪分子逃避侦查可资利用的条件。因此，侦查活动必须诚心诚意依靠人民群众，坚持为人民执法，以德取信于民，人民群众才会以诚相见，开诚布公地反映情况，真心实意拥护侦查部门同犯罪作斗争，形成铜墙铁壁，陷犯罪分子于广大人民群众的汪洋大海之中而难逃法网。

其二，信守诺言，按律赏罚。侦查活动是侦查机关严肃的执法活动，执法必须说话算数，信守诺言，在公众中才能有很好的信誉，失去信誉就失去公信力，等于自毁前程。在侦查过程中，对于积极反映情况，提供破案线索的群众，不论其身份高低贵贱，思想先进或后进，包括历史上曾经有过错的人，都应当满腔热情地接待，对协助侦查部门破获了大案的人，应当按照政策予以精神和物质奖励。对反映有关情况和提供线索的人，在侦查阶段应当切实采取措施严加保护。对协助侦查部门办案的见义勇为者，应当大力表彰和奖励，对因见义勇为造成的损害，侦查部门应当积极主动商请有关部门、团体予以经济补偿，保证见义勇为的英雄们流血不流泪，以扶正祛邪，伸张正义。

近年来，侦查部门为了加速侦破重大、特大案件，公开向社会发布“悬赏通告”，对此褒贬不一，有的认为悬赏是侦查工作“走群众路线的重要举措”；有的则认为“实行悬赏举报实在是迫不得已之举”；也有人认为，悬赏举报“与法律所规定的公民举报义务背道而驰。它将助长公民不履行或不积极履行该义务的不良风气”。究竟何是何非，本文暂不探讨。但我认为，既然以悬赏通告的形式鼓励人们帮助侦查部门破案，就应当视为是侦查部门代表国家向社会上不特定的人表示的承诺，除犯罪行为人以外，任何人只要完成了悬赏通告中言明的特定事项，都应该兑现，按承诺付给报酬，不能出尔反尔，自食其言。

可惜有些地方却把“悬赏”当儿戏，甚至成为愚弄群众的一种手段，据报端报道，在河南某市、深圳、安徽某县、辽宁某市，都发生了因侦查部门不信守“悬赏”的诺言，被举报人告上法庭的事件。此类问题发生不仅严重地挫伤了广大群众同犯罪作斗争的积极性，而且损害了所有公安机关的声誉。

其三，诚实服务，不损害群众利益。坚持全心全意为人民服务，立党为公，执政为民，是我们同一切剥削阶级政党的根本区别，也是社会主义制度下人民公安机关同旧警察机关的本质区别。侦查机关是同犯罪作斗争的主力军，侦查破案是它的天职，是正业。如果发生了案件不积极侦破就是失职，不务正业。大量事实证明，我们的广大侦查人员为了维护国家利益，让广大人民群众安居乐业，兢兢业业地工作，广大侦查指挥员和战斗员，为了人民的利益牺牲了自己的健康和幸福，忍辱负重，尽职尽责，他们在侦查破案中，与凶残的犯罪分子浴血奋战，用血肉之躯，保护广大人民群众，许多侦查人员为此献出了宝贵的生命，以实际行动博得人民的敬仰和爱戴，永远被人们怀念！

但是，在侦查队伍中确实有些人，缺乏公仆意识，把手中的权力视为为个人或小团体谋取利益的特权，他们侦查破案不是以忠于党的事业，诚心诚意为人民服务为标准，而是以满足小团体或个人私利为标准，肆意侵犯群众的利益，甚至借侦查破案之机搜刮民财，不仅抛弃了诚信原则，也丧失了社会公德。例如，有的侦查人员以各种名义向发案单位索取破案报酬；有的人借破案挪用赃款，私自变卖赃物，归己所有；有的人借发还赃物、赃款之机，公开向事主要酬劳。还有的在破案过程中，向受害者要吃要喝，这类情况极大地损害了侦查部门的形象，失去了群众对侦查部门的信任，绝对不能低估其负面影响。

近年来，由于一些侦查人员全心全意为人民服务的公仆意识淡化，加之侦查队伍中少数害群之马公然损害群众利益，伤害了群众，致使不少群众包括一些基层党员、干部和治安积极分子，对侦查部门的工作有些意见，不相信侦查部门破案的决心和能力，对侦查部门能否公正执法、秉公办案有疑虑，对侦查部门的号召和承诺持怀疑态度，所以许多群众不愿意亲近侦查人员，在调查访问中许多人不敢轻易吐露真言，以免招灾惹祸。须知，人民群众是社会大多数成员的总和，必然有先进、后进和中间之分，再说侦查中所涉及的人和事相当复杂，与一些人有千丝万缕的联系，对一些人的自身利益有各种各样的影响。一些正直的人因为与犯罪作斗争，结果与犯罪者家属、亲友结下宿怨，甚至结为世代冤仇，社会上许多举报人、证人遭受打击报复的事实，无形中影响大家的积极性。作为执法者来说，无论如何不应该埋怨群众，只有深刻地了解群众的疾苦和忧虑，放下架子，深入群众之中，深入细致地做思想动员，用自己的真诚打动群众，将心比心，以诚心换真心，才能变两条心为一条心，当群众与侦查员心心相印时，群众才能真心实意地支持和配合侦查破案。相信群众，实心实意依靠群众，全心全意为人民群众服务，以诚信取信于民，严格执法，以德服众，是侦查部门的基本立足点，是搞好侦查工作的千秋大业，而不是权宜之计。

二、以诚信服众

侦查是一种严肃的执法活动，法律和政策是同刑事犯罪作斗争的强大武器，是衡量罪与非罪的尺度，是及时准确揭露犯罪的利剑，是保护无辜的金盾，是宣传群众，动员群众的强大动力。侦查部门既是护法的坚强卫士，又是执法的楷模，所以法律是侦查部门的立身之本，强侦之基，克敌制胜的法宝。侦查活动必须坚持“有法必依，执法必严，违法必究”和“法律面前人人平等”的原则，反对执法中的等级观念，不允许任何人凌驾于法律之上，只有公正执法，才能取信于民。侦查中执法的诚信观念，主要体现在以下两方面：

其一，宣传法律不离谱，不变味。国家的法律和各项刑事政策具有权威性和不可违性，不论是什么人，只要实施犯罪，就应当受到法律追究。侦查人员是护法卫士，既要模范执法，又应该让广大人民群众掌握。因此，在侦查过程中要结合破案大力向人民群众宣传法律和政策，诚心诚意地接受人民群众的监督，坚持刚性执法，反对任意执法，准确掌握法律和政策的精神，有很强的法律意识，执法如山。同时，还要善于运用法律和政策宣传群众，武装群众，让广大群众学会运用法律同犯罪作斗争，保护自身的合法权益。

运用法律宣传群众，动员群众，武装群众，必须全面、正确地讲解法律，以防止破坏法律的完整性和权威性。侦查人员在执行职务活动中的言行举止，都应当体现出高度的法律意识和政策观念。说话既和蔼，又严谨，言必依法，言出法随，寓法于言之中。在调查访问中，讲话文明合法，不用粗俗语言，使人感到诚恳可信，感情更加融洽。

宣传各项刑事政策，应当准确地阐明刑事政策的严肃性和灵活性，结合案件实际讲解刑事政策，充分显示出刑事政策对犯罪者的震慑力和感召作用。真心实意地促使犯罪者走投案自首，或检举他人，立功赎罪之路，以争取从宽处理。

其二，执法不走样，政策非戏言。为了有效地同刑事犯罪作斗争，控制和减少犯罪，我国制定了《刑法》、《刑事诉讼法》和一系列刑事政策，这些法律和政策是同刑事犯罪作斗争的法宝，侦查人员必须严格执行，依法办案。侦查执法要讲诚信，真正做到“有法必依，执法必严，违法必究”，坚决制止和纠正有法不遵、言行不一、我行我素、执法犯法的错误行为。侦查中有法不遵的突出表现是以罚代刑，以审代侦，刑讯逼供和“宽、严”不兑现。

我国1996年修正的《刑事诉讼法》第46条明确规定：“对一切案件的判处都要重证据，重调查研究，不轻信口供。只有被告人供述，没有其他证据的，不能认定被告人有罪和处以刑罚；没有被告人供述，证据确实充分的，可以认定被告人有罪和处以刑罚。”这一规定显然是把证据放在首位，既不能把口供与证据等量齐观，更不能把口供放在其他证据之上。侦查是审判的前期活动，理应严格按照法定程序办案。可是在侦查实践中，有不少地方竟把索取口供放在第一位，没有把主要精力集中在深入调查取证上，而是把破案寄托在审讯和查对口供方面，结果使侦查陷入以审代侦，先审后查，查了再审，使侦查活动陷入了以口供为中心的怪圈里，这与刑事诉讼法规定显然是不相符的。以审代侦，口供至上，不仅违反刑事诉讼法的程序，降低了办案质量，也是滋生刑讯逼供，酿成冤、假、错案的重要根源。

按照1996年修正的《刑事诉讼法》第43条规定：“审判人员、检察人员、侦查人员必须依照法定程序，收集能够证实犯罪嫌疑人、被告人有罪或者无罪、犯罪情节轻重的各种证据。严禁刑讯逼供和以威胁、引诱、欺骗以及其他非法的方法收集证据……”《刑法》第247条规定：“司法工作人员对犯罪嫌疑人、被告人实行刑讯逼供或者使用暴力逼取证人证言的，处三年以下有期徒刑或者拘役……”并规定因此而致人伤残、死亡的，依照故意伤害罪、故意杀人罪的条款定罪从重处罚。尽管法律作了明确规定，但执行起来却大打折扣，对犯罪嫌疑人实行刑讯逼供的现象屡屡发生，但真正因刑讯逼供而受到法律追究者却屈指可数。有法不遵，等于无法，执法不严，等于放纵。它与依法治国的方略，依法办案，文明办案，法律面前人人平等的原则背道而驰。

我国在同犯罪作斗争的实践中，总结出了丰富的经验，制定了一系列刑事政策，如“坦白从宽，抗拒从严”，“将功折罪，立功受奖”的政策，对于争取多数，孤立少数，分化瓦解犯罪营垒，挽救失足者都发挥过很大作用。我国刑法中又把这一政策精神用法律的形式固定起来，专设了“自首和立功”一节，依《刑法》第67条第1、2款规定：“犯罪以后自动投案，如实供述自己的罪行的，是自首。对于自首的犯罪分子，可以从轻或者减轻处罚。其中，犯罪较轻的，可以免除处罚。被采取强制措施的犯罪嫌疑人、被告人和正在服刑的罪犯，如实供述司法机关还未掌握的本人其他罪行的，以自首论。”《刑法》第68条又规定：“犯罪分子有揭发他人犯罪行为，查证属实的，或者提供重要线索，从而得以侦破其他案件等立功表现的，可以从轻或者减轻处罚；有重大立功表现的，可以减轻或者免除处罚。犯罪后自首又有重大立功表现的，应当减轻或者免除处罚。”这些规定虽有尚待充实完善之处，但我认为只要不折不扣地执行下去，其社会后效应是好的，它要比“诉辩交易”好，且主动得多。有些地方所以效果不太明显，震慑力不大，感召作用不强，不是法律本身的问题，而是因为法律不兑现，政策不落实，造成的负面影响较大。执法变了味就会失去公信力，失去公信力的法律和政策就没有权威，丧失权威和诚信的法律与政策就形同虚设。

侦查阶段讯问犯罪嫌疑人时，侦查人员应当如实告诉被讯问者在侦查过程中依法享有的诉讼权利，包括申请办案人员回避的权利、辩护的权利、提出控告的权利、拒绝回答与本案无关的问题的权利、使用本民族语言和文字的权利、请求自行书写供词的权利、对讯问笔录提出补充和改正的权利，辨认物证和对作为证据的鉴定结论提出申请补充鉴定或者重新鉴定的权利，以及聘请律师为其提供法律咨询，代理申诉、控告的权利。如果犯罪嫌疑人对诉讼中的权利有不清楚、不明白的地方，侦查人员应当予以正确地讲解，不能变味，不能任意曲解法律精神。我认为，对于自动投案自首和在讯问中如实供述侦查部门尚未掌握的犯罪事实，以及有立功表现的犯罪嫌疑人，应当如实记录在案，并在结案报告和起诉意见书中，以及其他司法文书中如实反映出来，以供法庭审判中参考。讯问中必须正确理解和运用“坦白从宽，抗拒从严”的刑事政策，绝不应该把“坦白从宽，抗拒从严”作为诱供、骗供的手段，也不能把“坦白从宽，抗拒从严”作为庇护犯罪的借口。从宽从严必须坚持“以事实为根据，以法律为准绳”，“重证据而不轻信口供”

的原则。在侦查、讯问过程中，只有忠实执行法律和政策，法律和政策才有威力，才能震慑犯罪，征服人心。曲解了法律和政策，就会产生很坏的社会后效应，后患无穷。以致出现“坦白从宽牢底坐穿；抗拒从严回家过年”的怪现象。

三、“对己和，对敌狠”与诚信一致

侦查是同犯罪作斗争的手段，侦查中讲诚信与“对己和，对敌狠”是否矛盾呢？我认为侦查中讲诚信不仅不影响与犯罪作斗争，而且更好贯彻了实事求是的精神，有利于依靠群众更好地同犯罪作斗争。

我们提倡诚信，是在社会主义人道主义的原则下进行的，提倡尊重人的尊严和价值，倡导人与人之间要真诚相待，反对尔虞我诈，损人利己。侦查活动中要求侦查人员要忠诚党的事业，忠于国家、忠于人民、忠于法律、忠于职守。绝不是提倡超然的“爱一切人”，“对一切人讲诚信”。对于敌对势力、敌对分子、严重刑事犯罪分子、严重经济犯罪分子，在他们未缴械投降，认罪服法之前，主要是无情揭露，依法惩处，而不是讲仁慈，对凶残诡诈的犯罪分子讲仁慈、讲诚信，正是对人民群众的残忍和不忠，是与犯罪者同流合污，是对国家法律的践踏，也是对诚信精神的歪曲。

当前我国社会治安形势依然严峻，犯罪活动非常嚣张，面对犯罪分子的严重挑战，侦查部门和侦查人员必须立场坚定，旗帜鲜明，理直气壮，态度坚决地同各种犯罪作斗争。在党的领导下，紧紧依靠广大人民群众，严格执法，尽职尽责，毫不手软，除恶务尽，不留后患。古人云：“夫蟊莠不除，则嘉禾鲜实。奸宄不剪，则善类靡宁。”① 即是说害虫恶草不除，好禾苗就无法结出果实。邪恶诈伪和违法犯罪的人不清除，善良的人就无法得到安宁。所以在犯罪活动嚣张的今天，任何企图以讲“仁爱”来削弱侦查职能换取犯罪者退让的想法，在理论上是没有根据的，在实践中也是有害的。在侦查过程中，对凶险狡诈诡计多端的犯罪分子不仅不能以诚相待，而且还应该充分发挥聪明才智，计高对手一筹。再狡猾的狐狸也斗不过好猎手，逃不脱失败的厄运。

但在激烈的侦查对抗中，对于真诚愿意投案自首或者愿意立功赎罪的人，侦查部门也应当竭诚欢迎，大门随时向他敞开。对于被缉捕归案的犯罪嫌疑人，也要实行社会主义人道主义，除了极少数罪不容诛者外，对他们中

---

① 俞琳编著：《经世奇谋》，曹书杰译注，首都师范大学出版社 1996 年版，第 192 页。

的绝大多数，还要给以改恶从善，重做新人的机会，依法维护他们的合法权益，尊重他们的人格，耐心做思想转化工作，希望他们认罪服法，早日弃恶从善，悔过自新。

我们在侦查中提倡诚信，是要求以忠诚之心对待党的事业，以社会主义道德服务于广大群众，以诚心保卫国家和集体财产，用爱心保护人民群众的生命财产安全，以信义取信于民，以智谋战胜犯罪分子，以维护社会的安定和法律的尊严。总之，侦查活动中要求侦查人员以诚信作为服务群众、团结群众的法宝，以忠诚不渝作为执行法律的标准，以巧施计谋作为扶正祛邪的重要手段。这就是我们研究侦查中讲诚信的全部用意。

（北京市依法治市领导小组办公室、北京市司法局、北京市法学会编：《诚信与法治》。）

信息与侦查破案

当今社会已进入信息时代，信息化、数据化、网络化已经进入社会生活的各个领域。侦查破案是揭露犯罪、制约犯罪的重要手段，是刑事诉讼的重要环节。侦查是侦查人员对犯罪事实的认识过程，又是对相关犯罪信息的发现、收集、识别和利用的过程，由于犯罪活动的违法性决定犯罪行为隐蔽性与诡秘性。侦查活动离开对相关犯罪信息的发现、收集、识别和利用，就无法寻觅犯罪活动的踪迹，不能发现线索，难以获取证据，就不可能迅速破案。本文拟从理论上对与侦查相关信息的含义、内容，信息在侦查中的作用，以及侦查中对信息的收集、识别和利用予以探讨，供大家在学习刑事侦查学中参考。

一、侦查信息的含义和内容

侦查信息是对侦查活动中能够利用的各种信息的总称。它是指侦查人员在侦查过程获取的同案件相关的态势、情报、消息及相关知识方面的表征。侦查信息是侦查人员认识案件事实的中介，是发现侦查线索的源头，是获得证据的先导。

侦查活动中可以利用的信息相当多，涉及面非常广，内容极为丰富。按信息寓存的客体讲，不外乎物质性的和非物质性（意识）的；按照信息的来源说，有来自犯罪行为的，称为犯罪信息；有来自犯罪相关环境的，称其环境信息；还有来自各方面提供的情报资料和知识的，称其为情报资料和相关知识信息。

（一）犯罪信息

所谓犯罪信息，是指由犯罪行为引发的各种信息。犯罪信息是犯罪行为的共生体，只要有犯罪行为发生就一定会引发出犯罪信息。反之，只要有犯罪信息存在，就表明有犯罪行为发生。犯罪信息能从不同侧面、不同层次、不同角度，以不同形式表示犯罪行为发生的时间、地点、行为方式、状态、过程、特征和结果。也就是说有什么样的犯罪行为发生，就会产生什么样的犯罪信息，如爆炸犯罪行为发生，就会产生大量制造爆炸犯罪行为的信息，通过对信息的收集、筛选的研究，能判断出制造爆炸案件的时间、动机、目的、行为方式等方面的情况。犯罪信息反映犯罪事实的功能是客观的，是不依人的主观意志而转移的，所以全面、细致地收集犯罪信息能够为侦查人员正确认识案情提供客观依据。

如果没有犯罪信息存在，一般来说，就表明没有犯罪行为发生，反而还会收集到大量的非犯罪信息，它可以为区分犯罪案件和非犯罪事件，鉴别真案与假案提供依据。

犯罪信息较多地存在于犯罪现场，也可以存在于其他场合，还会寓存于其他各种犯罪资料中，以及知情人、被害人的记忆中。犯罪信息是侦查中寻找的主要信息。

（二）相关环境信息

所谓相关环境信息，是指犯罪案件所处的环境或者与犯罪相关联的环境所提供的信息，如案件发生地与周围环境的关系；犯罪行为人实施犯罪前后隐身、潜伏和停留的地方与周围环境的关系；关押人质、隐藏赃物、毒品的地点与周围环境的关系；犯罪行为人吃、住以及买卖东西的地方与周围环境的关系；缉捕犯罪嫌疑人的地点与周围环境情况等。相关环境信息虽说不是由犯罪行为直接引发的，但它与侦查活动有密切关系，对侦查人员认识案情，进行侦查决策，部署侦查力量都有很大的帮助。可以为侦查提供线索，获取证据提供条件。

（三）情报资料与相关知识信息

所谓情报资料和相关知识信息，是指侦查中查阅相关资料和走访相关专业人员所得到的相关信息。刑事案件形形色色，涉及的面广、范围大、内容复杂，牵涉的知识广泛，覆盖社会各行各业。侦查中查阅有关情报资料，了解相关知识，开辟信息来源，可以启迪侦查人员的思想、诱发联想，拓宽思路，扩大线索，推进侦查深入发展。例如，侦查中通过互联网查询情报信息库，查阅交通管理、通信管理、文化娱乐服务管理等信息资料，可以得到侦查中所需要的有关信息，能够开阔侦查视野，开辟新的线索，将侦查推向新的阶段。

侦查中查阅有关气象资料，了解案件发生时的天气状况，有无雨、雪，下雨、下雪的时间，雨、雪量大小；风向、风力的情况；查访有关专业人员，了解病理、药理知识；走访商务部门了解商品生产厂家、批量、销售范围；请教军事专家了解有关武器、弹药和爆炸物的性能、威力。同时还需要了解其他社会知识信息，对于侦查人员分析案情、扩大线索、获取证据均有很大帮助。

二、信息对侦查的作用

侦查活动是侦查人员通过各种渠道，运用各种手段不断获得，收集与案件相关信息的过程，使侦查人员对案件的认识不断深化，以完成及时、准确地揭露犯罪的任务。及时、全面地发现和收集与案件相关的信息，对于侦查破案有重要作用。主要体现在以下方面：

（一）不断消除对案件认识的不确定性

侦查过程是侦查人员对案件事实的认识过程，认识案件靠什么？就是依靠来自各方面与案件相关的信息。侦查人员接触案件后，首先注意研究有关犯罪的信息，因为犯罪信息是犯罪行为的共生体，它从各个侧面，以不同形式记载和表示犯罪行为发生、发展、变化的状态与特征。犯罪信息能够借助声、光、电、热、色、味等载体进行传递，从而被人们接收和认识，犯罪信息是维系案件事实与侦查认识的纽带，是侦查人员认识案件的中介与桥梁。

侦查破案是侦查人员对案件事实由浅入深的认识过程，侦查初始阶段，侦查人员只是接触一些现象，随着对相关信息的提取不断增多，对案件事实由不知到知，由知之甚少到知之较多，伴随着占有信息量的增加，使侦查认识的不确定性不断被消除，对案件事实的认识不断地由模糊变得清晰，直到获得确实充分的证据将案件破获，对案件认识的不确定性的消除程度决定侦查破案的速度，对案件认识不确定性消除越快，破案的速度就快。消除对案件的不确定性程度，又有赖于侦查人员对信息的占有程度，对信息量占有多少，关键取决于侦查中对相关信息的开发和利用程度。

（二）信息是侦查决策的基础

侦查决策是确定侦查目标所设计的选择实现目标的途径和方法。没有侦查决策就没有侦查活动，侦查决策正确与否，是侦查成败的根本。当然，影响侦查决策的因素很多，但起决定作用的因素是侦查决策者掌握信息量的情况，如果掌握的信息量大、质量高，在此基础上作出的侦查决策方案可靠性和可行性就较好。假如掌握的信息不充分，对案情判断模糊不清，在朦胧状态下作出的决策，可行性较差，照此行动就会使侦查脱离正确轨道。

侦查过程是一个动态过程，决策即使是比较正确的，但在执行过程中也不是一成不变的，必须根据情况变化，不断补充和调整原来的决策方案，调整补充侦查决策方案靠什么，依靠及时、准确地获取相关信息，如果信息不灵，就无法调整侦查决策方案，及时作出合理部署，难以使侦查活动适应形势变化，沿着正确的轨道发展。因此，信息是进行侦查决策的基础。

（三）信息是实施侦查控制的前提

侦查过程是侦查人员对侦查对象不断实施控制的过程。侦查控制是通过信息交换实现的。侦查活动中充满对抗和变化不定的不确定性因素，侦查人员一方面运用各种手段，通过各种渠道，不断收集对手的信息，掌握对方的动态和企图；同时还应该根据侦查的需要，有计划、有目的、有选择地释放诱导信息和干扰信息，通过信息交换实施侦查控制，使侦查对抗形势不断向有利于己的方向发展。如果离开信息交换，侦查控制便无从谈起。

三、侦查信息的收集、识别和利用

（一）侦查中对信息的收集

根据产生信息的源头和信息寓存的形式，可以采取相应的方法进行收集。

1. 通过现场勘查收集信息。现场是蕴含侦查信息较多、较集中的地方，凡是有现场可以利用的案件，如杀人、抢劫、盗窃、纵火、爆炸等案件，都应当迅速、全面、细致地勘验和检查现场，仔细研究现场态势、周围环境和现场遗留的痕迹、物品及其他物证的状况和相互关系。对于现场信息可以运用笔录、照相、录像、绘图等方式加以固定、提取和转换。

2. 通过网络系统收集信息。近年来，利用网络进行犯罪的案件剧增，向侦查部门提出新的挑战。网络犯罪隐蔽性强，犯罪空间的虚拟性、不确定性大，跨区域性强，网络犯罪是一种专业性、技术性极强的高智能犯罪，侦破的难度较大。对于利用网络犯罪的案件，应当通过网络系统获取相关信息，迅速封存计算机网络的各种数据信息，保存计算机中所有数据存储介质中的信息。封存正在运行中的信息系统，以防关机后数据信息消失无法恢复。对软盘、光盘、外接硬盘等存储介质要注意保护，以防数据信息遭到破坏。同时还要对备份计算机系统的相关数据信息加以收集。

3. 通过调查访问收集信息。侦查人员通过询问被害人、耳闻目睹者及各方面的知情人、关系人，通过访问交谈把寓存于他们头脑记忆中的信息收集起来，在调查访问中还应当注意把群众见到或者捡拾到的物品收集起来，以便从中发现线索。

4. 运用技术手段查阅有关资料收集信息。利用网络技术查阅人口信息管理系统、交通管理信息系统、文化服务管理信息系统、商业管理信息系统、治安管理信息系统、繁华地段及公共场所录像信息系统等，从中收集与侦查相关的信息。

5. 从情报信息系统获取信息。通过查阅情报信息库储存的资料，或者通过国际合作组织获取有关信息。

6. 通过隐蔽方式获取信息。根据侦查需要，依法采取各种隐蔽方式，利用隐蔽力量，从犯罪系统内部收集深层次的相关信息。

（二）侦查对信息的识别

由于刑事犯罪的隐蔽性、复杂性和诡诈性，给侦查中收集信息带来一定的艰巨性。在侦查初期，收集的信息往往是零乱的、分散的和表面的，其中既有真实信息，也有虚假信息；既有有效信息，也有无效信息；既有犯罪信息，也有与犯罪无关的信息，还掺杂某些干扰信息。对这些杂乱无章的大量信息，必须进行加工筛选，过滤检验，分析比较，去伪存真，剔除无效信息，排除干扰信息，过滤虚假信息，使收集到的信息系统化、条理化，让其更好地为侦查服务。

（三）侦查中要充分利用信息

信息化时代的侦查活动，不仅要全方位地收集信息，还应当多视野、多角度、多层次地分析、研究信息，充分发挥信息在侦查活动中的功能，更好地为侦查破案服务。

要充分发挥信息在侦查中的作用，要大力培养科技人才，提升对信息的应用水平，把传统的侦查方法与现代化的侦查手段结合起来，在完善专业信息网络的同时，寻找内部专业信息网络与庞大的互联网之间的契合点，使其既有专业特点，有利保密，又可以互相借力，更好地推动侦查信息化建设。

（北京军地专修学院院刊《军地通讯》2010年第1期。）

浅论现场勘查中犯罪信息的收集与处理

侦查是发现线索、审查嫌疑、收集证据的过程，也是不断获取信息、识别信息、处理信息，正确地进行信息溯源反馈的过程，其目的是揭露、证实犯罪和查缉犯罪嫌疑人。侦查活动一般是从现场开始的，所以现场勘查是侦查员认识案件的起点。侦查人员认识案件是通过收集现场犯罪信息和正确处理犯罪信息完成的。因而现场勘查的任务也可以说成是通过全面收集、识别和处理现场犯罪信息，对案件作出客观的分析判断，为揭露和证实犯罪人提供线索和依据。应用信息理论来研究侦查中的问题，目前尚处在探索阶段。笔者拟就现场勘查中犯罪信息的收集与处理，谈一谈自己管窥之见。

一、现场犯罪信息表示犯罪活动的方式及其寓存方式

现场中的犯罪信息是随着犯罪行为的出现而产生的，它是犯罪行为的共生体。现场中的犯罪信息以各种方式表示各种犯罪行为存在的形式和状态，因而犯罪信息是现场犯罪事件发生和发展变化状态的表征。犯罪行为是取一定形态的物质运动，但又是一种比较复杂的社会现象，它是通过具有社会性的人来实施的。这是人类社会历史发展的特殊形式，而犯罪这一社会历史现象的产生和发展，也必然受到这种特殊形式的制约。任何犯罪行为的发生，都是犯罪人在犯罪思想支配下，在一定的时间内，依赖一定的空间条件，对特定的客体施行侵犯，造成某种危害结果，才构成犯罪案件的。犯罪人在实施犯罪活动的整个过程中，以及这一过程的各个阶段，都是具有某种意图和预期目的的。犯罪现场的态势和特点都以不同形式表示犯罪行为的规律和特征。这种从不同侧面以不同形式表示犯罪活动的特征和状态的东西正是犯罪信息。现场犯罪信息，不仅表现出犯罪活动引起的物质环境的变化，而且通过现场遗留的痕迹、物证的特征和现场态势，还能够表示出犯罪人的犯罪动机、目的和心理状态等。因此，犯罪活动是产生现场犯罪信息的信息源，而现场犯罪信息又是犯罪活动的表征。犯罪信息还能够借助一定的物质作为载体（如声、光、热、颜色、气味、电波等）传递出来，被人们所接受，从

而成为维系犯罪事实和认识案件规律和特点的纽带。犯罪信息是沟通犯罪事实存在与正确认识案件的桥梁。

现场的犯罪信息，是以复杂的层次结构来表示犯罪行为的特征和状态的。其最高层次是，犯罪信息表示犯罪现场的本质特征，即只有犯罪行为形成的现场才是犯罪现场，非犯罪行为所造成的现场则是非犯罪现场。只有犯罪现场才寓存犯罪信息，非犯罪现场绝对不可能蕴含犯罪信息。而且恰恰相反，非犯罪现场却存在大量的非犯罪信息。因此，正确识别犯罪信息与非犯罪信息，对于正确区分已经发生的事件是否为犯罪事件是十分重要的。犯罪信息固然能表示犯罪现场的本质特征，但客观事物是错综复杂的，犯罪现场中既蕴含有大量的犯罪信息，同时也存在大量的非犯罪信息。因此，对现场必须认真勘查，反复研究，万万不可粗心大意。

第二层次，现场犯罪信息能表示不同类型犯罪行为的特征和状态。例如，杀人现场的犯罪信息，从各个层面表现出杀人犯罪活动的特征和状态；纵火现场的犯罪信息以各种方式表示纵火犯罪活动的特征和状态；盗窃现场犯罪信息则集中表明盗窃案件的本质属性。不同类型的犯罪活动发出不同类型的犯罪信息，但都以各种方式从各个层面深刻地、有秩序地表示不同类型犯罪行为的特征和状态，这就为侦查人员正确认识和区分不同类型的案件提供了客观依据。

第三层次，现场犯罪信息表示某一特定犯罪行为的特殊性。例如，杀人现场，从现场与周围环境的关系，尸体的位置和姿势，死者性别和衣着打扮，以及尸体周围有无拖痕、运输工具痕迹等方面发出的信息，能反映出犯罪分子对杀人地点的选择上有何特点，该现场是否为犯罪的原始现场；从尸体现象，尸伤情况，有无搏斗现象，以及解剖所见，财物有无丢失或者女尸有无被奸等方面发出的信息，能表明杀人的手段和过程以及杀人的动机目的等。根据现场犯罪信息反映出来的特殊本质，侦查人员就能够将某一特定案件，从其他相同类型的案件中区分开来，从而把握住这一特定案件的特殊性。最低层次，现场犯罪信息表示具体犯罪人的个体特征。从现场遗留的痕迹物证和态势，以及受害人、知情人提供的信息，能表明犯罪人的性别、年龄、身材、相貌、文化程度、社会职业以及犯罪人对现场的熟悉程度、作案的习惯动作等个性特征，可以为侦查人员正确划定侦查范围，确定侦查方向，寻找嫌疑对象提供可靠线索。

由于现场犯罪信息表示犯罪行为的特征和状态是分层次的，所以在勘查犯罪现场时，全面细致地收集犯罪信息，尽力扩大获取的犯罪信息量，就显得十分重要了。只有在现场勘查中获得足够的犯罪信息量，才能为深刻地认识犯罪活动的规律和特点，迅速、准确地揭露和证实犯罪人打下坚实的基础。

现场犯罪信息通常以两种基本形式寓存于现场之中：

其一，寓存于现场的物质环境中，通过痕迹物证和现场态势表现出来，这种犯罪信息可称为现场物质犯罪信息。犯罪行为是一定形态的物质运动，某种犯罪行为一旦发生，就要在特定的时间内在一定空间引起物质环境的变化，在现场留下与犯罪有关的各种痕迹物证（既有宏观的，也有微观的）。通过这些痕迹物证的特征和现场态势，可以反映出犯罪者实施犯罪行为的特征和状态。因此，凡是由犯罪行为引起的现场一切物质环境上的变化，都蕴含着大量的犯罪信息。

其二，寓存于受害人、知情人的头脑中，通过人的思想意识反映出来。这种犯罪信息称为观念中的犯罪信息或称为意识信息。犯罪分子实施犯罪行为，不仅引起现场物质环境的变化，还会给受害人、知情人留下各种各样的印象，这些印象能从不同侧面反映出犯罪活动特征和状态，以及犯罪人特有的个性特征。这种寓存于人们头脑中的犯罪信息，同样能为侦查提供重要线索和证据。

寓存于现场中的物质信息和寓存于人们头脑中的意识信息，共同完整地表示犯罪活动的状态和特征，深刻地揭示出犯罪活动的规律和特点。这两种寓存形式犯罪信息，便构成了侦查员认识案件的全部内容，是正确分析案情和部署侦查的客观依据。在勘查犯罪现场时，对上述两种寓存形式的犯罪信息，都应该全面、客观、细致地收集，不可偏废，以便获取正确认识案件的足够信息量。

二、现场犯罪信息的收集与识别

从现场获取犯罪信息有两个途径：一是对犯罪现场进行实地勘验；二是围绕犯罪事件开展现场访问。

对犯罪现场进行实地勘验，是获取物质犯罪信息的重要途径。在现场勘验过程中，通过研究犯罪现场所处的环境、空间位置、现场各种物体的相互关系，以及痕迹物证的遗留部位、形状、结构、状态等可以获取大量的犯罪信息，并利用照片、文字、绘图、录音、录像、制模等方式，把现场大量犯罪信息固定贮存起来，为识别和处理犯罪信息做好准备。

在现场勘验中，单凭侦查员的感官器官对犯罪信息的接受是有限的，尤其是在某些复杂的犯罪现场，单凭感官器官往往只能获得一部分宏观方面的表面信息，对于大量的隐蔽的微观信息是无法直接获得的。为了获得各种犯罪信息，就必须借助各种科学仪器对犯罪现场进行探测，将大量隐蔽的痕迹、物证显示出来。目前，除了继续提高和完善常用的发现和收取痕迹物证的技术手段外，还应积极移植和引进现代化的先进技术，并将这些先进技术手段逐步运用于犯罪现场的勘验，如用激光发现肉眼看不到的足迹和戴手套留下的手印；利用激光显现无色指纹、进行纤维分析和玻璃断裂痕迹分析；用新型仪器吸取现场的气味，贮存在特殊容器内，予以长时间保存，以供“气味测验器”和警犬鉴别；应用新的测热器探测地面上的温度，以发现埋在泥土中的尸体；根据犯罪人实施犯罪时间向四周发射出的红外辐射，还可以运用“红外摄像仪”将留在现场的“红外热像”拍摄下来，为分析犯罪者的身高、相貌、体态提供重要信息。此外，还可以应用“声音分析仪”进行声纹鉴定；进一步扩大运用高倍电子扫描显微镜检验微量的痕迹物证等。一旦将上述这些先进技术运用于现场勘查，就会极大地扩大收集犯罪信息的范围。

现场访问，是获取寓于人们头脑中的意识信息的另一条重要途径。现场访问中收集犯罪信息，就是通过听取受害人或事主的陈述，调查访问耳闻目睹者，把他们对与犯罪有关的记忆、印象都收集起来，并通过文字记载、录音等将它们转化为物质形式，为揭露和证实犯罪人提供线索和证据。

在现场勘查过程中，充分收集寓存于物质方面的犯罪信息和寓存于人们头脑中的意识方面的信息，都是同等重要的，应该把对现场的实地勘验和围绕犯罪现场所进行的现场访问紧密结合起来，使二者相互印证、相互补充。忽视任何一个方面的工作，都不能获取足够的犯罪信息，都会影响对案件作出正确的分析判断。

通过现场勘查收集犯罪信息的目的在于利用它去揭露犯罪。但是，在现场勘查中获取的犯罪信息，往往是零乱的表面信息。表面信息只能形成对犯罪活动的感性认识，欲要得到更深刻的认识，需要对大量的表面信息进行加工筛选，检验过滤，分析比较，使之系统化、条理化。这一过程就称为对犯罪信息的识别过程。对现场犯罪信息进行识别，一般可采取两种方式：对寓存于人们头脑中的犯罪信息，可通过反复调查核实，进行必要的现场实验，或者与其他方面获取的信息加以核对，将模棱两可的问题或不实之词加以澄清、剔除，这一过程可由侦查员通过大脑思维直接识别；对寓存于物质方面的犯罪信息，单凭直观方法常常难以识别，需要借助一定的科学仪器进行间接识别。

在收集或识别现场犯罪信息过程中，侦查员都要持客观态度，绝不能主观臆断，先入为主，切忌从个人的好恶出发主观决定对某些犯罪信息的取舍，防止将一些重要的犯罪信息剔除掉。鉴于我国目前勘查犯罪现场技术手段还比较落后，对犯罪信息的收集难免带有一定的局限性，对案件的分析判断也难免会发生一些差错。但只要我们在勘查现场时保持冷静的头脑，持谨慎态度，对某些疑难的现场，可以暂时封闭，以备复查。实践证明，有些现场经过反复勘查研究，常常可以获得较多的犯罪信息；即使有些重要的犯罪信息在识别过程中暂时被剔除掉了，仍然可以弥补。

三、现场犯罪信息的处理

现场犯罪信息的处理，就是将现场收集到的大量表面信息，通过人脑或电子计算机进行系统化和优化的过程。用人脑处理犯罪信息，就是通过侦查员的思维器官对案情进行分析判断。现场勘查后的临场讨论，既包含对现场犯罪信息的识别，也含有对现场犯罪信息进行处理的内容。如果应用电子计算机来处理犯罪信息，则需要先对有关信息进行编码。经过处理的信息更具有完整性和真实性。

人们认识事物，总是先由个别到一般，侦查中对案件的认识也是如此。案件发生后，侦查员首先接触到的是现场大量的、分散的、孤立的表面信息，根据大量表面信息的收取，先形成对犯罪案件的感性认识。但对这种感性认识是不完整的、不深刻的，还不能反映案件的全貌和本质。要想认识案件的本质，揭示其内部的规律性，就必须经过思考作用。要完成对案件的深刻认识，绝不能仅仅满足于对现场分散的、孤立的表面信息的收取，应该对大量的表面信息进行加工处理，使其优化和系统化。从认识论来说，这是由现象到本质、由分散到系统、由个别到一般的综合归纳和科学抽象的过程。人们用大脑处理犯罪信息，就是将现场勘查中收集到的大量表面信息，先经过思维器官加工形成科学概念，再运用概念进行判断推理，使表面信息系统化，将感性认识上升为理性认识。系统信息来源于现场的表面信息。为了更好地处理现场信息，必须占有大量表面信息。没有丰富的、真实的现场表面信息，便不能正确进行信息处理，便无法深刻认识案件本质和规律性，更不能正确进行信息的溯源反馈。这就是表面信息与系统信息的辩证关系。人们利用信息的主要目的在于增强预见性，避免盲目性。侦查中应用信息，就是根据现场勘查中获取的大量犯罪信息，经过大脑的加工处理完成对案件的分析判断；并根据已知情况推导未知情况，求得新的知识；再根据新的信息，提出新的假设，进行新的推理形成新的判断，同时通过调查加以验证；并在新的判断基础上，再提出新的假想，最后得到更新的推理和验证。侦查过程就是不断地提出假设，不断地进行推理、验证的过程。不过这种推理是辩证地交错进行的。现场勘查是侦查认识的起点，收集和处理现场的各种犯罪信息是初步的调查研究，但它又是侦查阶段中一个必不可少的步骤。如果现场勘查不细，收集的犯罪信息量不足，或者对现场犯罪信息处理失当，势必影响到第二步、第三步。现场勘查始于发案之后，从发案到现场勘查往往有一定的间隔。在这个间隔期内，由于外界条件的影响，现场的原始面貌将会发生不同程度的变化，甚至遭到严重的破坏。这样，就会给收集现场犯罪信息，正确认识案件带来复杂性。所以勘查现场必须做到及时、全面、细致、客观。众所周知，犯罪事件本身具有不可重复性，即不能使犯罪事实重演。但是，案发后通过对犯罪现场进行勘验和检查，收集有关犯罪信息，综合全面情况进行分析判断，可以使案情达到“思维再现”。当然，通过对案情的分析判断再现犯罪分子作案的过程常常是比较困难的，但实现局部再现，或者在某些主要情节上实现再现则是完全可能的，也是经常出现的。即使是局部再现犯罪分子作案的情况，也可以大大地推动侦查活动深入发展。

总之，若将先进科学技术应用于现场犯罪信息的收集与处理，必将大大扩展和延伸侦查员头脑的信息功能，在侦查破案中获得更大的效益。但是，人们对于现场中犯罪信息的认识和接受常常是有限的，由于各种条件的限制，有些犯罪信息暂时还不能被我们接受和利用。可以预见，随着科学技术的进一步发展，我们对现场犯罪信息的认识和接受的范围将会不断扩大，那些似乎“无迹可查”的疑难案件，今后将会逐渐地变成“有迹可觅，有证可取”的案件。

[西南政法学院（后来更名为西南政法大学）《侦查》1985 年第 4 期。]

浅述侦查决策科学化

侦查活动是侦查人员与犯罪行为人依法进行的对抗活动。侦查对抗过程中充满复杂性和多变性，侦查人员欲要取得侦查对抗的胜利，在侦查行动之前，必须根据侦查的需要作出正确的决策。侦查活动离不开决策，没有侦查决策就没有侦查活动，侦查决策是否正确，直接关系到侦查行动的成效。这里对侦查决策科学化的含义、特点、侦查决策科学化的作用、侦查决策的依据和条件，以及侦查方案的拟订和优选予以粗浅论述，以供大家参考。

一、侦查决策科学化的含义与特点

(一) 侦查决策与决策科学化

侦查决策是侦查人员根据侦查对抗的需要，依照侦查中确定的行动目标，对侦查行动方案的设计和选择。侦查决策科学化，是指根据侦查对抗的具体情况，依照科学原理，遵循科学的程序和方法所进行的侦查决策。每项侦查决策，都是侦查部署和指导行动的依据，又是侦查行动的指令。侦查决策一旦形成，就必须遵照执行，不得随意改变，也不允许消极怠慢，各行其是。

侦查决策是分层次的，根据决策者的地位和决策方案的范畴不同，侦查决策划分为战略决策、战术决策和具体行动决策。战略决策是最高层次的侦查决策，它通常涉及侦查系统的全局，战略决策通常由侦查部门的上级领导机关（中央或省、市、自治区领导）根据本系统一个时期的预定任务，提出带全局性的、较稳定的方针、政策，是指导本系统侦查工作的纲领。战术性决策是中间层次的侦查决策，它是中间层次领导机关（地、市或县）根据战略决策确定的目标结合本辖区实际情况，所设计的实现战略目标和本辖区任务的决策方案。具体行动决策是最低层次侦查决策，它是由侦查实战部门根据侦查的具体任务所作出的侦查行动方案。战略决策、战术决策和具体行动决策的划分只是相对的，不是固定不变的。每个侦查决策方案中，又可以划分为全局性的、局部的和具体的行动计划。

(二) 科学侦查决策的特点

侦查活动既是维护法律、伸张正义的行为，又是执行法律的行为，侦查过程中不仅是力量和勇气的较量，而且还充满智慧的拼搏。侦查决策除了与其他决策具有共同性外还具有其自身的特殊性，侦查决策主要表现出以下特点：

1. 从侦查面临的实际情况出发。同犯罪作斗争情况复杂多变，侦查决策必须从实际出发。高层次的侦查决策，应当根据全国、全省（市）、地区的政治、经济、社会治安形势及外部环境的关系等因素进行全局性的审时度势，作出切实可行的全局性决策；对具体案件侦查方案的决策，必须根据具体案情，把握案件特点，从各方面得到的相关信息，结合侦查主体人力、物力等自身条件，确定侦查目标，提出完成任务和解决问题的办法。

进行侦查决策时，既要防止不顾客观条件的盲目冒险、蛮干，又要克服畏首畏尾，不敢斗争、不敢胜利的保守思想。应当在客观条件许可的范围内，充分发挥人的主观能动性，努力创造条件，精心运筹，积极实现侦查决策确定的目标。

2. 侦查决策的及时性。侦查破案是同犯罪行为人抢时间、赛速度，时间性非常强，时间就是战机，赢得时间就有主动权，失去时间就丧失主动权，就等于蒸发了真理。侦查决策者必须善于利用时间因素，抓住战机，当机立断，力戒优柔寡断，拖拖拉拉。否则，就会带来被动，坐失良机，无法实现侦查目标。

3. 侦查决策应具有整体性。进行侦查决策需要整体思维，要从全局出发，古人云："不谋全局者，难谋一域。"侦查决策首先要眼观全局，综合考虑各个局部，全面考虑在侦查活动中可能遇到的阻力和干扰，考虑到各个具体环节上出现了失误，对侦查全局可能造成什么影响，如何应对。总之，侦查决策要局部服从全局，小局服从大局，防止单打一，顾此失彼，更要防止为了局部利益而损害全局的决策。

4. 侦查决策的灵活性。由于侦查活动可变性大，不确定因素多，随机性强，可控性较小，因此侦查决策灵活性较大，稳定性较小，侦查决策的灵活性要求决策者要有敏锐的洞察力，时刻注意侦查对抗形势的发展变化，不断充实、补充和调整原来的侦查决策方案，始终保持侦查决策方案正确可行。

5. 侦查决策具有激励性，侦查决策是为了指导侦查行动，侦查行动是为了实现目标。侦查决策必须注意充分调动决策执行者的积极性，把实现决策目标变成执行者的自觉行动，做到各方面协调一致，齐心协力，共同完成侦查任务，防止互相掣肘或互相推诿，加大内耗；拟订侦查方案时要留有余地，防止指标过高，难以实现，挫伤执行者的积极性。侦查决策方案一旦确定，就应当有积极的、统一的决策行动，使侦查行动必见效果，不断激励决策执行者的高昂情绪。

二、侦查决策科学化的标准

欲要侦查决策科学化，必须坚持科学决策的标准。

（一）有明确而正确的侦查决策目标

确定决策目标是进行科学决策的前提，侦查决策是为了及时、准确地揭露犯罪，获取确实充分的证据，迅速把犯罪嫌疑人缉捕归案。因此，侦查决策必须有明确的目标。只有目标明确，才能使执行者方向明，心中有数，以便统一认识，上下同欲，齐心协力，为实现共同的目标而奋斗。如果没有明确的决策目标，连希望达到什么目标都不清楚，糊里糊涂，怎么能找到实现的办法呢？没有目标的决策，只能是盲目的决策，无科学性可谈。

侦查决策不仅要求有明确的目标，而且要求决策目标要正确。只有决策目标正确，才能达到侦查活动的最终目的，如果侦查目标错了，势必使侦查活动走弯路或误入歧途，甚至导致侦查活动的失败。只有目标明确且正确，才有希望达到预想的结果。为了保证侦查决策目标的正确性，进行侦查决策前，必须对社会的治安形势或者具体案件的案情进行深入的分析，抓住主要矛盾，提出问题，研究问题的性质及其产生的原因，寻求解决的关键环节，并判明实现侦查决策目标与达到最终目的的关系，在此基础上确定侦查决策目标，尽可能地减少决策失误。

（二）有效地实现侦查决策目标

衡量侦查决策是否正确，关键要看它能否有效地实现决策目标。侦查决策方案实施，可能产生三种结果：其一，与原决策目标背道而驰。这种决策方案不仅实现不了预定的侦查目标，还会使侦查走弯路，甚至误入歧途，反而给对手提供了有利条件，使侦查活动陷入被动。其二，劳而无功的方案。这种决策方案的实施，消耗大量的人力、物力，耗尽了很多时间，结果是无效劳动，使侦查毫无进展，反而为对手逃避侦查提供了机会。其三，通过侦查决策方案的实施，使侦查逐步靠近揭露犯罪的破案目标，侦查范围不断缩小，犯罪嫌疑对象逐渐浮出水面，或通过侦查战略决策的实施，使社会治安形势越来越好，或者使侦查队伍素质、科学技术水平、破案技能不断提高，战斗力越来越强，这样的决策方案正是侦查决策中所追求的可行性方案。

（三）以最小的代价换取最大的利益

侦查决策目标明确，能有效地实现侦查目标，只能表明侦查决策是正确的、可行的。但正确的决策可能有很多，需要从中筛选比较理想的方案。侦查破案是人与人之间的对抗，对抗形势错综复杂而且多变，从总体方面讲，侦查对抗的胜利都是有代价的胜利，不论如何深思熟虑的侦查决策，决策方案的实施，都要付出一定的时间和人力、物力的代价，有时还可能流血牺牲。所谓以最小的代价换取最大的利益，是指在选择决策方案时，力求选择花费人力、物力最少，实现决策目标的时间最短就是比较理想的决策方案。不注意优化选择，不讲代价的侦查决策不能算科学决策。

（四）侦查决策方案实施，负面效应最小

侦查对抗是人与人之间的活力对抗，具有相向目的性，是一种互相破坏的抗争，侦查决策方案的选择，不仅要达到自己期望达到的目标，而且还要针对对手的图谋，干扰破坏对手的反侦查行动。在侦查对抗过程中，侦查主体应使对抗形势不断地向着有利于自己而不利于对手的方向发展，尽可能减少阻碍侦查决策方案实施的不利因素，设法遏制对方的反侦查行动。科学的侦查决策应当尽可能减少负面影响，以达到制人而不制于人的目的。

三、侦查决策科学化的程序

科学的侦查决策，必须按照一定程序进行，先后程序不能任意颠倒，只有决策的程序合理，才能保证侦查决策的科学性。侦查决策的层次和机构虽然不同，都应当遵循以下基本程序：

（一）分析形势、提出问题、确定目标

正确分析形势，是进行科学侦查决策的基础。高层次决策之前，应当对社会治安形势、政治形势、经济形势，以及犯罪活动的发展趋势，进行分析研究；中、低层次的侦查决策应当对案情、犯罪行为人的个性特点进行仔细分析研判，从不同角度不同层面发现问题、提出问题。不能正确地提出问题，就无法进行侦查决策，发现和提出问题是进行科学决策的前提。侦查决策前，发现和提出问题是为了解决问题。要解决问题必须抓住主要矛盾，明确要解决的中心问题是什么？要解决的中心问题，就是侦查决策要达到的目标。科学侦查决策的目标要求明确、具体，把应当解决的问题都考虑进去，排除不应该包括的内容。围绕决策目标收集实现决策目标的情报信息。

（二）对侦查目标进行评定

侦查决策目标确定之后，应当根据侦查目标的针对性、具体性、可能性、规范性进行综合评定。

决策目标的针对性，就是检验决策目标是否抓住主要矛盾，切中要害，是否选中解决问题的突破口。不能切中要害，无的放矢的侦查决策是无效决策，会影响全局。

评定决策目标的具体性，是审查有无衡量决策目标的具体标准，有无可操作性，有无实现目标的期限，有无约束条件等。

评定决策目标的可行性，是审查实现决策目标的条件。实现决策目标的条件包括：人员条件，数量、素质、能力（工作能力和组织能力）；物质条件，交通工具、通信设备、武器装备、资金保障等；技术条件，技术设备、技术水平、先进程度等。除此之外还应当考虑到防止和减少风险的措施。

评定决策目标的规范性，主要是审查决策目标是否合法、合理。侦查活动是一种刑事诉讼行为，又是执法活动，侦查决策必须遵守国家的法律和政策，不允许违法操作。同时还要求合乎社会道德规范，顺乎民意，合乎民情。

（三）拟订侦查决策方案

侦查目标确定后，就要围绕实现决策目标拟订决策方案。拟订决策方案是一种创造性劳动，需要根据决策目标制订可选择的“备择方案”，只有从多个备择方案中筛选出最好、最有效的决策方案，才是科学的决策方案。

侦查决策方案的拟订，应当满足整体上的齐全性和个体之间的排斥性两个条件。所谓整体上的齐全性，是指应当把所有可能的备择方案都毫无遗漏地拟订出来，以备选择。所谓个性的排斥性，是指各个方案之间应当有原则的差异并互相排斥，执行此方案就不能同时执行彼方案。只有执行这两个条件，才能保证有足够的备择方案可供选择。

（四）侦查决策方案的优选

侦查决策方案的优选，是指在拟订侦查决策方案的基础上，对备择方案进行评定，然后从多个备择方案中选出好的方案。选择不同层次、不同内容的侦查决策方案，有不同的具体标准，但一般说来，选择侦查决策方案时应掌握能较好实现侦查决策目标，风险较小、代价小，实现决策目标的副作用较小。

优选侦查决策方案时有“最优标准”和“满意标准”。“最优标准”是理想化的标准，在侦查实践中这种理想化的“最佳方案”很难找到，因为侦查对抗是人与人的较量，不确定因素多，可变性大，可控性小，很难找到一个十全十美的万全之策。因此，在选择侦查决策方案时，不应当一味追求完美的“最优方案”，只要能达到满意标准就行了，以免失去取胜的战机。

侦查决策的满意方案中往往潜在一定风险，所以在确定侦查决策方案时，要认真做好风险分析，从多方面做好应对准备，拟订应对风险的预案，这样可以做到有备无患，防止“大意失荆州”的事情发生。

（北京军地专修学院院刊《军地通讯》2010年第2期。）

论侦查对抗的性质与特征

侦查是侦查员与犯罪人之间进行的一种对抗性活动。参与对抗的双方，都是能独立思维，且具有自觉能动性，追求某种目的的活人或活人集团。侦查对抗双方所追求的利益目标和欲达到的终极目的是完全相反的、互相排斥的。侦查对抗是一种护法与违法、正义与邪恶的斗争，双方不仅是力量与勇气的较量，而且又是智慧的拼搏。斗智常支配和制约着斗力和斗勇，斗争的结果是智胜愚败。本文就侦查对抗的性质与特征，进行一些探讨，以求教于同人。

一、侦查对抗是活力对抗的一种形式

所谓活力对抗乃是指双方目的相向的人，或者有活人加入的系统，智力在相互作用时所构成的无形活动过程，以及在这个无形活动过程制约下，所表现出的有形力量的抗衡与竞争实践。侦查是围绕侦查员和犯罪人的活动进行的，双方都是有独立思维能力和行为能力的活人，都具有自觉目的性，各自欲要达到的目的是互相冲突、互相排斥、完全相反的。在侦查过程中，侦查人员是依照法律程序，查明案情，收集证据，查缉犯罪嫌疑人；犯罪行为人则是千方百计掩盖事实，藏匿、毁灭罪证，对抗侦查，逃避罪责。侦查人员和犯罪人之间始终处于相互对立、相互斗争的对抗状态，对抗的焦点是侦查与反侦查、调查与反调查、揭露与反揭露、查缉与反查缉。对抗双方既有力量与勇气的较量，又是智慧的拼搏。双方围绕自身所追求的目的，充分发挥聪明才智，想方设法降伏（或逃避）对手，壮大（或保护）自己，因此侦查对抗具有活力对抗的本质特征，是活力对抗的一种形式。

孙子曰："兵者，诡道也。"诡道思想是活力对抗的精髓，侦查也是沿着诡道逻辑轨迹运行的，诡道逻辑，就是"不守常"原则，它只不过是智慧的代名词，并不是什么坏的东西。《兵经》上说："故善兵者，诡行反施，逆发诈取……使人莫测。""用诈无常法，全在随机应变之中"，"凡是在敌意料之外的行动，成功率都比较高。”① 诡道思想要求人们善于打破常规思维，逆着对手的思维习惯巧用计谋，使对手感到神秘莫测，在对手想不到的情况下发动进攻，使其猝不及防。活力对抗理论是谋略的核心理论，也是侦查中施谋定策的理论基点。

二、侦查对抗的一般特征

侦查对抗虽说是活力对抗的一种形式，但它与军事对抗、体坛对抗、商业对抗相比，侦查对抗具有以下特征：

（一）侦查主体（指挥员和战斗员）多为进攻一方，对手处于防御地位

侦查是在已经形成犯罪事实的前提下依法进行的诉讼活动。《刑事诉讼法》第83条规定：“公安机关或者人民检察院发现犯罪事实或者犯罪嫌疑人，应当按照管辖范围、立案侦查。”对先发现犯罪事实的案件，通过侦查查明犯罪嫌疑人及其犯罪事实，并将其缉捕归案；对先发现犯罪嫌疑人的案件，通过侦查查明犯罪事实。犯罪人在实施犯罪行为时，主动向社会或受害人进攻；当犯罪付诸行动后，尤其是其非法需要得到一定满足之后，为了逃避法律制裁，就转入防御地位，在侦查过程中，一般不主动向侦查部门挑战，往往制造种种迷雾和假象，迷惑侦查主体，以掩盖其犯罪事实不被揭露，摆脱罪责。有的虽然会施展某些“以攻为守”的反侦查行为，似乎表现为进攻，实质上还是“守”而不是攻。侦查部门是国家法律的维护者和人民群众利益的捍卫者，接到报案或举报后必须迅速行动，对于有犯罪事实，需要追究刑事责任的必须依法立案侦查，千方百计收集证据，剥开对手制造的层层迷雾，将犯罪嫌疑人查缉归案。侦查主体为防止犯罪人的反侦查和保卫自身安全，虽然也采取一定的防御措施，但这仍是进攻中的防守。总之，侦查对抗中基本上呈现出侦查主体以攻为主，对方以防为主的攻防对抗格局。

（二）侦查主体多在明处，犯罪人隐蔽在暗处

侦查是公安机关、人民检察院的侦查人员依法进行的专门调查工作和有关的强制性措施。侦查主体依法进行的勘验、检查、询问被害人、询问证人、搜查、调查取证、侦查实验、传讯、拘留、逮捕及讯问等，都是在一定场所、一定范围和一定条件下进行的。虽说其活动内容和情节具有机密性，但其外表基本上是公开的，或者在一定的范围内是公开的。尽管有时也采用一些隐蔽侦查手段，但从总体上说侦查主体多在明处活动，而犯罪分子则分

---

① 李炳彦、崔彧臣著：《兵经释评》，解放军出版社1987年版，第185～187页。

散在社会上，并以假象掩盖其真实面目，在其犯罪事实未被揭露之前，他们会乔装打扮混迹于群众当中，甚至潜伏在侦查员的眼皮底下，窥测方向，故布疑阵，转移侦查视线；有的远走他乡，隐姓埋名，销声匿迹。他们总是躲在暗处，施展各种反侦查对策，逃避侦查，妄图东山再起，卷土重来。

侦查对抗是群体对个体或者大群体对小群体的斗争，从人力、物力方面，侦查主体都优于对手，而且又是受国家和人民的重托，依法除暴安良，惩恶扬善，得道多助的正义之师。从总体上讲正义之师是无敌的。但由于犯罪分子处在暗处，“明枪易躲，暗箭难防”，他会不择手段，肆无忌惮地施展各种反侦查伎俩，“贼是小人，智过君子”，如果“君子”麻痹，就有可能败在“小人”手下。在侦查对抗中，如果侦查主体轻敌麻痹，就会误入歧途，使自己在对抗中失去主动权，甚至导致失败。

（三）侦查对抗中充满迷惑性

充满欺诈是活力对抗的共同特征。“谋以诈立”，没有欺诈，难以创造战机，没有欺诈难以诱敌就范。侦查对抗是双方勇气和智慧的拼搏，许多事实真相都被双方制造的迷雾笼罩着。对抗双方为达到自己的目的，都会示假隐真，迷惑对手，给对方造成错觉，以调动对手，战胜对手。

犯罪分子为了逃避法律制裁，犯罪前常经过精心策划，犯罪之后又会毁证灭迹，或制造种种假象，故布疑阵，妄图使侦查人员判断失误，将侦查引向歧途，使自己长期逍遥法外。侦查主体为了尽快破案，查获犯罪嫌疑人，一方面要善于透过层层迷雾，把握案件的本质，及时识破对手隐蔽的企图；另一方面为了不暴露侦查意图，钳制对手，在制订侦查对策时，也需要虚实并举，示假隐真，给对手造成错觉，诱使对手进入我方设计的圈套。所以说在侦查对抗中，真相与假象并存，利害相杂，虚实难辨，加之偶发性因素多，充满不确定性和多变性，有时达到使人眼花缭乱、目迷五色的程度。侦查主体必须善于虚中见实，利中见害，害中见利，才能把握案件的真谛，摆脱被动，争取主动。

（四）侦查对抗双方具有互动性

互动性，是指侦查对抗双方任何一方的行动都可能引起另一方的反行动。由于侦查主体和犯罪人欲要达到的目的是相反的，任何一方都不想让对方知道自己的行动企图，双方都绞尽脑汁，制造假象，迷惑对方；同时又千方百计识破对方的计谋，摸清对手的虚实，针对对手的行动企图，施展计谋加以破坏，以诱使对手沿着有利于自己的方向行动。在侦查对抗中，任何一方的对策变化，又都会引起另一方的对策发生反变化。

根据侦查对抗中行动导致反行动的特征，侦查主体必须善于通过各种渠道，运用各种手段，从多方面收集情报，随时掌握对手的动向，预测案情的变化，及时调整自己的对策。同时应当通过各种形式的示形用佯，迷惑对手的心智，扰乱其视线，使对手难以察觉自己的真实意图。调整自己的对策时，还应当尽可能避免使自己的行动成为刺激对方采取反行动的诱因。

（五）侦查对抗双方都力求占据主动

在侦查对抗中，双方都企图打乱对手的时间表，利用对方的缝隙，取得对抗的主动权。犯罪分子实施犯罪行为时，常利用时间差，企图以最短的时间，最干练的动作，攫取最大的利益。但是，不论多么老练的犯罪分子，由于时间的紧迫，心理上又处于狂热高峰，使他无法摆脱慌张情绪的影响，不管他干得如何利落、巧妙，都难以达到完全灭迹的程度。侦查主体应当善于利用时间因素，争取主动，任何延误时间都可能因时过境迁而失去取证的良机。法国著名侦查学家艾德蒙·费加尔说：“侦查工作的头几个小时，其重要性是不可估量的，因为失掉了时间，就等于蒸发了真理。”[①] 侦查对抗中战机的出现，在时间上是短暂的，只有紧紧抓住时间，快速反应，才能及时捕捉住战机。高明的侦查员不仅善于捕捉战机，还能够创造战机，善于运用计谋牵制和阻止对手，延误对方逃跑和毁证灭迹的时间，迟滞对方的行动，从而赢得了对已有利的时间。

侦查对抗中抢占空间优势，是指在一定时间内造成对己有利的态势。侦查主体争取空间优势，是指根据案情，抢占制高点，控制交通枢纽，控制销赃渠道，在对手必经之处设伏，在犯罪分子可能隐身的地域架网，通报友邻地区侦查部门协查，布下天罗地网，使对手感到已经处在“四面楚歌”之中，面临灭亡的境地。同时还应当注意随时弥补侦查方案中对手可资利用的缝隙，始终保持进攻的优势。

研究侦查对抗的性质和特征，其目的在于从根本上把握侦查活动的实质，为制订侦查谋略提供理论上的依据。通过对侦查对抗性质与特征的探讨，可以增强侦查主体的对抗意识，提高侦查主体在对抗中的自觉性和主动性，减少盲目性，充分发挥主观能动性，把侦查对抗推向新的阶段，以最小的代价换取最大的胜利。

（《北京刑侦研究》1998 年第 4 期。）

---

① ［苏联］拉·别尔金：《刑事侦查学随笔》，李瑞勤译，群众出版社 1983 年版，第 69 页。

关于“侦查对抗与侦查谋略”的再探讨

侦查对抗和侦查谋略是侦查学界比较熟悉的问题，再花费笔墨谈此问题，可能有老调重弹之嫌，不过笔者总觉得以往的研究成果中尚有言犹未尽之处，所以对侦查对抗与侦查谋略中的某些问题有进行再探讨之必要。

一、侦查与犯罪对抗中若干问题的再探讨

这里主要探讨侦查对抗的由来，对抗主体、对抗的性质、对抗的动力及对抗的结局。

（一）侦查是犯罪的伴随物与克星

犯罪是一种社会现象，是阶级社会的产物。犯罪和国家、法律产生在相同的条件下。有了国家便制定了法律，把敢于蔑视统治阶级统治秩序的行为规定为犯罪。统治阶级为了及时惩罚犯罪，查缉犯罪的侦查手段便应运而生。总之，侦查是为查缉犯罪才出现的，所以侦查不仅是犯罪的伴随物，而且是犯罪的天敌、克星，正如马克思指出的那样，犯罪不仅生产罪行，而且还生产刑法……罪犯生产全体警察和全部刑事司法、侦探、法官、刽子手、陪审官，等等。由此可知，侦查与犯罪是相生相克关系，二者相对立而存在，相斗争而发展，均不能相脱离而独立存在。

（二）侦查对抗是犯罪行为人与侦查人员的对抗

侦查对抗本来是犯罪行为与侦查行为之间的抗衡，但不论是犯罪行为还是侦查行为都是由人实施的，实质上侦查对抗是在犯罪行为人和侦查人员之间进行的。参与侦查对抗的双方都是有独立思维能力，具有鲜明目的的个人或群体，人们通常把这种个人或群体之间的对抗称为活力对抗。

侦查对抗是犯罪行为人与侦查人员之间的对抗，而不是侦查机关与犯罪活动的对抗；也不是侦查人员与犯罪嫌疑人之间的对抗，更不是侦查人员与证人及其他知情人之间的对抗。其理由是：侦查人员与犯罪嫌疑人虽然都是有生命力的个人或群体，表面上看二者好像是对抗关系，其实不然，因为犯罪嫌疑人只是被怀疑涉嫌犯罪的人，是一个不确定的概念，犯罪嫌疑人中有可能是犯罪行为人，也可能是无辜的人。侦查人员与无辜者不应该为对抗关

系。侦查人员与犯罪嫌疑人之间只是一种怀疑和被怀疑的关系，不应当笼统地将其视为侦查对抗关系。当然，被怀疑有罪的无辜者对侦查人员可能怀有对立情绪，这同侦查人员与犯罪行为人之间对抗的性质是不同的。至于侦查人员与证人及其他知情人的关系，他们在侦查过程中只能是侦查人员向其收集证据，调查案情、发现线索的关系，侦查人员在取证和调查过程中，有时可能会遇到阻力，证人和有关知情人不合作，甚至有某些对立情绪，只要他们不是犯罪同谋者或者肆意包庇构成犯罪者，都应当做深入细致的思想转化工作，争取他们配合，而不应当按对抗力量看待他们。笔者认为，从理论上明确侦查对抗的范围，有利于正确处理不同性质的矛盾，以准确揭露犯罪，有效保护无辜，依法办案和文明执法。

（三）侦查对抗的性质

明确了侦查对抗是侦查人员与犯罪行为人之间的对抗，就应当进一步探讨这种对抗的属性。鄙人在拙著《侦查学原理》和《侦查谋略学》中都曾提及并表述过看法，但均不够明确，也不完整。笔者认为，侦查对抗包括两种性质的对抗，即敌对性质的对抗和非敌对性质的对抗。

可能有人会想，现在同犯罪作斗争是以维护社会秩序和保障经济发展为主要内容的，不应该都算人民内部矛盾吗？为什么又提“敌对性质”这个大家不太欣赏的名词呢？这不是因为鄙人偏爱“敌对”这个字眼，也不是因为思想迂腐守旧，这是从我国的实际情况出发的。当前，我国仍处在社会主义的初级阶段，还有形形色色的反社会主义分子、严重刑事犯罪分子、严重经济犯罪分子和蜕化变质分子，以及受国外、海外敌对势力支持、图谋推翻社会主义制度的敌对势力、敌对分子。侦查人员与这些敌对势力、敌对分子、严重刑事犯罪分子、严重经济犯罪分子和蜕化变质分子之间的对抗，一般属于敌对性的对抗；对于主观恶意较小，罪行不十分严重的初犯、偶犯及未成年人犯罪，侦查人员与他们之间的对抗，一般应属于非敌对性的对抗。敌对性的对抗与非敌对性的对抗，不是僵死的、固定不变的，在一定的条件下可以互相转化，这种转化条件是重要的。在侦查实践中，对具体案件中的对抗性质，应当用阶级分析的方法进行具体分析，不能一概而论。可能有人认为，这时候怎么还提出“阶级分析方法”呢？因为在社会主义初级阶段，在一定的范围内还存在阶级斗争，犯罪本身是一种复杂的社会现象，在侦查领域中，不应当轻易抛弃阶级分析的方法，那种盲目否定阶级分析的观点在理论上是站不住脚的，在实践中也是有害的。

分清两种对抗性质，采用两种不同的方法对待，对于敌对性质的对抗，必须放到重要位置，作为侦查的重点，集中人力、物力，运用各种手段，尽快侦破，把犯罪嫌疑人送交法庭依法论处。当然，对于属敌对性质的犯罪者，除了极少数罪不容诛者外，对大多数也要让他们改恶从善，重做新人。对于非敌对性的对抗，要立足于教育、挽救，使其弃旧图新，回归社会。当然，对于非敌对性的违法犯罪，也必须查清犯罪事实，以确实充分的证据证明予以处罚。绝不是主张法外施恩，纵容迁就。

（四）侦查对抗的动力与焦点

利益是活力对抗的基础，追求利益也就成了侦查对抗的动力。这种利益包括政治利益、经济利益和精神利益等。犯罪行为人实施犯罪行为时，一般并不直接侵犯侦查部门和侦查人员的利益，那么二者为什么还形成对抗关系呢？因为侦查是刑事诉讼的组成部分，是一种公法行为，侦查活动是侦查人员的职务活动，侦查人员依法履行职务活动时，代表国家的意志，维护国家、民族、社会、集体和公民个人的利益，维护社会的安定，坚持法律的严肃性和不可违性。而犯罪行为人则是为了满足个人或群体的非法利益危害国家、社会的利益及公民的生命财产安全。从而破坏了法律的严肃性和不可违性，应当受到法律的追究。所以二者便形成了利益相悖的对抗关系。侦查人员在职务活动中所追求的利益目标及要达到的目的是收集证据，及时准确地揭露犯罪，其斗争锋芒直指犯罪行为人及其犯罪事实。而犯罪行为人实施犯罪时所侵犯的利益正是侦查人员保护的对象，犯罪行为人实施犯罪后所逃避的又是侦查人员所追求的目标。由于双方追求的利益目标是对立的，欲要达到的目的是相反的，所以侦查人员与犯罪行为人之间就处于互相对抗的地位。

由于侦查对抗双方所追求的利益不同、目的相反，这就决定对抗双方对事物的评价标准不同，对一方有利的事，对另一方则有害，一方的胜利，就是另一方的厄运，双方在侦查对抗中所持的态度和采取的对策截然不同，因此侦查对抗是利益相反、互相对立、互相破坏的抗争。侦查对抗的焦点表现为查证与反查证、揭露与反揭露、查缉与反查缉、讯问与反讯问。

（五）侦查对抗的结局

侦查对抗的结局，是指侦查对抗最终达到的结果。由于侦查对抗既有敌对性的对抗，又有非敌对性的对抗，导致侦查对抗的激烈性和复杂性。因为侦查对抗是合法同非法的斗争，多数是强势（侦查人员一方）与弱势（犯罪行为人一方）的较量，一般情况下表现为非暴力式（但也有强制性）的对抗，有时也有暴力式的拼搏，甚至造成流血牺牲。与军事对抗有某些相似之处，所以可以将侦查对抗称为“看不见硝烟的战争”。但从对抗结局讲，侦查对抗又与军事对抗、体坛对抗、商战对抗有很大不同。侦查对抗的最终结果只有胜局和败局，没有平局或和局。因为侦查对抗是维护法律和破坏法律的对抗，刑事法律具有严肃性和不可违性，“有法必依，执法必严，违法必究”。依照我国刑事诉讼法规定，一旦发生了犯罪案件，侦查部门必须迅速组织力量立案侦查，积极破案。侦查的最终结果只有两种，或者破案或者破不了案。凡是用真凭实据把犯罪事实揭露出来，将犯罪行为人绳之以法，经过实践检验和历史考验是确实无误的，才算是侦查胜利。如果案件久侦不破，犯罪行为人仍然逍遥法外，尽管侦查人员花费了千辛万苦，仍然是败局。即使侦查部门认为案件破了，犯罪嫌疑人也抓到了，如果因证据不足不予起诉，或者法院作出无罪判决，即使法院作出有罪判决，但后来又被实践证明是因事实有误造成的错案，若从侦查对抗的角度看，实质上也是失败的，因为真正的犯罪行为人并未受到法律的制裁。由此可见，侦查人员要取得对抗的胜利是要付出巨大代价的，侦查人员肩负的任务不仅繁重，而且非常艰巨，今后可能更艰巨。人们用“大海捞针，肉里挑刺”，来比喻侦查工作的艰巨性和细致性是非常恰当的。

侦查对抗结局不是胜利，就是失败，没有第三条路可走。侦查对抗结局决定着双方成败的命运，对抗双方都想方设法取得胜利，逃避失败的厄运。从犯罪行为人一方看，当前其对抗意识不仅没有减弱，反而其反侦查能力不断提高。因此，侦查人员一方必须强化对抗意识。古人云：“一日纵敌，数世之患也。”侦查应“打歼灭战，不打击溃战”，坚持除恶务尽，不能半途而废。为了获得侦查对抗胜局，侦查人员必须加强诉讼意识和证据意识。侦查人员要在刑事诉讼中获胜，就要集中精力，在提高侦查质量方面下苦功夫，舍此别无他途。

二、对侦查谋略问题的再探讨

对侦查谋略的研究起步较晚，谋略内容丰富，领域较宽，涉及面广，分歧较多，本文仅对侦查谋略的产生、指向性、适用范围发表点管窥之见。

（一）侦查谋略是侦查对抗思维的产物

所谓对抗思维，是指目的相反、互相排斥的双方，针对对方的心理和图谋所进行的思维活动。侦查对抗是在个体或群体之间进行的，对抗双方都有鲜明的目的性，双方为实现自己的目的，都要开动脑筋想办法，以满足自己的需要。犯罪行为人思考的中心是如何达到犯罪目的，同时又不被侦查人员揭露，以逃避法律制裁；侦查人员在履行职务活动中则集中思考如何尽快发现犯罪线索、收集证据，用真凭实据揭露犯罪，查缉犯罪嫌疑人。双方追求的利益目标、要达到的目的、行动企图，以及对是非评断的标准等，都不一样。侦查对抗双方都不愿意按照对方的意愿办事，但又都想让对方按照自己的意愿行事。双方为了实现自己的利益，达到自己的目的，都充分发挥自己的聪明才智，设法隐蔽自己的企图，用各种办法识破对方的伪装，探听虚实，了解对方的图谋，思虑自己的对策。这样便产生了侦查谋略和反侦查谋略。侦查谋略正是侦查人员（指挥员和战斗员）根据自己的意图，针对犯罪行为人的心理和图谋所制订的制胜之策。或者称侦查谋略是侦查人员为达到自己的目的所设计的不断强化自己、削弱对手，以巧制胜的方略。侦查谋略是侦查对抗中侦查员智慧的结晶，是侦查对抗思维中绽放出的智慧之花。

《鬼谷子·忤合篇》中说："计谋不两忠，必有反忤。"是说计谋对双方不能都忠实，对一方忠实，对另一方必然相背离。在侦查对抗中，侦查人员可以用，为侦查服务，称侦查谋略；犯罪行为人也可以用，为反侦查服务，所以将犯罪行为人所用的计谋称反侦查谋略，二者不能相混。就侦查谋略的运用而言，也要讲究运用时机和方法。用的适时，用得好会带来益处，用得不好可能会带来祸患。应当审时度势，根据不同案情、不同阶段，采用不同方法灵活运用，应当严肃认真，慎之又慎。

（二）侦查谋略既谋人又谋己

有学者认为，侦查谋略只是施谋于对手的，对内部不适用。笔者以为侦查谋略本身就包含谋人使之弱，谋己使之强两方面的内容。侦查谋略中谋人主要针对犯罪行为人。诚然，在侦查过程中向知情人调查线索，向证人调取证据，都应当讲究策略方法，但证人（犯罪参与人除外）、知情人不应当作为侦查谋略的特指对象，可称其附带对象或波及对象。对犯罪行为人施谋用策侧重于"诡道之法"的运用。对谋略中的"诡道之法"、"诡道思想"或"诡道逻辑"有不同的理解。有学者把谋略中的"诡道"与欺骗等同起来，我以为是不准确的。"诡道"含有欺诈之意，但二者并不等同。为避免误解，这里略加讨论。兵圣孙子曰："兵者，诡道也。"据曹操注曰："兵无常形，以诡诈为道。"主要讲诡道为变幻不定之意，含有欺诈成分。明朝著名作家冯梦龙在《智囊》"诡道卷"中说：《诡道》是指"实虚虚实，疑神疑鬼。彼暗我明，我生彼死。出奇无穷，莫知所以"。其意也是隐秘多变的意思。《军事谋略学》中说的"诡道逻辑"，"就是'不守常'逻辑，以奇制胜，灵活变通，不拘泥于成规，不恪守一格，去留不定，见机而作"。[①] 西方军事理论家克劳塞维茨说："诡诈是以隐蔽自己的企图作为前提的，它同直率的、无所隐讳的，即直接的行动方式相对立，和欺骗很相似……但是由

① 李炳彦、孙兢著：《军事谋略学》（上册），解放军出版社1989年版，第31页。

于它并不是直接的言而无信，因而和一般所谓的欺骗毕竟还有不同。使用诡诈的人要使被欺骗的人自己在理智上犯错误，使他在转瞬之间看不清事物的真相。”① 综述各家之言，可以认为谋略中的“诡道”虽与欺骗有某些相似，但是并不等同。更何况侦查是一种刑事诉讼行为，是一种护法执法活动，他必须受法律和政策的约束，不能照搬军事谋略中某些施谋原则和方法。侦查谋略运用“诡道”思想其实只不过是在侦查对抗中隐秘和多变的代名词，它是侦查人员智慧的体现。侦查人员施谋于对手，旨在迷惑对方的心智，使其不知道侦查人员的真实意图，从而减弱和破坏其反侦查谋略的施展，以达到制人而不制于人的目的，这就是谋人之策的核心所在。

侦查谋略中的谋己是讲加强自身建设。自古以来，自强者方能胜人，在激烈对抗中，只有自身强大，智高对手一筹，才能战胜对手。我国古代的谋略家治国兴邦非常注意自强，富国强兵是他们治国的要旨。近年来，研究侦查谋略中的谋人之策有所进展，但对谋己之策的研究似乎有所忽略，至少是不太平衡。笔者认为，谋人与谋己应当同时进行，尤其当前犯罪手段不断变化，国内外诱发犯罪的因素增多，法制建设对侦查的要求更高，加强侦查队伍自身建设，强化侦查力量实属必要。侦查谋略中谋己主要是提高侦查队伍素质，提高队伍素质似乎可以从加强侦查队伍思想建设、作风建设、组织建设、业务建设和制度建设方面为切入点，特别是基层的侦查队伍素质亟待提高，只有提高队伍素质才能应对新的挑战。

加强侦查队伍的思想建设主要加强爱国主义教育，树立全心全意为人民服务的宗旨意识，坚持执法为民、破案为民的观念；树立公仆意识，真正把人民群众视为自己的衣食父母，通过侦查破案为祖国、为人民站岗放哨，确保一方平安。作风建设最重要的是坚持实事求是的作风，在侦查破案中不弄虚作假，不搞邪门歪道，艰苦细致地工作，坚持百折不回的精神，勇于克难攻坚。组织建设主要是做到任人唯贤，任人唯才，知人善任，不任人唯亲。加强业务建设主要包括：侦查人员要有很强的法律意识、诉讼意识和证据意识，要知法、懂法，严格依法办案；熟练掌握侦查业务知识，有实际办案能力，好学肯钻研，善于总结，有一定的写作能力。制度建设主要指严格的管理制度，考核制度，责任追究制度，赏罚制度，请示汇报制度。上述内容不能仅挂在口头上，写在纸上，关键是落实在行动上。只有如此才能提高侦查队伍素质，造就一支政治坚定、业务精良、严格执法、作风正派、纪律严

---

① ［德］克劳塞维茨著：《战争论》（上），杨南芳等译校，陕西人民出版社 2001 年版，第 182 页。

明，特别能战斗的侦查队伍。

三、智为谋之本，法是谋之绳，德是谋之所归

正确认识与处理侦查谋略同智、法和德的关系，对于研究侦查谋略是至关重要的。

（一）智是谋之本，知识是智之基

明朝作家冯梦龙在《智囊》自序中说："人有智犹地有水，地无水为焦土，人无智为行尸。"谋略是精神产品，是智慧的结晶，思维的结果，是人主观能动性的外化。智慧是构成谋略的根本要素，足智才能多谋，没有智慧的头脑，就好像没蜡烛的灯笼。人的智慧是从哪来的呢？冯梦龙说："智犹水，然藏于地中者，性；凿而出之者，学。"是说智慧像水一样，藏在地下就是天然的，如果把它开发出来，就得学习。智慧有待开发，只有开发出来的智慧才能发挥其效能。但是，任何智慧的头脑离不开丰富的知识，如果把智慧比作生成谋略的种子的话，那么知识就是培育智慧的良田沃土，是促成智慧发展的基本条件。智慧需要开发，知识在于积累，非学无以广知，对于侦查员来说，知识越丰厚，知识面越宽，实践经验越多，智慧的根须扎得越深，伸得越远，汲取的养分越多，头脑越聪慧。

知识是财富，知识是力量。然而只有把渊博的知识转化为智慧，知识才能发挥作用，再把智慧转化为侦查破案的奇谋良策，变成解决实际问题的能力，才能显示出知识与智慧的价值。智慧开发靠学习，经验增长靠积累，奇谋良策生成靠思维，这是运用知识，增长才干的必由之路。

（二）法是侦查谋略的准绳

我国的法律是人民意志的体现，反映国家和人民的根本利益。依法打击犯罪，保卫国家安全和社会稳定，维护良好的社会秩序，是广大人民群众的要求。侦查人员肩负着维护法律和执行法律的双重任务，侦查人员履行职务活动理应受法律的约束，不能把自己置于法律之外更不能置于法律之上。侦查谋略是侦查活动的组成部分，是侦查人员对抗思维的产物，是无形的力量，但无形制约和支配着有形。侦查谋略的思考和实施，都不能超越法律，不能违背法律乱施计谋，所以说法律是侦查谋略的准绳。

研究和运用侦查谋略以法律为准绳主要集中在两方面：一是不能脱离我国实际照搬其他国家的法律，置我国的现行法律于不顾，造成认识上的混乱和行动上的违法乱纪。二是运用侦查谋略做到行权而不越法。侦查是一个多变、充满不确定因素的领域，侦查对象又是一些狡猾诡诈的犯罪行为人，在激烈复杂的侦查对抗中，不讲究斗争艺术和方法，不运用灵活多变的斗争策

略是难以取胜的。但是万变不离其宗，行权而不越法。行权就是多变，但无论如何变化，都不能超越法律、法规和政策许可的范围。衡量侦查谋略好坏的标准，首先是法律标准，看其是否合法，然后再看施谋用策是否巧妙。侦查中施谋用策，要看它是否有利于及时、准确地揭露犯罪，查缉犯罪嫌疑人，是否能分化瓦解犯罪营垒，能否有效地保护无辜为基本标准。如果侦查活动中不考虑法律规定，违法使用计谋，谋略就变成邪门歪道。侦查活动中巧妙运用谋略和严格遵守法律，二者不可偏废。如果只注意侦查谋略的合法性，不讲究灵活施谋用策，面对狡猾诡诈的犯罪行为人束手无策，就无法完成法律赋予的任务。如果不顾法律和政策，违法乱施计谋，不仅完不成侦查任务，还可能造成冤、假、错案，给国家和人民带来祸患。侦查中用谋不能追风赶浪，随心所欲，以致使侦查谋略失去正义性，变成违法行为。

（三）社会主义道德是侦查谋略的依归

古人云：“有德者昌，无德者亡，自古兴灭，皆由此道。”并提示后人，“立身不可以不修道德，应事不可以不具权谋”。在不同时代，不同社会制度的道德固然具有不同的时代特征，对道德的评价有不同的标准，但是在我国传统文化中，古人都把道德作为立身的准则，将权谋或权变作为应事的方法。我国台湾地区历史学家南怀瑾先生在讲解谋略的著作《历史的经验》中，几次提到“谋略之用，始终不离道德”；“谋略之用，必须以道德为根基”；“谋略之用，必须以道德为依归”。[①] 任何奇谋良策的制定和运用，都离不开人的渊博知识和智慧，但更离不开人的品德。英国作家塞缪尔·斯迈尔斯说：“渊博的学识或者说一个人的聪明才智，如果缺少美德，那么，他也只不过是凶残的魔鬼的化身。”[②] 因此，不讲品德的聪明就是奸诈，其计谋只能是阴谋诡计。正因为谋略与人的品德密不可分，所以秦代隐士黄石公在《素书》秘戒上说：“不许传于不道、不神、不圣、不贤之人。若非其人，必受天殃。”黄石公得子房（张良）而传之，子房不得其人而葬之。说明我国古人对谋略与道德的关系是非常重视的。

研究侦查谋略应当如何理解以道德为依归呢？笔者以为可以从两个层面考虑：一是从宏观大略方面考虑，我国实行的是人民民主专政的社会主义制度，应当坚持马克思主义道德观，既吸收我国的传统美德，又突出当今的时

① 南怀瑾著述：《历史的经验》，复旦大学出版社 2002 年版，第 166、221、241 页。

② ［英］塞缪尔·斯迈尔斯著：《自己拯救自己》，李柏光等译，北京燕山出版社 1999 年版，第 206 页。

代特征，从建设中国特色社会主义的全局着眼，从我国社会安定和长治久安的长远利益考虑，坚持依法治国和以德治国相结合，在依法严厉惩罚各种严重犯罪分子的前提下，还应当充分注意分化瓦解犯罪营垒，依法扩大教育面，缩小打击面，坚持用社会主义道德批驳犯罪者的错误思想和违法行为，使其迷途知返，弃恶向善，化消极因素为积极因素。二是从侦查中具体运用谋略方面讲，运用侦查谋略是为了在较短的时间内，节省人力、物力将案件破获，把犯罪嫌疑人缉捕归案。施谋用策应充分发挥法律和政策的威慑和感召作用，争取犯罪行为人或犯罪集团的成员投案自首，立功赎罪，有效地分化瓦解犯罪营垒，挽救失足者。具体采用各种侦查措施时，不用有损公德的歪招、损招，坚持文明办案，注意社会影响。在拘捕和讯问犯罪嫌疑人时，应当依法保护犯罪嫌疑人的合法权益。在讯问犯罪嫌疑人的过程中，应当坚持对其进行法律和道德教育，使其放弃错误立场，翻然悔悟。不进行肉体折磨，不污辱人格，文明办案。文明办案，就是要求办案人员讲道德，摒弃一切野蛮不文明的行为。如果连道德都不讲，哪还有什么文明可言。

总之，在研究和运用侦查谋略时，正确认识智慧知识与谋略的关系；法律与谋略的关系；道德与谋略的关系是必要的，只有正确处理好这些关系，才能充分发挥侦查谋略对侦查活动的推动作用，使其更好地为侦查实践服务。如果不顾司法活动的整体利益，不考虑侦查活动的特点和法律的要求，一厢情愿地照搬军事斗争和商战中某些做法，或者照搬国外的某些方法，恐怕对我国的侦查实践未必有益。假若为了迎合某种需要而不择手段，运用一些不道德的邪门歪道，那就势必会使侦查活动走上歧途。

[郝宏奎主编：《侦查论坛》（第七卷），
中国人民公安大学出版社2008年版。]

研究侦查谋略的目的与意义

一、研究侦查谋略的目的

侦查是一种司法和执法行为，是刑事诉讼中揭露犯罪，收集证据，查缉犯罪嫌疑人的重要活动。研究侦查谋略是为了使侦查人员在尖锐复杂的侦查对抗中以智取胜，以最小的代价换取最大的胜利，以达到及时、准确地揭露犯罪，查缉犯罪嫌疑人的目的。此外，必须强化侦查人员的法律意识、科技意识和谋略意识。

强化法律意识是要求侦查人员把严格依法办案作为强基之本，养成严格执法的习惯，坚持侦查活动中依法办案。侦查活动中的法律意识主要体现在诉讼意识、证据意识和程序意识方面。侦查是刑事诉讼的重要组成部分，侦查是为起诉、审判做准备，要求证据确实充分，程序合法。检验侦查阶段的办案质量，关键是看起诉率和有罪判决率如何。如果认为案件破获了，涉嫌犯罪的人也抓了，就万事大吉了，结果被检察机关退了卷或者不起诉，或者因证据不足审判机关做了无罪判决，实际上是侦查部门进行了无效劳动，等于在诉讼中吃了败仗。假如破错了案，冤枉了无辜，从结果看还不如不破，不破案只是暂时放纵了犯罪，还可以补救。破错了案不仅放纵了犯罪，而且还冤枉了无辜，社会效果更坏。

强化科技意识是要求侦查人员有科技头脑，侦查活动中要想着为科学技术提供条件、创造条件，不要不懂装懂，不能为科学技术手段设置障碍，更不能借故排斥科学技术。侦查中要善于求助于科学技术，善于运用科学技术手段发现证据、固定证据、提取证据，不断扩大取证范围，充分发挥科学证据的特有作用，运用科学证据揭露犯罪，保护无辜，维护法律的严肃性，实现司法公正。

强化谋略意识，是要求侦查人员在侦查对抗中善于动脑，学会运用智慧与对手周旋。侦查与犯罪是一对冤家对头，相生相克，此长彼消，不能和平共处，二者是相对立而存在，相斗争而发展。犯罪分子未认罪服法之前，侦查与犯罪始终处于有我无你，不共戴天的对立状态，揭露与反揭露的矛盾不会自动消失，直至战胜对手。作为犯罪者克星的侦查员来说，经常面对血与火的考验，在激烈复杂的侦查对抗中，要求侦查人员对党的事业，对人民群众无限忠诚，对自己的同志、战友和朋友要讲信义。但斗顽敌必须通诡道，对狡猾诡诈的犯罪分子，尤其各种暴力犯罪分子和有组织犯罪的骨干分子，不能存有丝毫侥幸心理，在他们未彻底缴械投降、认罪服法之前，同他们讲诚实、讲信义无异于自动解除武装，自废武功。

侦查谋略学是一门软科学，是无形的力量，但无形常常支配和制约有形的措施和技术手段的运用。我们在侦查实践中，必须根据侦查对抗形势的需要，巧于谋划，精心运筹，用智慧和胆略战胜对手。侦查人员施用奇谋良策，应在法律和政策的许可范围内，必须明确其目的是维护社会主义法制。

二、研究侦查谋略的意义

1. 借鉴古人的智慧，丰富今人的头脑。中华民族是一个长于思辨，善于筹谋的民族。追溯历史，各种谋略思想的创造都同宗同源，都是从古代谋略演变而来。下文试顺着谋略的历史沿革，对此进行探讨。

（1）古代谋略思想博大精深。“每一个民族在创造自己光辉历史时，也建造了自己的智慧宝库。”[①] 从“伏羲画八卦”、“文王演周易”可以说是我国古代文化的发端。列为“群经之首”的《易经》，被人们奉为哲学中之哲学，智慧中之智慧，它涵盖的内容很广，包括科学、哲学、宗教等，可以说是“仰观天文，俯察地理，中通万物之情；究天人之际，探索宇宙，人生必变、所变、不变的大原理；通古今之变，阐明人生之变、应变、适变的大法则，以为人类行为的规范”。[②] 我国古代的儒、道、墨等诸子百家，以及唐、宋以后的儒、佛、道各种学术思想，无不渊源于《易经》。古代的军事谋略家，像孙武、孙膑、吴起、韩信、诸葛亮等，他们都精通《易经》，并以“易”演兵。《易经》虽然被人们视为是一种占卜用书，但它却包含古代朴素的辩证法思想，为人们提供了把握复杂多变事物的软性思维方式，对古人施韬展略，说谋论策有着深刻的影响。

老庄之道，是历代帝王的最大和最佳的权谋思想。老子的理论主要体现在《道德经》里。老子的《道德经》对我国的兵学，特别是军事谋略思想影响很大，有学者称老子的《道德经》是我国古代一部真正的“谋略学”。

---

① 李炳彦、孙兢著：《军事谋略学》（上册），解放军出版社 1989 年版，第 168 页。

② 存良编译：《白话易经》，内蒙古人民出版社 1997 年版，第 1 页。

老子提出的"柔胜刚，弱胜强"，"以柔克刚"的谋略思想，对我国历代兵家都有非常大的影响。我国军事书上的"善战不战"，"兵不顿而利可全"，"不战而屈人之兵"，以及"曲直相生"等谋略思想都可以说是老子以柔克刚谋略思想的体现。

在我国历史发展的长河中，有一大批足智多谋的军事家、谋略家，他们在历史上充分展现了才能，发挥了巨大的历史作用。例如，姜尚、管仲、孙武、孙膑、张良、诸葛亮等。还有大批闪烁着智慧光辉的军事谋略著作，如《六韬》、《孙子兵法》、《孙膑兵法》、《吴子兵法》、《百战奇法》、《兵经》等。这些都为我们研究侦查谋略提供了宝贵财富。

人们都是从历史长河中走过来的，不应该忘记自己的历史。但是，"聪明者是带着历史所提供的利器向前开拓，愚蠢者是对照陈旧的'皇历'行事"。[①] 我们学习和研究古人的谋略思想，是为了考察古人当时思考问题的方式，探讨古人在创造那些奇谋良策时怎样想问题，如何分析形势，怎么进行辩证思维的，以便从中得到思想启迪，更好地探索侦查对抗思维的规律，解决侦查对抗实践中的难题。

(2) 谋略思想随着时代的发展而丰富。《易经》提供了推测未来之事的软性思维方式，《道德经》、《战国策》等，为谋略奠定了理论基础，开辟了谋略理论的源泉。《孙子兵法》总结了战争的历史经验，吸收了诸家的谋略思想之后提出了"上兵伐谋"的经典谋略思想。孙子兵法是我国早期较完善的军事谋略学说。随着战国时期纵横家的出现，说辩术兴盛，军事斗争与外交斗争结合起来，外交谋略得到充分发展，扩展了谋略发展的空间。

随着社会的发展和科学技术的进步，对谋略思考又提出了更新、更高的要求。谋略思维的广度和深度也随之发生变化。过去在军事对抗中基本是在肉眼看得见的范围内进行的，使用谋略无非是直接迷惑敌方的耳朵和眼睛。第四维战场（电磁场上的角逐）的开辟，使军事谋略技术化的趋势日益突出。在高新科学技术突飞猛进的今天，"幽灵般的谋略斗争，常常以技术对抗的形式表现出来；在新手段的背后，又贯穿智慧和谋略的交锋，先进的技术手段不过是军事智慧的物化"，[②] 侦查谋略只不过是军事谋略的衍生物，二者关系极为密切。当今犯罪已经向智能化、科技化、专业化发展，一些犯

---

① 李炳彦、孙兢著：《军事谋略学》（上册），解放军出版社 1989 年版，第 168 页。

② 李炳彦、孙兢著：《军事谋略学》（上册），解放军出版社 1989 年版，第 18 ~ 19 页。

罪分子诡计多端，十分狡猾，必然要求侦查对抗走智慧与科技相结合的道路。

（3）侦查对抗的艺术性与科学性结伴而行。在科学技术高度发展的时代，许多学科知识不断互相渗透，文理交叉，艺术与科学融合。活人或活人集团之间的对抗艺术将不断地具有科学的色彩，对抗思维中许多定性分析的东西，将逐步走向定量分析。对抗科学不仅不排斥对抗艺术，而且还要不断地从对抗艺术中汲取营养。

“对抗艺术是对抗科学之母”，“失去对抗艺术或否定对抗艺术的对抗科学，实际上就会成为无生命的种子。”① 当今时代，在侦查对抗中软科学与硬科学紧密结合，对抗艺术与对抗科学将结伴而行，互相促成，互相结合，互相补充，才能相辅相成，相映生辉。

2. 用谋略思想武装侦查人员。21 世纪，侦查实战部门既面临发展的机遇，又会遇到许多新情况和新挑战。时代要求侦查指挥人员必须具有浓厚的谋略意识，善于审时度势，把握时代特征，确定自己在历史发展进程中的立足点。侦查指挥员和有远见的侦查员，应当深谋远虑，在未来的侦查对抗中能否超越对手，占据主动，提前抢占侦查对抗的“制高点”，夺取先机之利。

在侦查实践中，许多人并不是对未来的对抗格局和挑战认识不清，而是被眼前利益迷住了眼，只追求眼前的政绩，放弃长远目标。如果侦查破案不把主要精力放在收集证据、深入调查获取信息方面，而是热衷以审代侦，刑讯逼供，这样做不仅不能缩短侦查破案与时代要求的距离，反而会走一条自欺欺人，自毁前程的危险道路，这与刑事诉讼法制化、民主化、科学化的要求背道而驰。

要跟上时代的步伐，适应侦查对抗形势的要求，必须尽快转变观念，树立现代化的侦查办案意识，提高侦查谋略水平，应摒弃一切旁门左道，放开眼光，努力创造条件，逐步用现代的科学技术知识和高超的谋略思想武装侦查队伍，使每个侦查员有胆有识，有勇有谋，并通晓现代化的科学技术手段，使侦查人员在侦查对抗中能够做到深思熟虑，多方谋划，周密部署，精心运筹，科学取证，严格执法，文明办案。

3. 培养侦查人员巧于谋划，应对挑战。随着市场的开放和对外交流的增多，国外的犯罪手段将不断传入，跨国、跨境犯罪和国内外、境内外勾结犯罪将更加突出，还可能出现境外遥控指挥，境内具体操作等犯罪形式。犯

① 李炳彦、孙兢著：《军事谋略学》（上册），解放军出版社 1989 年版，第 98 页。

罪的花样更多，隐蔽性更强，迷惑性更大。同时由于使用互联网的人数巨增，电子商务的出现，大量的“电子毒品”会乘机而来，窃取商业机密和账号，电脑黑客、电脑诈骗等网络犯罪将会大量增加。暴力、恐怖、淫乱等不良文化影响的加大，必然使刺激国内青少年犯罪的因素增多。所有这些都会强烈冲击我国的社会治安秩序，向侦查部门提出新挑战。

为了适应新形势，应对新挑战，必须努力提高侦查队伍的政治、业务素质，提高战斗力。应加强对抗意识，对治安形势发展要有高度的敏感性，保持对犯罪进击的姿态，同时，要努力提高执法水平，拓宽知识面，熟悉有关我国缔结和参加的国际公约、协议，掌握有关国际惯例的内容，提高侦查员对金融、外贸、税收，以及 WTO 运作方式等方面知识的掌握程度。加强科技现代化程度和科技队伍建设，充分发挥科学技术在侦查破案中的特有作用。加强犯罪情报分析系统建设，设置犯罪情报分析机构，组建队伍全面搜集犯罪情报，对信息进行科学管理，及时为侦查部门综合分析案情提供帮助。在侦查过程中，要善于根据具体案情巧于谋划，周密安排，精心运筹，严厉打击暴力犯罪、侵财犯罪、涉外犯罪。加强国内合作和国外的刑事司法协助，提高对跨国跨境犯罪、智能犯罪及各种新型犯罪的打击能力，有效地维护我国主权、社会秩序和经济秩序。

（《江苏警官学院学报》2003 年第 6 期。）

侦查谋略原理浅探

谋略，指谋计策略。谋略不仅在军事上，在统军、作战方面占有重要地位，而且在政治、经济、外交、体育等各个领域中都发挥着重要作用。古今中外各个历史时期的政治家、思想家、军事家、外交家，以及一些名贾巨商，他们都是一些足智多谋、遇机善变的谋略家。我国各个历史时期的军事谋略家层出不穷，他们不仅在战争舞台上充分施展了自己的才华，同时还撰写了许多珍贵的军事著作，至今仍闪烁着夺目的光彩。

谋略不仅具有继承性，而且具有共适性。隔行不隔理，一个领域中的谋略，可以在其他领域内互相借鉴，互相启迪，有的还可以直接移植或嫁接。侦查活动是一种人与人之间的对抗，是一场正义与邪恶之间的较量，侦查主体与侦查对象之间的斗争相当尖锐复杂。双方不仅是力量的较量，而且充满智慧的拼搏。侦查主体在对抗中必须技高一筹，不断地创造出克敌制胜的新方略，才能掌握主动权，降伏对手。

为了适应形势的需要，保卫国家和集体的利益，保护人民群众的生命财产安全，侦查主体应该把侦查谋略作为研究的重要课题。

一、侦查谋略是活力对抗的产物

所谓活力对抗，是指能独立思维、具有主观能动性的活人或活人集团之间，为实现各自的利益所进行的各种角逐、竞争和拼搏。对抗的性质有暴力性的和非暴力性的。对抗的类型表现为军事型、商战型、体坛型和对弈型等。侦查活动是侦查主体与侦查对象之间的对抗，双方都是能思维，具有自觉能动性并追求一定利益目标的活人，所以侦查对抗也是一种活力对抗。

（一）侦查对抗的动力是双方利益的矛盾

恩格斯说：“在社会历史领域内进行活动的，全是具有意识的，经过思虑或激情行动的，追求某种目的的人；任何事情的发生都不是没有自觉意图，没有预期目的的。”[①] 从整个人类而言，求生存是最根本的利益。人们

① 《马克思恩格斯选集》（第4卷），人民出版社1972年版，第228页。

有了生存条件，还要不断扩大自己的利益。在一定的空间内，不同的个体和集团，为了扩大自己的利益，势必要引起各种各样的利益冲突。这些矛盾的发展就会引起人与人之间的各种对抗。根据对抗的激烈程度，有暴力性的和非暴力性的。这些对抗都是由一定的利益矛盾引起的。只有从双方或多方的利益关系、利益矛盾来认识活力对抗，才能把握住其对抗的本质。没有各集团或个人所追求的利益目标，就不会产生活力对抗，利益矛盾是活力对抗的动力。

侦查主体与侦查对象都是活人或活人集团，他们都在为实现自己所追求的利益目标而活动。侦查主体追求的利益目标是：以最快的速度，最大限度地获取犯罪证据，揭露犯罪分子危害社会的行为，维护国家法律的尊严，保卫国家的利益和人民的生命财产安全。侦查对象追求的利益目标则是获取非法利益，满足非法需要，危害国家和人民的利益，设法隐蔽自己，逃避侦查。侦查对抗是一个动态过程，各个不同阶段，对抗双方所追求的具体利益目标和对抗焦点，不断发生变化。案件发生前，侦查主体追求的利益目标是：搜集犯罪情报，获取犯罪信息，加强预防，使犯罪不能得逞，或者将案件破获在预谋阶段，不使其造成危害结果。而犯罪分子追求的利益目标是密谋策划，尽快侵入现场，实施犯罪，获得非法利益或满足非法需要。案件发生后和案犯未归案以前，侦查主体追求的是尽快发现线索和嫌疑对象，取得真凭实据，将犯罪嫌疑人缉捕归案，挽回损失；犯罪分子则极力隐蔽真相，毁证灭迹，逃避侦查，保住非法利益和不受惩罚，再求扩大发展，继续危害社会。案件破获后，侦查主体追求的利益目标是，通过讯问被告人查清全部犯罪事实，依法追究其刑事责任，或者澄清嫌疑；犯罪分子追求的利益目标是如何对抗审讯，负隅顽抗，或者避重就轻、蒙混过关、逃避罪责。整个侦查过程中对抗双方都是围绕各自所要追求的利益目标，进行巧妙的周旋。因此，利益关系、利益矛盾、利害冲突也是推动侦查对抗发展的动力。在认识侦查对抗的格局时，无论其对抗格局多么复杂，只要紧紧地抓住对抗各方的相互利益关系，包括眼前利益和长远利益、局部利益和全局利益、公开利益和潜伏利益等关系，就抓住了整个侦查对抗的实质。

由于侦查对抗是一种活力对抗，又是双方利益关系所致。双方在激烈的抗争中，必然会有得有失，对抗双方为了赢得胜利，势必要充分发挥自己的聪明才智，寻求制胜的方略。双方为了达到自己的利益目标，要不断地分析对手的利益目标，判断对手的行动企图，积极寻求阻止对方，达到自己目的的途径和方法，这样就引起了双方进行谋略思考。在活力对抗中，在双方力量抗争的背后隐藏两种企图的较量和智慧的拼搏，最终都是为了实现各自的利益目标。

（二）侦查谋略来源于侦查对抗

侦查对抗是活力对抗的一种形式。侦查主体与侦查对象都是有一定抗争能力的个体或活力集团，各自为了实现一定的利益目标而进行激烈的拼搏。双方都以战胜、降伏对手，或者迫使对方服从自己的意志为目的。所以，侦查对抗双方都有鲜明的相向目的性。这种相向目的性，决定在侦查对抗中双方斗力、斗智同时进行，而且常常是动于后而谋于先，斗智又制约和指导斗力、斗勇。双方施谋用策水平的高低，将决定对抗的结局。毛泽东同志在《中国革命战争的战略问题》一文中论述两军对抗时说："无论何方失败，都直接地、迅速地引起失败者方面的一种新的努力，就是力图挽救危局的努力，使自己脱出这种新出现的不利于我有利于敌的条件和形势，而从新创造出有利于我不利敌的条件和形势去压迫对方。"① 这正说明对抗产生智慧，对抗创造出谋略。侦查谋略也是侦查对抗中开出的智慧之花，它是在侦查对抗实践中产生和发展起来的，并随着侦查实践活动不断得到丰富和完善。

目前，我国的侦查技术还比较落后，有些侦查手段还不能很好地适应形势的需要，欲想把侦查对抗推向新的阶段，使侦查呈现出新局面，必须在加强物资装备，提高技术水平的同时，努力进行侦查谋略的研究，只有把现代化的科学技术和高超的谋略艺术紧密结合起来，才能开创出侦查活动的新局面。古人云："生于忧患，死于安乐。"就是说必须在对抗中求生存，在对抗中求发展，在对抗中开发智慧。欲要提高谋略水平，侦查主体必须树立强烈的对抗意识和竞争观念，要有对抗的紧迫感和危机感，头脑中要有敌情、社情，要经常保持进击姿态，常备不懈；不断总结成功的经验和失策的教训，不断吸取和补充新的知识，永不满足地向新的高峰攀登。在进取中自觉地克服滞后因素的干扰，保持创新和开拓的锋芒永远不钝，不断提高自己的对抗能力，才能使谋略之花在侦查对抗的激流中开放得更加绚丽灿烂。

二、侦查对抗的一般特征

侦查谋略来源于侦查对抗，侦查对抗具有活力对抗的一般特征，主要表现为以下方面：

（一）侦查对抗中充满迷惑性

孙子曰："兵者，诡道也。""诡道"思想不仅是军事对抗的本质特征，而且在所有活力对抗场合都适用，对抗双方都沿着"诡道"的轨迹运转。

---

① 《毛泽东选集》（第1卷），人民出版社1966年版（横排版），第199页。

侦查对抗是活力对抗的一种形式，无疑也适合用“诡道”思想。侦查对抗双方都需要设法伪装自己的真实意图，制造假象，迷惑对方，给对方造成错觉，使对方难以料定自己的本意，这就是“诡道”。这里所说的“诡道”，其实只不过是智慧的代名词，并不是什么坏的东西。

列宁在《戴白手套的“革命家”》中说：“没有不用计谋的战争。”在军事对抗中，战争就是诡计。“诡道”是军事谋略的核心，在统军作战中，“没有欺诈，难以创造战机；没有欺诈，何来诱敌就范；没有欺诈，奇正无法相生；没有欺诈，虚实不可呼应”。[①]“兵不厌诈”，是说在战争场合，只要是自己利益的需要，什么手段都可使出来，一切事实真相都被双方制造的迷雾所笼罩，诱饵下设有陷阱，甜言蜜语掩着诡计，糖衣里边裹着炮弹，拉拢收买，挑拨离间，示假隐真，虚虚实实，扑朔迷离，应有尽有。双方根据是否对己有利而采取行动，并随着战场态势不断调整兵力部署。绝不会学宋襄公那种蠢猪式的仁义道德。

兵法中“兵以诈立”的思想。在侦查谋略中也是可以借鉴和移植的，不过侦查对抗并不像军事对抗那样激烈、残酷，侦查对抗中侦查主体施谋定策，不仅要紧紧围绕侦查所追求的利益目标进行。而且还要受国家政策、法律和道德规范的约束。侦查主体施谋用策时既不能不顾政策和法律原则滥施计谋，也不能不讲社会道德原则，乱施骗术；但又不能因此而谈“诈”色变，从而对犯罪分子讲“忠诚”、“仁义”，以致自己丧军败旅，给社会带来危害。《棋经》上讲：“误人者多方，成功者一路而已。”侦查主体施谋用策，不能照搬兵家权谋的条条，要取其精髓给侦查对抗注入新的活力。侦查中的用诈，是指有计划地给对方造成错觉，迷惑对方，使其出现判断失误。达到自己的成功，这就是“诡道”思想在侦查中的体现。

在侦查实践中，凡属成功之举，都与侦查主体的多谋善断，巧妙施谋定策，迷惑对手是分不开的。那种企图以正常的思维方式，用解决日常问题的方法来对付狡猾诡诈的犯罪分子，是非常幼稚可笑的，甚至还可能演出“狐狸打猎人”的滑稽剧来。侦查对抗中双方用诈是互相进行的，常会出现诈中有诈。因此，侦查主体在施谋定计时，要在隐蔽自己真实意图的同时，还要注意识破对手设下的骗局，不断调整自己的策略，破坏对方的企图，有效地阻止对方向其利益目标靠近。只有如此，才能掌握侦查对抗的主动权，使对手按照自己的意图行事，逐步向自己的利益目标靠拢。牢牢掌握住正确的侦查方向，迫使对手就范，防止侦查误入歧途。

---

① 李炳彦、孙兢著：《军事谋略学》（上册），解放军出版社 1989 年版，第 87 页。

（二）对抗双方目的的相斥性和对策互含、互引性并存

在侦查对抗中，双方都不愿意做对方所希望的事情。相反，双方却都希望对方能够按照自己的意愿行事。对抗双方一方面要尽力隐蔽伪装自己的行动企图，迷惑对手；另一方面又要利用各种手段识破对方的伪装，摸清对方的虚实，破坏对手的行动企图。这就是对抗双方目的和企图的相互排斥性。对抗双方又是互相依存的，双方在施谋定策时，又都是以对手的对策作为自己谋略思考的起点。甲方的对策中包含乙方对策的萌芽，乙方的对策又为甲方制订新对策提供了依据。在侦查对抗中，侦查主体制订侦查方案时，首先要分析判断案情，根据犯罪分子作案的规律和特点，以及其狡猾程度，作为侦查部署的前提；侦查对象则把侦查主体的力量部署行动企图作为他进行反侦查行动的思考起点。任何一方战略战术的变化，都是以对方的变化为依据的。这种对抗双方对策的互为前提、互为变换条件，就是双方对策的互含性。在侦查对抗中，双方又都是针对对方的行动企图，设计自己的行动方略，这就出现了一方的行动导致另一方的反行动。即你变我变，你我互变，双方的变化中都包含对方对策的变化，这称为对策的互引性。行动导致反行动是一切活力对抗场合的共同特点。侦查对抗，大体上呈现一方进攻，另一方防御的格局，行动导致反行动的特点也表现得相当突出，如犯罪分子作案时常在现场留下指纹和其他痕迹；侦查主体勘验现场时，就采取技术手段提取指纹；犯罪分子知道侦查机关提取指纹，便采取戴手套等方法不留或破坏指纹；侦查主体便运用其他方法扩大提取物证的范围。

根据活力对抗理论，进攻者的对抗意识总是大于防御者一方。在侦查对抗中，如果侦查主体具有强烈的对抗意识和竞争观念的话，一般说来，侦查主体处在进攻地位，对抗意识应当大于防御者一方，因为进攻者一方是群体，防御者一方是个体或者小群体；进攻者处在执法地位，正义在手，得道多助，防御者一方孤立无援，失道寡助；进攻者可以靠集体智慧，群策群力，灵活地选择战术，运用各种侦查手段，防御者势单力薄，只有躲在暗处进行隐蔽活动，掌握信息有限，只能采用“兵来将挡，水来土囤”的临时应急办法。总的来说，侦查主体在对抗中占有绝对优势，犯罪分子处于劣势。但须知，进攻者一方多在明处，防御者多在暗处，俗话说：“明枪易躲，暗箭难防。”犯罪分子会时刻窥测方向，不择手段进行反抗。侦查主体绝不能因为占有优势就掉以轻心。侦查主体施谋定策时，必须注意隐蔽自己的行动企图，要善于示形、用佯使对方难以察觉我方意图，还要力求避免自己的行动成为刺激对方采取反行动的因素。

(三)对抗双方力求从时间、空间上占据主动

“兵争机，商逐利”。在军事对抗中，兵贵神速，速度就是战机。捕捉战机就是乘敌人自身的缝隙，打乱敌方的时间表，就可以把握住战机。在侦查对抗中，双方都非常注意利用时间因素。犯罪分子犯罪时，在现场要以最干练的动作，去攫取最大的利益，拖泥带水、泡时间是犯罪分子最大的忌讳。由于其犯罪心理处在狂热的高峰，时间的紧迫性使他无暇冷静下来进行思索。所以，无论多么老练的犯罪分子都难以摆脱慌张情绪给他带来的麻烦，不管他干得如何利落、巧妙，也难以达到完全灭迹的程度。对于侦查主体来讲，及时迅速地赶赴现场，及时采取紧急措施是非常重要的，任何延误都可能因事过境迁而永远失去取证的机会。法国著名的刑事侦查学家艾德蒙·罗加尔经常说：“侦查工作的头几个小时，其重要性是不可估量的，因为失掉了时间，就等于蒸发了真理。”[①] 在查缉走私犯罪和暴力犯罪分子时，延误了时间不仅会失去战机，还可能带来伤亡，甚至造成全局失利。

侦查对抗中战机的出现，稍纵即逝，侦查主体必须审时度势，善于捕捉战机，加以正确利用，才能争取主动。战机既是客观必然性的反映，又是主观能动性的体现。在侦查对抗中，高明的侦查员不仅可以捕捉战机，还善于创造战机。创造战机就要善于运用牵制和阻止的手段，延缓对手的行动，迟滞对手弥补“缝隙”的速度。只有在对抗中巧妙地利用时间因素，才能把握住它。因此，战机只向那些肯用心计的人招手，而绝不会等着你迈着四方步迎接它。

在侦查对抗中，侦查主体不仅要善于把握住战机，从时间上争取主动，而且还需要从空间上争取主动。在侦查对抗格局中，有利的态势常是导致向胜利方向发展的趋势。对弈中有“与其恋子以求生，不若弃之而取势”[②] 之说，可见造成对己有利的态势，就能给对手造成一种很大的威慑力量。在军事对抗中，作战时首先要抢占“制高点”，力求以点制面；围棋盘上讲占“无忧点”，这些都是设法造成对己有利的局势。侦查中谋势，是指根据案情找出支撑全案的关节点，选准对方的薄弱环节，瞄准对方的“薄弱点”作为突破口。沿着突破口直取要害处，起到牵一发而动全身的作用。侦查主体谋势时要注意扬长避短，要以己之长，攻彼之短。同时还要保护自己的“敏感点”不被对方击中，保持进攻的优势。

---

① [苏联] 拉·别尔金著：《刑事侦查学随笔》，李瑞勤译，群众出版社 1983 年版，第 69 页。

② 宴天章、严德甫著：《玄玄棋经》，天津科学技术出版社 2009 年版，第 9 页。

侦查主体发起进攻之前，应谋取“先立而后进”之策。就是说，进攻前先站稳脚跟，先把握案件的基本事实、基本证据，再求进一步扩大战果。侦查对抗是一个动态系统，对抗的胜负转化，有一个由量变到质变的过度。侦查主体要从全局出发谋划战略方案，再通过一系列的战术战法的实施，夺取最后的胜利。切忌急躁和盲目行动，防止一着不慎，造成全局被动。当然，也不排斥使用出其不意，攻其不备，以奇制胜的方略。

（四）企图的隐蔽与力量显露并举

在侦查对抗中，常需要运用“威慑效应”。“威慑效应”实际上是一种心理效应，经常让对方感到我不仅有决心，而且有能力将案件破获，使对手在精神上经常保持一种担忧情绪，使其心理上恐慌不安。心理战必须以力战为基础，没有一定的实力，对手不会轻易就范，实力包括先进的科学技术手段，确实可靠的证据，广大群众检举揭发的积极性和威严的法律手段等。运用“威慑效应”既需要有一定的实力，但又不完全是通过力量的拼搏来实现目标，而是通过一定的方式向对方显示力量的所在，实际上是一种战略示形。显示并不是真实力量的完全暴露，里面包含虚张声势成分，但又不完全是弄虚作假的“讹诈”，如在侦查过程中，通过召开各种类型的会议，有控制地公布案情，表明破案的决心和信心，各种科学仪器的显示，宣讲国家的法律和有关政策，披露群众协助破案的积极性等，都属于力量的显露。从谋略上讲力量的显露并不是完全为了恐吓对手，旨在使对手对我“猜不透”，感到深不可测，使其心理上处在忐忑不安的忧虑状态。力量的显露与企图的隐藏是相辅相成的，没有隐藏只有显露，使对手一眼看穿，当然起不到威慑的作用；如果只有隐藏而没有显露，对手看不到自己力量的所在，同样不会给对手造成精神上的恐惧。只有把企图的隐藏和力量的显露巧妙地结合起来，同时并举，才能充分发挥威慑效应，如在侦查、讯问中，遇到犯罪分子顽抗时，在关键时候，选择在关键点上，策略地显示一下力量，给对方点颜色看看，就能够产生很好的威慑效应。当然，绝不能搞阿 Q 式的精神胜利法进行自我欺骗，那样不仅起不到威慑作用，还会弄巧成拙，适得其反。

（五）机会与风险并存

侦查对抗虽说不像军事对抗那样激烈残酷，但也是极其尖锐复杂的，侦查对抗的结局将决定国家和人民利益的安危及个人的前途命运。对侦查主体来说，对抗结局如何，直接关系到是彻底揭露犯罪，除恶务尽，有效地保卫国家和人民的利益；还是让犯罪分子逍遥法外，继续危害社会。对侦查对象来说，对抗的结局直接关系他们个人的前途和命运。面对两种结局、两种前途、两种命运的拼搏，对抗双方都将竭尽全力来对待，不断地变换策略，力求取得对己有利的结果，排除不利的厄运。多变是活力对抗中最常见、最迷人的现象。侦查中的随机性、多变性，又给侦查增添了一些神秘的色彩，同时也加剧了对抗的节奏。案犯未查缉归案之前，侦查活动一般是在背靠背的条件下进行的，是在对抗双方制造的层层迷雾状态下进行谋略思考的。侦查主体进行侦查决策时，成功的机会与失败的风险是同时存在的。在机会与风险并存的条件下进行谋略思考，必须保持高度警惕，以防不测。在决策时，人们习惯于为取胜而求稳策，但是自古以来没有不失败的常胜将军，也没有不犯错误的人，在错综复杂的侦查对抗中，在双方意志和智慧的拼搏中，都可能会出现“判断差”形成一定的对抗缝隙和漏洞。这些缝隙和漏洞，对一方来说是厄运，对另一方来说是机会。所以，侦查对抗中成功与风险同处于对立的两极，风险中蕴含着成功，成功中也包含着风险，二者相反相成，共居于对立统一的矛盾中。

“战事无求万全，求万全而无一全。”无论是军事对抗还是侦查对抗中，情况都是变化无穷的，侦查主体要想追求“十全十美”的万全之策，事实上是办不到的。侦查主体进行谋略思考时，不应当企图寻求万无一失的胜策，要敢于冒点风险。当然，这种冒险必须建立在占有一定的材料，对案情进行科学的分析、判断的基础上，是一种经过深思熟虑的理智性冒险，而不是盲目的莽撞的冒险。

在军事对抗中，出其不意，攻敌不备，以奇兵制胜，乃兵家取胜之要诀。侦查对抗中亦可以奇取胜，尽管犯罪分子挖空心思，掩盖罪行，逃避侦查。但是“智者千虑必有一失”，对手失误的地方，正给破案留下机会，尤其在犯罪分子认为最不易败露之处，正是侦查主体进攻取胜的关节点，如果遇到有利时机，突破关节点，就可以收到事半功倍之效。智和勇二者在侦查主体的精神世界里，应当等量齐观，不可偏废。在认识案情和进行谋略思考时，应当打破常规心理，破除定向思维，不要把自己禁锢在一般经验之中，一旦使自己在思维品格上形成随大流的定势，便永远不会有超人的见解。在侦查出现僵局时，侦查主体要善于进行超常思维，勇于在“山重水复疑无路”的窘境中，探索出新的希望之路来，开辟出“柳暗花明又一村”的新局面。

“自古不谋万世者，不足谋一时；不谋全局者，不足谋一域。”侦查主体进行谋略思考时，要从全局出发，不要因迷恋眼前利益而有损全局。进行侦查决策时要高瞻远瞩，沉着冷静，不要感情用事，多想一想决策行动的后效应，做好应变准备，以防不测。

兵法曰：“多算胜，少算不胜。”侦查主体肩负国家的重托，人民的期望，任重而道远，在侦查对抗中应当深谋远虑，不断培养和开发自己的智力，不断吸取新的营养，努力扩大知识面，不断将知识转化为能力，在侦查实践中不断创新，为有效地保卫国家的利益和人民群众的生命财产安全，努力寻找制胜的良策。

（肖胜喜、陈桂明、舒国滢著：《思考与探索》，
中国政法大学出版社1992年版，第297页。）

侦查谋略的特征及其在侦查中的作用

侦查谋略是智慧的结晶，是侦查思维的结果，它是侦查决策的核心，对整个侦查活动起着支配作用，是各项侦查措施和手段的灵魂，应当将它作为侦查理论研究的重要课题。

一、侦查谋略是侦查对抗的产物

侦查对抗是侦查主体（指挥员与战斗员）与侦查对象（主要指犯罪人）之间进行的一种力量、勇气和智慧的拼搏。它是一种充满迷惑性和不确定性的活力对抗。侦查主体为了战胜对手，迫使对手屈从于法律，必须充分发挥自己的聪明才智，扬长避短，采取各种措施，迷惑对手，使其在不了解我方真实意图的情况下，为我控制，使狡猾的犯罪分子难逃法网。《兵经》中说："故善用兵者，误人而不为人误。"在层层迷雾笼罩下的侦查对抗中，高明的侦查员总是善于把不确定性送给自己的对手，而自己又能从对方制造的假象中把握住真相，从而牢牢抓住侦查的主动权，有针对性的制订对策，使对手受制于我，而不被对手所制。

"谋略是人与人在对抗、竞争活动中双方思维撞击出来的智慧火花。"① 由于军事对抗的激烈性、残酷性决定它是谋略的发源地。侦查对抗虽说不如军事对抗那样激烈、残酷，规模也不像军事对抗那样兴师动众，但侦查同样是人与人之间的抗争，有时也表现为血与火的较量，仍然是勇气与智慧的拼搏，有勇无智是难以取胜的。在犯罪向集团化、暴力化、智能化发展的今天，在以鲜血和生命为代价的侦查对抗中，侦查主体必须善于开动脑筋，苦思冥想，寻求胜敌之策。在激烈、复杂的侦查对抗中，智慧就是财富，没有智慧的头脑犹如没有蜡烛的灯笼。但是，只有把智慧转化为奇谋良策，才能成为克敌制胜的法宝。因此，侦查谋略是侦查对抗的产物，是思维的结果，智慧的结晶。

---

① 李炳彦主编：《斗智的学说——军事谋略九讲》，解放军出版社 1991 年版，第 27 页。

“创造是谋略的生命，创造是谋略的灵魂。”① 侦查谋略来源于侦查对抗，它又必须在侦查对抗中发展和创新，所以侦查主体只有不断增强自己的对抗意识，才能不断获得智慧和能力。侦查主体欲想足智多谋，必须有对抗的紧迫感和危机感，要居安思危，见利思害，头脑中时刻有敌情。如果丧失了对抗意识，智慧的泉水就会干涸。只有经常保持进击的姿态，常备不懈，不断总结侦查对抗中成功的经验和失策的教训，在进取中自觉克服滞后因素的干扰，保持创新和开拓的锋芒永远不钝，才能使自己的智慧之花越开越盛。

二、侦查谋略的特征

在侦查对抗中，双方虽然都在为实现自己的目的施谋用策，但由于施谋主体的法律地位不同，施计用谋的制约因素也不同。这里将侦查主体施用的计谋称为侦查谋略，犯罪行为人为逃避侦查所施展的计谋称为反侦查谋略。此处侧重探讨侦查谋略特征。侦查谋略与军事、体坛、商战、外交等领域的谋略相比，有以下特点：

（一）侦查人员为施谋主体，对手为受谋者

侦查对抗是群体对个体，或大群体对小群体的争斗，多数情况下表现为一方（侦查主体）进攻，另一方（犯罪者一方）防御的对抗格局。侦查主体是侦查谋略的设计者和施控者，始终保持着进击的姿态，只要有犯罪存在，侦查主体就应该常备不懈，不停地向犯罪者发起进攻，使犯罪者不敢轻举妄动。

“对抗出智慧，对抗出谋略。”② 侦查主体对抗意识的强弱，智力和思维水平的高低，知识结构是否合理，直接影响侦查谋略的优劣，关系侦查对抗的成败。

侦查主体施谋用策，主要指向犯罪人，他们是侦查谋略的承受者，多处于防御地位。但侦查对抗具有相向目的性，对抗双方处在相互矛盾、相互作用、相互对立、相互排斥的对抗过程中，犯罪人并不是单纯地接受对手的谋略，毫无反抗地束手待擒。整个侦查过程充满揭露与反揭露、查证与反查证的斗争，犯罪人为了自身利益，又不遗余力地进行反侦查，侦查主体的行动又会引起对手的反行动，因此应当用辩证唯物主义的观点认识侦查对抗中的

---

① 柴宇球编著：《谋略论》，蓝天出版社 1996 年版，第 306 页。

② 李炳彦主编：《斗智的学说——军事谋略九讲》，解放军出版社 1991 年版，第 28 页。

谋略与反谋略的关系。

（二）不断强化自己，迟滞对手，削弱对手

侦查主体施谋用策，旨在强化自己的力量，压倒对手，运用智慧诱使对手进入我方设计的圈套，使其无法挣脱，迫其就范。侦查主体制订谋略时，必须选择对破案最有利、带有决定意义的关节点，它既是对方的致命点、要害处，又是敏感点，一般是对方戒备最严的部位。侦查主体无论是在发现线索、采痕取证、调查访问或讯问犯罪嫌疑人的过程中，都应当注意扬长避短，善于示假隐真，以迷惑对手，转移其注意力，造成对手判断失误，消除戒备心理，迟滞或减弱对手的反侦查能力，力求在对手疏于防备的情况下，出奇制胜。

（三）变化性大，可控性小

在侦查对抗的舞台上，活动的双方都是能独立思维、具有自觉能动性的活人或活人集团。趋利避害是人的本能，利益驱使双方都努力寻求克敌制胜的奇谋良策。在侦查对抗中，双方都充分发挥主观能动性，不断地改变自己的行动企图，以不受制于对手。侦查对抗的多变性促使偶发因素和不确定因素增多，偶发性和不确定性增多，又给侦查对抗增添许多随机性。随机性越大，可控性越小，使侦查对抗越难驾驭。侦查主体在施谋过程中，必须刻意求新，以变制变。“登山千条路，同揽一高月。”侦查破案的途径和方法很多，必须进行科学的选择，不能只认准一条道。如果此路不通就得变，要随着时间、地点、环境的变化而变。因案、因人、因情，灵活、机动地施谋用策，因势利导，随机应变，战胜对手。

（四）隐蔽与显露兼施

侦查对抗中施谋用策，必须坚持侦查企图的隐蔽与力量的显示相结合，灵活、巧妙地运用“威慑效应”，使对手在心理上感到侦查主体不仅有决心，而且有能力将犯罪嫌疑人缉捕归案，让对手在精神上经常保持一种担忧情绪，犹如热锅上的蚂蚁，惶惶不可终日，从恐惧、慌乱中露出破绽，为破案创造战机。

运用“威慑效应”需要一定的实力为基础，但又不完全是实力的较量，而是通过各种渠道，利用各种方式向对方显示自己的力量所在。力量的显示既不是力量的完全暴露，又不完全是靠虚张声势进行“讹诈”。力量的显示必须与企图的隐蔽紧密结合，相辅相成，相映生辉。没有隐蔽只有显露使对手一眼看穿，无法起到威慑作用；只有企图的隐蔽而无力量的显示，对手觉察不到实力所在，同样不能给对手形成压力。只有把企图的隐蔽与实力的显露巧妙地结合起来，同时并用，才能充分发挥“威慑效应”。

（五）成功与风险并存

兵法中讲："用兵者，无时非危，故无时不谨。"① 侦查破案犹如用兵打仗，同样充满风险，虽不像战争中承担全军覆没的危险，但侦查对抗中因决策失误或轻敌冒险而带来人身伤亡，或者人力、物力上的浪费，或使犯罪分子逃之夭夭，继续危害社会的风险是到处存在的。侦查主体在侦查对抗中虽然处于进攻地位，具有绝对优势，如果麻痹轻敌，缺乏周密谋划，仍可能招致失败。不能认为犯罪分子都是头脑简单的人，麻痹轻敌必然会吃大亏，上大当。侦查主体判断案情时，宁可把对手想得更狡猾、更凶残一些，也不要估计不足，对敌手估计不足就容易产生麻痹轻敌的侥幸心理。兵法中讲的"怯防勇战"是讲对强手、对暴力犯罪分子、犯罪集团，不畏惧、不胆怯；对一般的犯罪分子也不能轻视，以防各种不测发生。

三、侦查谋略在侦查中的作用

谋略注重从整体和宏观上追求效益，不是局部和微观上追求效率，也不是具体的操作和运算，它侧重于人的智慧的作用，是人的头脑思维的结果，属于侦查中的软科学。

谋略思想在侦查中的应用，可以说是源远流长，我国古代有许多关于智破奇案、智断奇案的记载。在现代侦查中，也可以说没有不用谋破案的。不过对侦查谋略理论的研究，起步较晚，还比较薄弱。侦查谋略是无形的，但它在侦查对抗中有不可轻估的伟力，主要体现在以下方面：

（一）斗顽敌应通诡道

侦查对抗是一场正义与邪恶的拼搏，兵书上讲："交朋友全凭信义，斗顽敌应通诡道。"② 在军事斗争中，不需要宋襄公那种蠢猪式的军事家。在侦查对抗中，面对的是极其凶残而狡猾的犯罪分子，侦查主体也不能有对犯罪分子讲"仁义"、"忠诚"之类的迂腐观念，对犯罪分子的仁慈，就是对人民群众的残忍。

当今犯罪日趋暴力化、集团化、智能化，每个侦查员都应当积极开动脑筋，学会运用智慧和对手周旋，在尖锐复杂的侦查对抗中比对手技高一筹，力争在最短的时间内，以最少的人力、物力消耗，将犯罪嫌疑人缉捕归案。

事实证明，侦查中凡属成功之举，都与侦查指挥员和战斗员的勇敢机智、多谋善断分不开。那种企图以正常的思维，用解决一般问题的方法来对

① 李炳彦著：《兵家权谋》，解放军出版社 1983 年版，第 28 页。

② 李炳彦著：《兵家权谋》，解放军出版社 1983 年版，第 55 页。

付诡诈凶狠的犯罪分子是难以取胜的。如果你不善于欺敌，不能巧妙地隐蔽侦查意图，那就必然为对手所制；如若不能及时识破对手所设的骗局，不及时调整侦查部署，不能有效地破坏对手的企图，诱使对手按照自己的意图行事，就无法迫敌就范，还可能陷入对手设计的圈套。

（二）无形支配有形

侦查谋略是侦查主体的思维活动，是智慧的结晶，是无形的东西。但它所起的作用是有形的人力、物力的作用所无法相比的。《晋书·杜预传》中讲："以计代战一当万。"《百战奇法·计战》中说："凡用兵之道，以计为首。未战之时，先料将之贤愚，敌之强弱……计料已审，然后出兵，无有不胜。"[1] 都是讲谋略在统军作战中的重要作用，"先谋后事者昌，先事后谋者亡"，[2] 如果不谋而战，必为敌人所败。在活力对抗中，勇与谋相比，谋总是第一位的，勇是实现谋的保证。有勇无谋是鲁莽的代称。孔子曰：敢于"暴虎冯河，死而无悔者，吾不予也。必也临事而惧，好谋而成者也"。[3] 其意是说，敢于赤手空拳与老虎搏斗，徒步过河，死了都不后悔的人，我不肯与他共事。面对强敌而警惕谨慎能提出好的计谋，很好完成功业的人，我才愿与他共事。但高深的谋略又必须建立在有形的人力、物力之上，智勇双全才能相映生辉。

侦查谋略是侦查主体智慧的集中表现，它蕴含在各种侦查措施、方法和手段之中。侦查谋略是侦查措施和方法的内核，侦查措施和手段是侦查谋略的外壳，侦查谋略是通过各种灵活多变的方法手段得以实现的。侦查谋略水平高低，施谋用计是否得当，直接关系着侦查对抗的成败。

（三）侦查谋略是侦查决策的核心

侦查决策是根据侦查对抗的需要，确定为达到侦查目的所选定的目标，设计和选择实现目标的途径和方法。侦查对抗是一个复杂多变的动态过程，这就决定了侦查决策是一个动态系统。侦查决策必须根据侦查对抗局势的发展变化确定侦查目标，设计和选择实现目标的行动方案。侦查方案的设计既包括一个时期的总体规划，又包括各项具体的侦查方案及对某个具体目标的确定。侦查决策是根据侦查的需要，提出问题，收集情报，确定目标，拟订方案，论证和选择、评定方案，不断补充、修正方案的过程。侦查谋略是出主意，决策是想办法。如何进行侦查部署、各种措施和手段的运用，如何控

---

① 张文才著：《百战奇法浅说》，解放军出版社 1987 年版，第 12 页。

② 柴宇球编著：《谋略论》，蓝天出版社 1996 年版，第 77 页。

③ 崔统华著：《草庐经略注释》，解放军出版社 1992 年版，第 35 页。

制对手的行动，如何使自己的行动取得主动等，都是谋略思考的内容，诸多侦查决策思考，目标的确定和方案选择，实质上都是定谋。所以，谋略是侦查决策的核心。

（四）侦查主体自强之道

侦查对抗是看不见战线上的战争，它与军事对抗有颇多相似之处。侦查主体在对抗中欲要立于不败之地，首先要建立一支政治上坚定，作风正派，业务精良，纪律严明的队伍。在队伍建设中，指挥员的谋略思想水平高低有相当大的作用。从方法论的角度讲，谋略属于横向综合性方法，它适用于各个领域的各个方面。在活力对抗的场合，领导者的用谋之道，常和其做人之道紧密相连。欲使侦查队伍形成一个凝聚力很强、无坚不摧的战斗集体，一方面要想方设法增进每个战斗员对集体的向心力；另一方面要设法提高领导核心对每个成员的吸引力，同时还要不断消除离心力和排斥力。只有把领导核心的吸引力与各个成员的向心力有机地结合起来，才能形成强大的凝聚力，在侦查对抗中发挥难以估量的战斗力。

“自古以来，自强方能胜人。”提高侦查队伍的素质，除了经常对大家进行政治思想教育，领导体贴爱护自己的部下外，还必须从优待警和严格管理。如果那些勇于舍弃自己的幸福和健康，敢于牺牲生命去保卫社会安定，保护人民生命财产安全的勇士们，其社会地位和物质待遇还不如一个投机钻营、招摇撞骗的社会混子，试想勇士们的工作热情还能够持久吗？为国捐躯的勇士们所追求的并非是本人的物质享受，所图者是国家的强大、民族之昌盛、社会的安宁。理所当然，他们需要受到社会的尊重、人们的理解和爱戴，物质生活也应当不断得到改善和提高。

“响鼓还需重槌敲。”从优待警和严格要求必须同时并重。自强必须强化自身管理，侦查队伍中的每个成员，都必须将自身置于纪律和法律的约束下。赏罚分明，赏以树信，罚以树威，行赏勿滥，滥则贬值。只有加强教育，从优待警，严格管理，才能使侦查指挥员和战斗员树立起与犯罪作斗争的乐战之心，为国为民的献身之志，在侦查对抗中保持必胜。

（《北京刑侦研究》1999 年第 1 期。）

试论侦查谋略的构成与施谋原则

一、侦查谋略的构成

侦查谋略是谋略思想在侦查领域中的具体应用，谋略思想可以用于战略方面，又可以用于战役战斗方面。同一个谋略思想在战略、战役、战斗中都适用。按照侦查谋略在空间和时间上的意义，可将侦查谋略分为战略上的深谋远虑、具体侦查过程中的权宜之计和具体侦查活动中的灵活机动和紧急情况下的随机应变。

（一）侦查战略上的深谋远虑

凡涉及侦查全局、较长时间的谋略思考，都属于战略性的深谋远虑。同犯罪作斗争是侦查部门长期的艰巨任务，应当从长计议，不可头痛医头，脚痛医脚，急功近利。高层次的侦查决策机构，应当根据全国、全省或地区的政治、经济、文化发展形势，社会治安情况、法制建设以及国际犯罪对我国的渗透与影响，预测国内、省内、区内刑事犯罪发展趋势。根据犯罪活动呈现出来的规律和特点，提出侦查部门发展的总目标，设计实现总目标的总体方略。例如，侦查机制的改革、体制与机构调整、侦查队伍建设、技术装备配备、侦查现代化管理、侦查情报资料建设、国内各系统侦查力量的协调及国际间的协作等。谋略就是预见未来，“没有远虑，必有近忧”。只有从战略高度想问题，深谋远虑，才可能把握未来的主动权。不能只顾眼前，陷入当前的具体矛盾中，应当从未来的需要中寻求解决现实矛盾的方案和途径。

（二）具体侦查过程中的权宜之计

在侦查对抗中，凡属具体案件的侦破或解决某些局部具体问题的谋略思考，都可以算作战役和战斗方面的权宜之计。例如，在侦查实践中，临时组织的破案战役和专项斗争，以及侦破某个具体案件中的谋划过程，都是在侦查总体方略的指导下，在较短时期、较小的范围内进行的谋略思考和实施的各种计策。

（三）具体侦查活动中的灵活机动和紧急情况下的随机应变

战术上的随机应变，是指侦查对抗中，随着双方的变化随时调整自己的斗争方式方法，以适应对抗形势的发展，达到“误人而不为人误”的目的。随机应变，是指遇到紧急情况时，所采取的临时应急之计。“兵法千章万句，最难把握的就是随机应变问题。”[①] 由于侦查中偶发、随机因素多，可变性强，必须采取灵活机动的战术。紧急情况经常遇到，侦查员必须善于随机应变，见机而行。侦查中的随机应变常表现为紧急情况下的“急中生智”和“眉头一皱，计上心来”。随机应变，需要侦查员有强烈的对抗意识和良好的思维品质，有丰富的知识和斗争经验。

二、侦查主体施谋用策的原则

活力对抗奉行的是“诡道逻辑”，常表现为诱饵之下设有陷阱，甜言蜜语中包含阴谋诡计；糖衣里边裹着炮弹；收买拉拢、挑拨离间、真真假假、虚虚实实，应有尽有，事实的真相常被对抗双方制造的迷雾所笼罩，使人真假难辨，防不胜防。[②] 侦查是一种诉讼活动，它不仅受国家法律、法规和政策的限制，而且还受社会道德规范的约束。因而侦查主体进行施谋用策时，与其他对抗活动相比，回旋的余地相对较小，受一定的限制，不能滥施计谋，应当遵循一定的原则。

（一）合法性原则

侦查主体是执法者，他的主要任务是依法揭露和证实犯罪，查缉犯罪嫌疑人，维护国家法律尊严，保护人民。侦查对抗实质上是国家执法人员与违法犯罪人员之间进行的一场维护法律与破坏法制的斗争。侦查人员在侦查活动中，必须把法律作为立身之本，严格依法办案。侦查人员在与犯罪分子斗智斗谋时，也必须受法律和政策的约束，施谋用计只能在法律和道德规范许可的范围内进行，不允许任何形式的违法乱纪行为和有伤风化的现象。讯问犯罪嫌疑人不得设谋引供诱供，更不准诱人犯罪。

在侦查对抗中侦查主体不得违法用谋，并不是不能用谋。只要是在法律、政策许可的范围内，应当充分发挥主观能动性，充分运用自己的智慧迷惑对手的心智，通过示形用佯使对手产生错觉，造成其判断失误，根据侦查需要，因势利导，战胜对手。在讯问中可以利用对手趋利避害的心理，使用攻心战术，减弱对手的抗拒讯问能力；也可以利用对手的反侦查伎俩，将计就计挫败对手。

---

① 李炳彦、孙兢著：《军事谋略学》（上册），解放军出版社 1989 年版，第 94 页。
② 李炳彦、孙兢著：《军事谋略学》（上册），解放军出版社 1989 年版，第 85 页。

（二）合意性和合理性相结合的原则

合意性是要求侦查主体在进行谋略设计和实施过程中，都要符合侦查意图，要紧紧围绕实现侦查目标，达到破案目的而施谋。侦查主体进行谋略，应当综合各种情况，力求以最小的代价换取最大的胜利，既可以用示形用佯，顺详敌意，把对手引向极端，进入我方谋划之中；也可以以迂为直，牵制对手，利而诱之，使侦查对抗向着有利于己不利于敌的方向发展。

合理性是要求侦查主体施谋用策时，不能一厢情愿，搞单相思。要善于双向思维，摸清对方的心理，使侦查谋略既符合侦查意图，又要合乎对手的思维和行动规律，使其在心理上能够接受。“香饵可使悬鱼忘钩，利欲能令人智昏”,① 就犯罪人的世界观而言，都是一些利欲熏心、唯利是图之徒，他们都是以损人开始，以害己告终。在侦查对抗中只要施谋得当，对手从自身利害出发就可能自投罗网。只有将侦查谋略的合意性与合理性巧妙地结合起来，协调一致，才不失为成功之策。

（三）目的与手段相匹配原则

毛泽东同志在《关心群众生活，注意工作方法》一文中说：“我们的任务是过河，但是没有桥或没有船就不能过。不解决桥或船的问题，过河就是一句空话。”侦查的根本任务是查清犯罪事实，揭示出犯罪事实与犯罪嫌疑人之间内在的必然联系，把犯罪嫌疑人缉捕归案。侦查主体施谋用策都是为了更有效地完成任务。侦查主体在进行谋略思考过程中，必须注意解决达到目的，实现目标的方法、手段问题。谋略是方法、手段的内核。谋略的实施是靠一定的方法、手段完成的。在侦查对抗中，根据对抗态势的变化，侦查方法、手段可以不断变化，但心里要永远记住目的，万变不离其宗。施谋用策要围绕实现侦查目的，选定各阶段的目标，依照目标的实现，确定与其相适应的方法、手段，使方法、手段与欲要实现的目标相适应，使任务与方法、手段协调一致，才能诱使对手接受我方的计谋，又能最大限度地干扰和破坏对手逃避侦查的企图，以求用最短的时间，最少的消耗和损失达到揭露犯罪之目的。

（四）因案因人施谋原则

犯罪活动是由头脑正常的人实施的，由于犯罪人的年龄、性别、社会经历、文化程度、专业知识、智力水平、个性心理状态等特征不同，表现出其犯罪的行为方式及反侦查能力的绝对差别性，形成形形色色的刑事案件。在侦查对抗过程中，又充满多变性和偶发性，以致使侦查对抗呈现出千变万

---

① 李炳彦著：《兵家权谋》，解放军出版社 1983 年版，第 80 页。

化，似乎使人难以捉摸的现象。面对千奇百怪的犯罪案件，侦查主体进行谋略思考时就不能墨守成规，满足于以往的经验，必须因案、因人施谋，因情措法，不断创新。如果过多地陶醉在光荣的过去之中，就会招致可悲的未来。

兵法千章万句，无不突出一个变字。诸如随机应变，灵活多变，变中有不变，不变中有变，变化无穷。变化的根据就是对手的具体情况，对手变了我也变，不能坐吃山空。这就是孙子所说的："故其战胜不复，而应形于无穷。"[①] 在侦查中施计用谋，亦必须针对不同案件中的不同人，不能千篇一律，满足老一套。孙子曰："能因敌变化而取胜者，谓之神。"[②] 侦查中用谋也不能一成不变，应因情制变，不断根据敌情变化，改变自己的对策。同时还要善于从自己的变化中再推测对手可能发生的变化，依照推知的敌变再设一谋，想在敌变之前，做好两手或三手准备，以防不测。

（五）力求成功，减少风险原则

在错综复杂的侦查对抗中，成功与风险同处在对立的两极。侦查主体施谋定策时，要想不担一点风险，寻求"十全十美"的万胜之策，事实上难以办到。只能要求侦查主体善于审时度势，全方位思考，周密谋划，力求成功，减少风险。凡事无求万全，求万全而无一全，"自古以来没有无准备而取胜的军队，却有以'冒险'而成功的将军"。[③] 在侦查对抗中，也要敢于冒点风险，当然这种冒险不是鲁莽行动，而是经过深思熟虑的有理智的"冒险"。同时应当做好防止和减少风险的准备。

（六）注意后效应原则

侦查对抗具有互动性，一方的行动常常会引起另一方的反行动。因此，侦查主体进行谋略思考时，必须统观全局，进行全方位思维，既要看到事物的正面，又要想到问题的反面，不能一厢情愿，不能因迷恋眼前利益而忘记长远利益，不能只盯住局部而抛开全局；更不能感情用事，要冷静思索，善于利中见害，害中见利，及时识破对手制造的假象，充分估计到施谋用策后，对手可能出现的反应，又可能产生何种不利于己的后效应。尽可能避免使自己的行动成为引起对方采取反行动的因素。

侦查谋略来源于侦查对抗，又支配和制约着对抗的结局，使侦查对抗显示出高度的科学性，又有丰富的艺术性。研究侦查谋略的目的，既不是搬古

---

① 吴如嵩著：《孙子兵法浅说》，解放军出版社 1999 年版，第 74 页。

② 吴如嵩著：《孙子兵法浅说》，解放军出版社 1999 年版，第 74 页。

③ 李炳彦著：《兵家权谋》，解放军出版社 1983 年版，第 29 页。

人和其他领域创造的原则，也不是为追求时髦，故弄玄虚，而是为了从中寻求思想启迪，以推开侦查人员智慧的闸门，在复杂多变的侦查对抗中，充分发挥聪明才智，不断创造出丰富多彩、璀璨夺目的克敌制胜的新方略，使其更好地为侦查实践服务。

（《北京刑侦研究》1999 年第 2 期。）

诱惑侦查、秘密侦查与侦查谋略

近年来，在报端和期刊上时常见到关于诱惑侦查的文章，有的报家还专门组织法学界学者，对“诱惑侦查法律问题”进行探讨。学术界对诱惑侦查的社会效应褒贬不一。褒者说：诱惑侦查，确系查获犯罪的有效措施；贬者则说：诱惑侦查利少弊多，应当谨慎行事。还有的对此表示担忧或感到困惑。

阅读有关“诱惑侦查”的文章后，发现有些问题令人费解，不少文章把“诱惑侦查”与收集情报、调查线索混在一起；还有的把“诱惑侦查”与秘密侦查、侦查谋略等同起来。这样不仅与“诱惑侦查”的概念不相符，而且引起许多混乱，会对人们造成误导。鄙人对“诱惑侦查”、秘密侦查、侦查谋略问题发表点愚见，以求教于智者。

一、对“诱惑侦查”概念之疑惑

（一）“诱惑侦查”之来历

“诱惑侦查”又有警察圈套、陷阱侦查、诱饵侦查之称。究竟何谓“诱惑侦查”？其内含和外延是什么？其说不一，各有高论。一说：“所谓诱惑性，是指‘为了使没有诱惑或劝说而无实施犯罪意图的人参与犯罪，由警察实施的诱惑以及制定的犯罪计划’。”据此，把“诱惑侦查”的概念理解为，“为了侦缉隐蔽且‘无被害人之犯罪’，侦查以及协助侦查的有关人员，以实施某种行为有利可图为诱饵，暗示或诱使他人进行犯罪，待犯罪行为实施时或结果发生后，拘捕被诱惑者的特殊侦查手段”。[①] 二说：“所谓诱惑侦查，就是由侦查人员设置圈套或者诱饵，暗示或诱使侦查对象暴露其犯罪意图并实施犯罪行为，待犯罪行为实施时或结果发生后，拘捕被诱惑者。”[②]

---

① 马跃：《美、日有关诱惑侦查的法理及论争之概观》，载《法学》1998 年第 11 期。

② 何家弘、龙宗智：《诱惑侦查与侦查圈套》，载何家弘主编：《证据学论坛》（第 3 卷），中国检察出版社 2001 年版，第 172 页。

三说:“所谓诱惑侦查是指侦查人员进行一段时间的调查，已经掌握一定的犯罪线索，但没有足以起诉的证据时，由警察化装，制造条件，诱使犯罪者实施犯罪行为，然后当场抓获的侦查方法。”① 四说:“诱惑侦查是由侦查机关（人员）设置陷阱而诱使侦查对象犯罪。在侦查对象犯罪时将其逮捕或收集证据的一种特殊侦查方法。”② 除此之外，还有诸多大同小异的论述，不再一一枚举。

在上述“诱惑侦查”的概念中，有的可能是按原意译制，有的可能经过了加工制作，但从这些概念中可以看出，诸说的表述形式虽有差异，但共同点还是一致的，都认为“诱惑侦查”是侦查人员设置圈套或诱饵，暗示或诱使被诱惑对象实施犯罪行为时或结果发生后，拘捕被诱惑者。不知可否这样理解，诱惑的主体是侦查人员，被诱惑者是仅有犯罪意图或倾向的任意人；圈套是图谋，诱饵是幌子，是一种手段，目的是让被诱惑者实施犯罪行为并将其拘捕之。

据说，“诱惑侦查是一种历史悠久的侦查手段”。可是我在中国的权威辞书上未曾查到“诱惑侦查”这一词汇，也许是本人才疏学浅，孤陋寡闻吧！后来从一些学者的文章中得知该词语是从西方漂洋过海而来。有的说“诱惑侦查（警察圈套）”始于大革命前的法国；有的说“警察圈套”源于英美刑法理论中的一种违法阻却事由。究竟何者准确，本人无意去考证，有待法制史学者或研究侦查制度史的学者去考证吧！

不论外来的也好，土产的也罢，都应当用辩证唯物主义和历史唯物主义的观点加以分析。外国的东西虽然显得“摩登”，不一定都完美无缺；土产的可能觉得有点“俗”，带点土腥味，但未必都腐朽，无可取之处。还是本着“古为今用”，“洋为中用”的原则，认真分析研究，择其优者而取之，择其不善而弃之为好。

（二）“诱惑侦查”概念之解析

“诱惑侦查”又称侦查陷阱、侦查诱饵或诱饵侦查、警察圈套或侦查圈套，看来既是外来语，又有多种词义。究竟原意如何，是翻译所致还是变了味，这里不必去探讨它。我想既然在中国推广还是按照汉语习惯予以准确解释较好，以免引起误导和混乱。据有关辞书解释，“诱惑”意为引诱、迷惑。“陷阱”是捕兽或擒敌时设的坑坎。“诱饵”乃是以物引诱，如设饵钓

---

① 刘善春、毕玉谦、郑旭著:《诉讼证据规则研究》，中国法制出版社2000年版，第213页。

② 戴中祥:《试论对诱惑侦查的法律限制》，载《人民检察》2002年第4期。

鱼，诱鱼上钩。圈套，是指引诱人上当或受害的计策。若把这些词与侦查连在一起，便成为侦查的限制词。不管是“诱惑侦查”、“诱饵侦查”，还是“陷阱侦查”，其本质属性还应该是“侦查”，或是侦查的一种形式。侦查应该有其特定的含义，不能把什么活动都叫侦查。在中国侦查是一种刑事诉讼行为，是刑事诉讼活动的重要组成部分。侦查应当具有规范性和侦查对象的特指性，而不是任意进行的，超越法律规范和对象特指范围就应当视为违法。根据我国法律规定，侦查是以立案为前提的，立案是侦查的必经程序和法律依据。未立案前的行为不能称为侦查行为，只能是搜集情报、发现线索或其他调查活动，这一界限在理论上必须严格区分，不容混淆。

立案侦查应当有一定的法定条件和程序，根据刑事诉讼法的规定，侦查部门“发现犯罪事实或犯罪嫌疑人，应当按照管辖范围，立案侦查”。“对于报案、控告、举报和自首的材料，应当按照管辖范围，迅速进行审查，认为有犯罪事实需要追究刑事责任的时候，应当立案”；“公安机关对已经立案的刑事案件，应当进行侦查，收集、调取犯罪嫌疑人有罪或者无罪、罪轻或者罪重的证据材料。”《刑事诉讼法》第43条还规定，“审判人员、检察人员、侦查人员必须依照法定程序，收集能够证实犯罪嫌疑人、被告人有罪或者无罪、犯罪情节轻重的各种证据。严禁刑讯逼供和以威胁、引诱、欺骗以及其他非法的方法收集证据”。根据上述规定，只有“认为有犯罪事实需要追究刑事责任”的，才立案侦查；如果“没有犯罪事实，或者犯罪事实显著轻微，不需要追究刑事责任的时候”，就不予立案。这里所说的“犯罪事实”只能是按照刑法规定，由犯罪行为构成的案件并且需要予以刑罚的行为事实。这正是侦查所特指的对象，不允许对其他行为随意进行侦查。刑法上所说的行为乃是对社会的危害行为，我国刑法是行为规范，而不是思想规范，只有行为人在意识支配下实施危害社会的行为才违反刑法。也就是说，我国刑法惩罚的是犯罪行为，而不是思想，也不是意图或倾向。仅有某种思想而没有行为并不是刑罚的对象，也不是侦查特指的对象。这既是一个严肃的理论问题，又是司法实践中应当严格掌握的法律界限。犯罪行为必须是行为人在主观意识支配下表现出来的自觉行动，不是在他人强迫或欺骗下表现出的行为。如果在他人教唆、引诱、欺骗下实施了某种危害社会的行为，就应当视为教唆、引诱、欺骗，应当分别追究行为人，教唆、引诱人的法律责任，这才符合刑事司法的客观、公正性，也符合刑法的罪刑法定原则。

（三）对“诱惑侦查”的疑虑

如果诱惑侦查是“以实施某种行为有利可图为诱饵，暗示或诱使他人进行犯罪，待犯罪行为实施时或结果发生后，拘捕被诱惑者的特殊侦查手段”。这样不免使人产生一系列疑虑：

疑虑之一，被诱惑者是先有犯罪行为，还是先被列入“诱惑侦查”的对象？被诱惑者所实施的犯罪行为是已经发生的，还是被侦查人员诱惑出来的？被诱惑对象是以什么标准确定的？被诱惑者原来有无某种犯罪事实，是否达到需要追究刑事责任的程度？假设已经有了犯罪事实，为什么不先立案？如果是尚未发现被诱惑者有犯罪行为，而是经过诱惑，待其犯罪行为实施时再予以拘捕，那么对于既没有犯罪行为，又未经过立案程序就任意开展侦查的法律根据是什么？如果对未发现犯罪行为，又不立案就列为被诱惑对象进行侦查，岂不应把侦查划分为“有犯罪行为侦查”和“无犯罪行为侦查”，“立案前侦查”和“立案后侦查”？这是与贯彻依法治国伟大方略的形势相悖的！

疑虑之二，有不少学者将“诱惑侦查”分为“合法诱惑”与“非法诱惑”，这样划分的标准是什么？据说是有的。“关键在于确定侦查对象主观上有无犯罪意图和犯罪倾向。”从表面上看，似乎有了客观标准，仔细推敲，它仍然是令人难以琢磨的，虚无缥缈的标准。何谓“意图、倾向”？以汉语词义讲，意图是希望达到某种目的之打算，只是一种主观愿望，倾向则是事物发展的方向和趋势。二者都是无形的。对于人主观上的意图和倾向，应当是一种思想意识活动，不应当视为行为。思想意识活动未表现为行为之前，目前还是无法把握的，正如鄙人未写拙文之前，谁能证明我有写此文的意图和倾向呢？即使通过一定方式表示出来，也不能肯定我一定要写这篇文章。对于犯罪来说假使某人有了某种犯罪表示，但只要不对社会造成危害，我国刑法也不视为犯罪。对于不属犯罪的意图和倾向当然不能随意侦查。再说，对于尚未表现出犯罪行为的“意图”、“倾向”，不仅难以把握，也是无法得到证明的，控者可以说是原来就有的，辩者也可以说这种意图、倾向是在引诱下产生的，究竟以谁家之说为准呢？假如以侦查员的意见为准，势必会造成侦查员认为某人有犯罪意图或倾向，不经过立案就任意进行诱惑侦查，侦查人员岂不是凌驾于法律之上，如果国家司法机关的工作人员随便把任何人都可以作为诱惑对象，那么人权还有什么法律保障。

疑虑之三，如果事先已经知道某人产生了犯罪意图和倾向，那么为什么不设法把其恶念消除于未萌芽或瓦解在萌芽状态，而偏要处心积虑地为其“创造条件”，“提供机会”催化其犯罪行为实施或结果发生后再将其缉捕呢？须知我国是人民民主专政的社会主义国家，刑事立法与司法的出发点是遏制和减少犯罪，发扬正气，逐步消除邪恶。所以在刑事司法实践中既要惩治既然犯罪行为，更要注意防患于未然。鉴于此，我们对严重危害社会治安的刑事犯罪既要依照刑法规定，予以惩治，同时又要加强精神文明建设，加强综合治理，加强社会主义法制教育，把依法治国与以德治国结合起来，培养良好的社会主义道德风尚，勤于疏导，化解各种社会矛盾；采取切实措施，建立健全各种防范机制，调动各方面的力量，加强对不良青少年的思想引导，使其弃恶向善，加强社会治安管理，消除隐患，堵塞漏洞，减少犯罪。对于已经发生的犯罪案件，在积极组织力量，加紧侦破的同时，还要千方百计促使犯罪行为人投案自首，或争取立功，走从宽处理之路，给其改恶从善，悔过自新的机会。那么，对于犯罪行为尚未发生，已知某人（包括有一定过错的人）有了“犯罪意图或倾向”，为什么不对其加强挽救，使其消除邪念，或走立功赎过之路呢？为什么偏要千方百计为其创造条件或提供机会，并暗示他有利可图，诱使他实施犯罪行为呢？这样做恐怕与我国的刑事立法精神不一致吧！

疑虑之四，“诱惑侦查”是否有主观臆断，强化有罪推定之嫌？断定某个人是否有罪，首先要看他是否有刑法所禁止的犯罪行为，再加以确实充分的证据证明该行为是他所为，而“诱惑侦查”则是凭侦查员主观认定某人有犯罪思想，而且这种思想仅在萌芽阶段，侦查人员便采取诱惑手段进行侦查，还要“暗示实施某种行为有利可图”，并为其“创造条件”，“提供机会”，“待其犯罪行为实施时或结果发生后”，将被诱惑者拘捕起来，交付法庭审判，这种先由侦查员从主观上设定好谁有犯罪意图或倾向，然后再加以培植待时机成熟了再捉拿问罪，这不是进一步强化了侦查阶段的先入为主，“有罪推定”吗？犯罪心理学认为，任何犯罪动机的形成，都经过一个由量变到质变、从不自觉到自觉的过程。犯罪动机的形成和发展取决于内因的需要和外部客观条件的刺激，如果外部的刺激与内因需要正好适合，内外因结合在一起，才能在犯罪动机支配下实施犯罪行为。但是，产生了犯罪动机，并不一定个个都成熟起来实施犯罪行为。在不少情况下，虽说产生了犯罪动机，由于外部环境发生了变化，周围的消极影响被积极因素所代替，就会使已经产生的犯罪动机解体、消失和转化为良性动机。如果国家司法工作人员，推断某些有不良行为的人可能有某种“犯罪意图或倾向”，不首先挽救、防范控制，而故意为其“创造条件”、“提供机会”，这还不是故意促成有犯罪动机的人百分之百的走向犯罪吗？这不是人为的排除了使其犯罪动机解体、消失和向良性转化的可能吗？这还不是有意或无意地培养更多的犯罪吗？

（四）“诱惑侦查”利少弊多，不宜倡导

任何一项具体法律行为、法律手段的出现，都有其历史渊源、社会基础和文化根源，都与一定的社会制度、司法制度相适应。据说“诱惑侦查”在美国是一种应用相当广泛的侦查手段。美国侦查部门是如何具体进行诱惑的，鄙人不甚了解，也不愿妄加评论。可以肯定，美国的侦查制度是其司法制度的组成部分，它的司法制度是与其社会制度相适应的，它们“诱惑”的结果如何，我们也不太了解。但美国的犯罪率高，破案率低，具有“犯罪王国”的美称，这却是不争的事实。

把外国的“诱惑侦查”方法原封不动的搬到中国来效果如何？社会后效应怎样？这倒是一个很值得深入研究的问题。有人认为，“诱惑侦查”在我国有合理性和必要性。其理由：一是加强打击犯罪力度，维护社会治安秩序的需要。二是侦查特殊案件的需要。随着犯罪行为日趋多样化、隐蔽化、有组织化和智能化，特别是没有明显被害人的犯罪、贪污贿赂犯罪、制造和贩卖毒品，诈骗和网络犯罪等犯罪增多，“仅靠传统‘被动型侦查’方法已经不可能达到侦破案件，捕获嫌疑人的目的”。所以“诱惑侦查，实属必要”。三是我国的侦查技术和侦查手段还比较落后，如果不允许进行“主动型侦查”（诱惑侦查——笔者注），势必影响打击力度。

对于上述主张，笔者不敢苟同，当前我国对刑事犯罪确实存在打击不力的现象，社会治安形势仍然很严峻；犯罪日益多样化、智能化、专业化、有组织化，侦查部门面临新挑战；我国的刑事科学技术从总体上来说，与发达国家相比还比较落后，且发展不平衡，在一定程度上可能会制约侦查破案能力的发挥。但鄙人认为要解决这些问题，关键靠提高侦查队伍的整体素质或综合素质，包括政治素质、业务素质、文化素质、心理素质、思想素质、身体素质，加强侦查员的诉讼意识、证据意识和科技意识；提高拒腐蚀能力、综合办案能力、单兵作战能力和应变能力。这些并不是广泛推行诱惑侦查方法所能解决的，说不定广泛实行诱惑侦查会闹出更多的乱子。因为侦查队伍中极少数人对练基本功、学真本领兴趣不高，而对旁门左道格外热衷，甚至可以无师自通，超常发挥。有的在讯问中诱惑口供，以致造成冤案、错案。

我认为，在人民民主专政的社会主义制度下，同刑事犯罪作斗争靠正义、靠法律，侦查破案是在看不见硝烟的战线上，双方进行的血与火的拼搏，侦查部门是正义之师，严格执行法律和各项刑事政策，紧紧依靠人民群众，靠智慧、靠娴熟的业务技能、靠科技手段、靠艰苦细致的工作，一句话靠真本事，不靠投机取巧，旁门左道，不敢有病乱投医，万一投到庸医手下，吃错了药是会治死人的，至少会贻误病情。侦查工作是严肃的执法活动，如果只凭主观断想任意“诱惑”，一旦失控，造成侦查手段的滥用，侦查部门会脱离群众，人们就会因害怕侦查人员设圈套、挖陷阱、下诱饵、被套住而招来祸患，干脆离侦查人员更远些，尽可能不与警方打交道，免得招灾惹祸，久而久之侦查部门还不成了孤家寡人，自己把自己封闭、孤立起来，奉劝各位有识之士还是三思而后行好！

二、秘密侦查有待纳入法制轨道

（一）秘密侦查之含义及适用范围

未讨论秘密侦查之前，先研究一下“秘密”二字之含义。“秘密”是与“公开”对仗的词。古为“祕密”，是不外传的机要事宜［见《辞源》（三），第2266页］；现代的“秘密”是不易测知，不公开之意［见《辞海》（下），第4009页］。人们在社会活动中，不论是处事、接物或解决问题，都有以公开或隐秘，不让外人知道的方式，这自然有公开与秘密之分。从方法上讲，很难说孰优，孰劣；谁好，谁坏。只能视解决问题的实际效果而定。

用秘密方式查访案件，古今中外早已有之，如中国古代官吏通过微服私访体察民情暗访要案；国外运用密探查访犯罪人等。我国解放前称侦查为侦缉，包括便衣侦探的秘密侦缉活动。中华人民共和国成立后至刑事诉讼法颁布之前，我国不论是公开的还是秘密的调查刑事案件的活动统称为侦察。所有业务教材（出版的和未出版的）统取名为“刑事侦察学”。1979年我国刑事诉讼法正式颁布，将侦查列为刑事诉讼的独立阶段。侦查是刑事案件立案后、起诉前进行的收集证据，查明案情，确定是否起诉的一种诉讼活动。从此“侦查”一词便成为我国刑事诉讼中的法定用语。而在公安机关的一些文件和学者的著作中，却仍然沿用着习惯用法，依旧把军事用语“侦察”运用到刑事诉讼活动，于是出现了“侦察”与“侦查”并用的现象。有部分学者试图把“侦察”与“侦查”区分开，结束混用的局面，便提出将国家安全机关的侦查和公安机关立案前的调查活动称为“侦察”，而将检察机关和公安机关立案后调查称为“侦查”；也有学者主张把侦查活动中的隐蔽活动即秘密方式称“侦察”，把公开调查称“侦查”；还有的认为“侦察”是依据行政法规进行的一种行政行为，而侦查是依据刑诉法实施的诉讼活动。这样做的结果不仅未能划清“侦察”与“侦查”的界限，更使人觉得有治丝益棼之感。

鄙人认为，既然刑事诉讼法已明确“侦查”为法律用语，而且《辞海》等工具书中又明确解释“侦查”为法律用语，“侦察”为军事用语，我们为什么又舍不得改变过去的习惯用法呢！把法律用语统一起来，可以避免歧义，引起误解，又有什么不好。

有人会说，统一称“侦查”就会排斥秘密侦查方法，其实不然。侦查是刑事诉讼活动的一个重要阶段，它的基本任务是依照法律规定运用各种手段收集证据，查明案情，及时准确地揭露犯罪，查缉犯罪嫌疑人，保障无罪的人不受刑事追究。1996 年修正的《刑事诉讼法》第 82 条第 1 项规定：“‘侦查’是指公安机关、人民检察院在办理案件过程中，依照法律进行的专门调查工作和有关强制性措施。”进行专门调查工作和实行强制性措施，只要在法律允许的范围内，可以灵活多样，运用侦查措施既可以是一般的，也可以是紧急的；既可以是常规的，也可以是科技的。进行的方式方法既可以是公开的，也可以是隐蔽的，还可以是公开与隐蔽相结合的。秘密手段与公开手段，相辅相成，互为表里，缺一不可。因为侦查是针对犯罪活动的，犯罪活动的违法性和非正义性，决定它的诡诈性和隐蔽性，就犯罪过程而言，除了犯罪结果造成之后，暴露于众之外，其他绝大多数活动都是隐蔽的，有些情况是鲜为人知的。所暴露于外的蛛丝马迹也往往是局部的，支离破碎的，一般人难以系统了解。由于犯罪活动的隐蔽性和诡诈性，必然给收集证据、查明案情、揭露犯罪带来复杂性和艰巨性。再说整个侦查阶段，侦查人员与犯罪者的利益是冲突的，侦查人员与犯罪者完全处于对抗状态，侦查活动中自始至终存在侦查与反侦查，查证与反查证，揭露与反揭露，查缉与反查缉的激烈对抗，这种对抗又是活人或活人集团之间的对抗，侦查人员仅用公开的方法调查隐蔽的犯罪活动是不可能完成查明案情，收集证据，及时准确地揭露犯罪这一繁重任务的。侦查是犯罪的天敌、克星，为了揭露犯罪的需要，必须针锋相对，以公开对公开，以隐蔽对隐蔽，这正是古今中外普遍运用秘密侦查手段的历史必然，也可以说秘密侦查手段是从对手那里学来的，也算是一种“以其人之道还治其人之身”的方法，不过这不是以眼还眼，以牙还牙的报复。相信随着侦查的现代化，秘密侦查还会不断有所创新。有不少学者主张将“诱惑侦查”以法律形式固定起来，笔者认为，与其如此尚不如把古今中外普遍采用的有效手段“秘密侦查”在法律条文中明确起来。过去“秘密侦查”未被写进刑诉法中，据说是因为一提“秘密”二字，会使人产生神秘感，所以“秘密”二字不宜在法律上使用。其实“神秘”正是深奥莫测的意思。本来通过侦查把隐蔽很深的犯罪者揭露出来就是一种很神奇的活动，侦查破案本来就不是很容易的事，人们对侦查有犹言秘奥之感又有什么不好，“秘密”二字岂不比“诱惑”、“陷阱”、“圈套”、“诱饵”这些词更文雅一些。我国法律虽然没有明文规定，但秘密侦查在反间谍斗争中、侦破重特大刑事案件中一直在运用。长期以来，对“秘密侦查”用起来好像与法无据，说起来似乎“理不直，气不壮”。有人把“秘密侦查”视作“行政行为”，这样又将它置于了合法与非法之间，难登大雅之堂。以笔者看来既然外国法律把“诱惑侦查”、“诱饵侦查”、“侦查陷阱”、“秘密派遣”都可以明文规定于法，为什么我国就不能予以正视呢？与其犹抱琵琶半遮面地运用，倒不如把它明令于法更显得堂堂正正。

为防止秘密侦查之泛化和滥用，法律应明确秘密侦查手段只能在立案之后的侦查阶段使用，并严格限定其使用范围和完善监督机制。对于立案前运用秘密方式搜集情报、发现线索或查清某种情况，还是称其为“秘密调查”为好，决不能称其为“立案前侦查”，立案前的调查可视为行政行为，由行政法规调整，而“秘密侦查”则进入了刑事诉讼程序，侦查行为是刑事诉讼行为，而不是行政行为，二者不能混在一起，免得自相矛盾，自寻烦恼。

（二）秘密侦查涵盖的内容与使用原则

秘密侦查既然是侦查的一种形式，按理说其涵盖面应当很宽，任何侦查措施和手段的运用，都可以是公开的或者秘密的，因为公开与秘密是相对的，只有期限和知情面的不同，其他并无严格的区别。在侦查实践中，秘密侦查是对侦查对象和未参与该项活动的局外人而讲的，对于实施某项秘密侦查手段的侦查员来说，任何秘密又都是公开的。侦查人员的身份，包括衣着、职业、言语等，既可以是公开的，也可以是隐蔽的，侦查意图、访问知情人、接触侦查对象的方式、交谈的内容、对嫌疑人监视的方法等，都可以根据侦查需要，或采取公开的，或采取秘密的；有时公开手段也可以转化为秘密的，秘密手段也可以变换为公开的，总的来说不是绝对的，固定不变的。执行任务的侦查人员可以予以分工，作为侦查行为来说，不应当人为地将其硬性分开，那样做既不科学，也不符合实际。有人对秘密侦查产生神秘感，实际上是一种对秘密侦查的“厌恶感”，也是一种门户之见，或者称“玄虚感”。其实侦查中应用的许多秘密手段，军事、医疗、通信、航海、航空、金融、商业等领域中已经得到广泛应用或正在应用。只不过人们对司法领域，尤其在侦查活动中应用这些手段和技术特别敏感罢了。

侦查是同隐蔽在群众中的犯罪分子作斗争的手段，侦查过程中会牵涉许多人和事，涉案的许多情况在案件未破获之前，不仅对侦查对象要保密，就是对其他局外人亦要保守机密，知情面不能任意扩大，防止消息泄露，增加侦查对抗的难度，甚至流血牺牲。但是秘密侦查手段又不能滥用，防止侵犯公民的合法权益。因此，侦查机关运用秘密侦查手段，必须严格遵循相关原则。我认为对刑事案件侦查中应用秘密侦查必须坚持以下几方面：

1. 严格控制秘密侦查的适用范围。在秘密侦查中使用的一些专门手段，只适用于贩运毒品、走私、恐怖犯罪、黑社会性的犯罪集团、跨境与跨国性质犯罪等重大犯罪案件。对于一般刑事犯罪案件不宜使用专门秘密手段（对间谍案件侦查除外）。侦查部门使用专门秘密侦查手段，必须严格履行审批制度，明确规定经过上级侦查部门和人民检察院审查同意后方可使用。

2. 严格遵守法律、法规。笔者认为，为避免秘密侦查的滥用和增强可控制性，我国刑事诉讼法可作出原则性规定，再由主管部门制定法规或规章作为实施细则。执行秘密侦查任务的侦查人员违犯了法律、法规，要追究其法律责任，这样既使秘密侦查有法可依，又可防止任意使用秘密侦查手段。

3. 严格监督和管理。根据实际情况组建专门秘密侦查队伍，进行严格培训，加强政治思想教育，严格培训心理素质，加强相关业务、技能训练。建立一套完备的监督机制，加强对秘密侦查人员的监督与领导，严格执行请示报告制度和考核制度；建立秘密侦查人员品德、业绩、过失考核档案。

4. 严禁利用秘密侦查策划、诱人犯罪。秘密侦查主要是通过隐蔽方式了解和掌握侦查对象的情况，监视侦查对象的活动和新的犯罪动向，获取犯罪信息，发现新的犯罪线索，收集犯罪证据。执行秘密侦查任务的人员不能以任何借口主动策划、引诱和积极参与犯罪。

5. 秘密侦查中依法收集证据。刑事诉讼法和证据法应当明确规定，凡是运用秘密侦查手段（包括科技手段）依法收集的证据，应当视为合法，对非法获取的各种证据应当依法予以排除。

6. 对于特别复杂的重大案件可以使用隐蔽力量开展侦查。对于案情特别复杂，且案情重大的刑事案件，确定立案后，可以使用隐蔽力量，坚持长期打算，隐蔽精悍，待查明内幕，时机成熟时，适时破案。

只有将秘密侦查纳入法制轨道，才能充分发挥侦查在同犯罪作斗争中的作用，这样做既借鉴了其他法治国家的经验，又符合我国与刑事犯罪作斗争的实际，使我国的侦查活动走向法制化、系统化、科学化、文明化的新阶段，更适合同犯罪作斗争的新形势。

（三）秘密侦查与诱惑侦查

秘密侦查与诱惑侦查是否一样？其含义是否等同？二者究竟是什么关系？我们研究问题应当从客观实际情况出发，不应当死抠名词概念。但是，为了讨论问题又必须把它的本意搞清楚，才能谈得拢，不然就会南其辕而北其辙。

据我所知，“秘密侦查”这个词在最近一两年才出现，以往我国学者的著作和译著中多用“秘密侦察”。为防止歧义，笔者采用法律用语，统称

"秘密侦查"。何谓秘密侦查，至今未有确切的概念。若依照我国《刑事诉讼法》第82条之规定精神，秘密侦查就应该是公安机关（含国家安全机关、军队保卫部门和监狱——笔者注）、人民检察院在办理案件过程中，依照法律规定以秘密的方式进行的专门调查工作和有关的强制性措施。诱惑侦查则"是警察设置圈套，以实施某种行为有利可图为诱饵，暗示或诱使侦查对象暴露其犯罪意图并实施犯罪行为，待犯罪行为实施时或结果发生后，拘捕被诱惑者"。[①] 若把这两个概念加以比较，差别还是比较明显的。秘密侦查是强调实施侦查方式的秘密性，是在不让外人知道的情况下通过专门调查和技术手段掌握侦查对象的情况，搜集其犯罪证据或者必要时对其采取某种强制性措施，如秘密侦查员发现侦查对象逃跑、自杀和进行新的犯罪活动时，可设法予以制止或者予以拘留。诱惑侦查似乎强调"诱惑"，是先设置好圈套或陷阱，暗示或诱使被诱惑者暴露犯罪意图并实施犯罪，待其犯罪行为实施时或结果发生后，再把他拘捕起来。二者相同之处是把真实意图隐藏起来，不让外人知道。差别是秘密侦查的对象是已经实施犯罪行为被立案侦查的涉嫌者；诱惑侦查的对象则是尚未实施犯罪行为的人。秘密侦查的任务是暗中调查涉嫌犯罪对象的情况，监视其行踪，收集证据，防止其自杀、逃跑或进行新的犯罪；诱惑侦查则是暗示或诱使被诱惑对象实施犯罪。秘密侦查是暗中调查已然的犯罪事实并防患于未然；诱惑侦查则是引诱其犯罪行为实施或结果发生。秘密侦查是暗中监视嫌疑人或控制销赃、毁证，为破案做准备，紧急情况下也抓捕现行犯；诱惑侦查则是抓获被诱惑的现行犯罪嫌疑人。通过比较不难发现二者的差异还是很大的。

有的文章中，把便衣警察、"卧底"、侦查谋略中的"引蛇出洞"等都说成是诱惑侦查。甚至有人把犯罪分子袭击伤害便衣警察的案件亦称为诱惑侦查，这显然是不恰当的，不仅有悖于诱惑侦查的本意，而且也容易混淆是非界限，引起更多误解。"卧底"是旧中国对内线侦查的称谓。当前我国的港、澳、台地区仍然沿用这一名称。"卧底"原本是犯罪分子的隐语。指犯罪集团派其成员潜伏在他们欲要侵袭的目标内部，了解作案目标的内部情况，为犯罪集团提供最佳作案时机。他们把卧底的人称"底线"。后来把侦查部门打入犯罪集团内部进行秘密侦查的行为也称作"卧底"。香港廉政公

---

① 龙宗智：《诱惑侦查：在合法与非法之间》，载《检察日报》2000年1月20日第3版。

署对“卧底”要求是不能诱人犯法，乃是“卧底”的最高职业道德。① 台湾“法务部”也正在着手进行“卧底”办案立法，使“卧底侦查”法制化，并建立一套严格的“卧底警察”监督机制。② 我国在刑事案件的侦查实践中，对重大疑难案件和犯罪集团案件进行秘密侦查主要是指跟踪、监视、内线侦查和技术侦查等。运用这些手段的任务是查明案件事实，了解侦查对象的情况，收集证据，为破案和查缉犯罪嫌疑人提供信息，是侦查工作不可分割的组成部分。

经过上述分析比较，“诱惑侦查”与秘密侦查虽然形式上有某些相似之处，但它与秘密侦查中的化装侦查、内线侦查（卧底）、跟踪、监视都不是一回事。“诱惑侦查”乃是引诱、勾引之意，无论如何解释也难以摆脱诱人犯罪之嫌。因此，我们认为还是把秘密侦查加以整合，使其走上法制化的轨道更好。诱惑侦查可作为证据排除规则的一个事由，而不宜作为侦查方法运用。

三、侦查谋略乃是侦查胜利之魂

（一）侦查谋略的含义与作用

侦查谋略是侦查思维对抗中闪现出来的智慧之光。侦查是公安机关（含国家安全机关、海关缉私部门、军队保卫部门、监狱）、人民检察院在办案过程中，查明案情，收集证据、揭露犯罪，查缉犯罪嫌疑人的活动。侦查人员与侦查对象（主要指犯罪者）在侦查过程中始终处于对抗状态，由于参与对抗的双方都是能独立思维且具有主观能动性的活人或活人集团，双方为了自身的利益，达到所追求的利益目标，发挥聪明才智，采取各种办法隐蔽自己的企图和行动，并制造各种迷雾掩护自己，迷惑对手，这便使侦查对抗变得异常复杂。侦查人员（指挥员和战斗员）欲要取得对抗胜利，必须开动脑筋，审视对抗形势，扬长避短，趋利避害，在激烈复杂的对抗中，不断强化自身，削弱对手，以达到制人而不制于人，降伏对手之目的。也可以说侦查谋略是在侦查对抗中，侦查人员为了寻求以巧制胜的良策，进行对抗思维的过程和结果。谋略是人类智慧的结晶，谋略在治国安邦，统军作战，发展经济，以及体坛竞赛，棋坛对弈，市井交往中都发挥着巨大作用，一个高超的谋略所起的作用和带来的影响，常常是无法用物质力量来衡量

---

① 何劲草：《假扮烟鬼酒鬼色鬼破大案　卧底神探威震香港》，载《检察日报》2001年2月6日第5版。

② 《台湾拟为“卧底”办案立法》，载《法制日报》2001年11月3日第8版。

的。《淮南子·兵略训》中说："德均则众者胜，力敌则智者胜愚，势俟则有数者擒无数。"军事对抗中有"一人握毫之力能胜万人操抢之勇"的说法，表明谋略有巨大作用。侦查是严肃的司法活动和执法活动，固然离不开党的领导和广大群众支持，同时也与广大侦查人员大无畏的胆量和超人的智慧分不开。侦查谋略在侦查对抗中之伟力主要体现在以下方面：

1. 斗顽敌应通谋略。在侦查对抗中，侦查人员面对的是一些心狠手毒的犯罪分子，他们不仅阴险狡诈，诡计多端，凶狠残暴，而且潜伏在群众之中。侦查人员必须有勇有谋，只有计高对手一筹才能制服对手。奇谋良策是克敌制胜的法宝，只有用聪明的头脑，超人的智慧，创造性的思维才能得到。

2. 用无形支配有形。大凡高明的谋略家，无不是高瞻远瞩，遇事筹划于先而动于后，以防患于未然。兵法中讲"先谋后事者昌，先事后谋者亡"，因为伟大的有形来源于无形，无形常常支配着有形。无形的侦查谋略思想，其作用之大常常是有形的人力、物力无法比拟的。在侦查对抗中侦查员的智慧与勇气相比，智慧总是第一位的，只有用智慧的头脑驾起胆量的风帆，才能顺利到达侦查胜利的彼岸。

3. 谋略是侦查决策的核心。谋略是出主意，决策是想办法，实施决策靠运筹。主意是抽象的精神产品，是无形的，它不要求精确，但必须正确。错误的主意必然导致错误的决策，造成侦查行动的失败。侦查谋略不仅保证侦查决策的正确性，而且还使侦查决策的实施有更高的艺术性，所以侦查谋略是侦查决策的核心。

4. 谋略是侦查主体自强之道。自古以来，自强者方能胜人。侦查谋略既谋人又谋己，"谋人者使之弱，谋己者使之强"。侦查中的谋己主要是不断自我完善，加强情报建设和侦查队伍建设。俗话说：打铁需要自身硬。加强队伍建设，提高队伍素质，必须坚持以人为本，提高人的政治素质，增强凝聚力，提高业务素质，锻炼心理素质，提高法制观念，坚持依法办案，培养良好作风，坚持文明办案，同时加强物资装备和科技装备，建造一支政治坚定、业务精良、作风正派，纪律严明，特别能战斗的队伍，使自身在复杂的侦查对抗中立于不败之地。

（二）侦查谋略必须严格遵循相关规则

谋略作为智慧的结晶，思维的产品，它本来无善恶之分，它在不同历史时期可以为不同阶级、阶层、不同的集团和不同的人服务，既可以为人们造福，也可以给人带来祸患。施谋用策需要人的智慧，更离不开人的品德，因为智慧的反面就是奸诈，一个知识渊博聪明过人的人，如果缺少美德，他就会成为一个凶残魔鬼的化身。侦查是正义与邪恶的较量，侦查人员在侦查对抗中施谋用策不仅有特指性，而且还应当受一定的限制和制约，必须遵循下述原则，不允许乱施计谋。

1. 合法性原则。侦查是刑事诉讼的重要组成部分，它的主要任务是依法查明案情，揭露和证实犯罪，将犯罪嫌疑人查缉归案，以维护国家法律的尊严和不可违性，保护国家、集体和公民个人的合法权益。侦查既是司法活动又是执法活动，法律是侦查人员同犯罪作斗争的强大武器，是衡量罪与非罪的尺度。侦查人员必须把法律作为立身之本，行为准则，把法律奉为降妖驱魔的法宝。侦查人员在同侦查对象斗智斗谋过程中，必须维护法律的严肃性，不允许任何违法乱纪和有伤风化等不道德的行为，严禁刑讯逼供和威胁、引诱、欺骗及其他非法方法收集证据，更不允许故意设圈套引诱人犯罪。

侦查谋略是侦查对抗思维中绽开的智慧之花，侦查人员应当充分发挥自己的聪明才智，根据侦查对抗的需要，运用集体的智慧，制订奇谋良策，利用对手的弱点，因势利导，迫使对手服从自己的意志，以达尽快侦查破案之目的。

2. 合意性与合理性原则。侦查谋略的合意性，是指侦查人员施谋用策要合乎自己的意图和目的。首先，要有利于实现侦查的总任务和总目标；其次，要符合对具体案件侦查的目的和要求；最后，在侦查具体环节上施谋用策，符合实现总目标的要求，为实现总任务服务。

侦查谋略的合理性，是要求侦查人员施谋用策，符合对方的思维和行动规律，使对手在心理上能够接受，使其觉得合情合理，自愿接受，自投罗网，就我所范。

只有把谋略的合意性与合理性巧妙结合起来，才能算是行之有效的侦查谋略，二者不可偏废。侦查人员进行谋略思考时，只有坚持双向换位思维，才能做到知己知彼，制订合乎实际的侦查谋略。

3. 目标与手段、方法相适应原则。侦查谋略是为实现侦查目的服务的。目标是对目的的分解，进行侦查谋略思考，就是要寻找实现目标的手段和方法，解决目标与手段之间的矛盾，使目标与手段、方法相适应。侦查谋略是手段与方法的灵魂和内核，手段、方法是谋略的躯体和外壳。侦查手段与方法可以千变万化，但无论如何变化，还是为了更好地实现侦查目标，必须选择与目标相适应的侦查手段与方法（包括公开的和秘密的）。

侦查属于活人与活人之间的对抗，总的来说侦查目标与目的是一致的，但有时候仅从表面上看，目标与目的似乎并不一致，甚至是相反的，如声东击西，以迂为直等，实质上“声东”是为了“击西”，走曲折的路是为了取得走直路的效果。

侦查人员施谋用策，不仅要想方设法实现自己的目标，达到破案之目的，而且还需要透过层层迷雾把握对手的真实意图，针对对手的图谋设计用策，破坏对手的反侦查企图。

4. 因案设谋，因人施计原则。侦查对抗是在看不见硝烟的战场上进行的，是攻防兼备，软硬兼施的场合，有时也表现为血与火的拼杀。侦查对抗中施谋定策必须因人而异，星随斗转，时变、势变而法移，切忌因循守旧，循规蹈矩，一成不变地用谋。必须随着侦查对抗格局的变化，因案、因人、因时、因地、因情设谋，才能做到谋活不谋死。

侦查中的计谋好不好、奇不奇，不能只看谋略的形式，也不能只根据施谋者的主观愿望进行评价，关键是看所用计谋是否有针对性，对方在心理上能否接受，能否尽快实现侦查目标。

5. 充分考虑后效应原则。侦查人员施谋定策时，应当考虑谋略实施过程中或实施后，可能会产生哪些积极和消极影响，对社会带来的益损。侦查对抗具有相向目的性，一方的对策可能会引起另一方的反行动，侦查人员采取每项措施时，都应当仔细思考对手可能采取什么反侦查对策，自己应如何对付对手的反侦查行动。为防止使对手采取反行动，侦查人员施谋用策时，应当隐蔽企图，并设法干扰对手的视线，麻痹对方的思想，尽可能减弱对对手的刺激，避免使自己的行动成为引起对手采取反行动的诱因。

综合上述原则，可以看出侦查谋略是侦查人员在侦查对抗中所表现出来的高超斗争艺术，是法律和刑事政策灵活性的体现，侦查谋略必须受法律和政策的制约，必须遵守社会主义道德规范，绝不能违法操作，滥用谋略。

（三）侦查谋略与诱惑侦查

侦查谋略与诱惑侦查是不是一回事？侦查谋略与诱惑侦查是什么关系？有的学者认为诱惑侦查是一种侦查策略方法。以鄙人愚见，诱惑侦查与侦查谋略中某些部分虽有相似之处，但又有较大差异。只能说二者在表现形式上有交叉或称“巧合”，但又有本质上差别。我们不妨做些具体分析。

1. 侦查谋略与诱惑侦查不是一个层面上的问题。侦查谋略是侦查人员在整个侦查对抗中设计的以巧制胜的计谋和策略。诱惑侦查仅指侦查人员设置圈套或者诱饵，诱使侦查对象暴露其犯罪意图并实施犯罪行为，然后将被诱惑者拘捕起来。

侦查谋略是计谋策略的总称，是指导侦查活动的总体方略。侦查谋略中亦有迷敌（敌手——笔者注）和诱敌之计，充满诱惑对手之意，这与诱惑侦查颇有些相似，但二者适用的对象和达到的目的是不一样的。侦查谋略中的“利而诱之”计策是针对已经立案侦查的特定人和事，即在隐蔽较深，或占据有利空间，对侦查不利的情况下，侦查人员为调动对手或使对手充分暴露而采用的计谋。诱惑侦查的诱惑对象好像并不是指已经立案侦查的特定对象，具有任意性，因为诱惑是为了让被诱惑者暴露犯罪意图，并实施犯罪行为。由此而知诱惑侦查与侦查谋略既不是同一层次的问题，又存在明显差异，仅在“诱惑”对方方面有某些相似之意。

2. 侦查谋略与诱惑侦查都具有隐蔽性，但目的是不同的。“谋出于智，成于密而败于露。”侦查人员施谋于对手，绝不能让对方察知自己的真实意图和行动。因为侦查对抗具有相向目的性，一方的胜利就意味着另一方的失败，己方之机会就是对方的厄运。所以侦查谋略在未实施之前，不仅不向外人泄露，有时还要用示形用佯的手段迷惑对方，以隐蔽自己的意图和行动。这里值得提出的是侦查谋略中的计谋，其矛头所向是针对犯罪行为人的，由于犯罪行为人多混迹于广大群众之中，侦查人员施谋用计旨在孤立和调动对手，而并非针对广大群众，因为“奇谋不可人共知”的缘故，有时候常把不知情者蒙在鼓里，因此感到很神秘，这正体现出侦查谋略的隐蔽性。

据说诱惑侦查的特点也是使用诈术，实施诱惑侦查的人，也是“隐蔽身份与企图，以假面目示人”。不让被诱惑者察知真情，以便设置圈套，诱使被诱惑者暴露犯罪意图并实施犯罪行为，待其犯罪行为实施时或结果发生后，将被诱惑者拘捕起来。表面看来与侦查中抓获现行犯罪嫌疑人非常相似，只不过侦查中被抓的现行犯罪嫌疑人，其犯罪行为不是被诱惑出来的，而是在其主观动机支配下自动实施的。

侦查谋略与诱惑侦查都具有隐蔽性，这是一致的，但是侦查谋略的内容极为丰富，方法灵活多样。有时候公开的把意图讲出来，仍然可收到非常好的效果，如在侦查过程中，侦查人员结合案情充分宣传有关投案自首的法律条款，把工作做细，严格依法办案，能够促使犯罪嫌疑人主动投案自首和争取立功，对于犯罪集团可以分化瓦解，争取多数孤立少数。这说明侦查谋略是一门深奥难测的高超斗争艺术。所以毛泽东主席曾告诫全党“政策和策略是党的生命，各级领导同志务必充分注意，万万不可粗心大意。”①

3. 侦查谋略必须在法律允许的范围内运用，不得违法设谋。侦查既有严格的规范性，又有科学性，还有高度艺术性。侦查谋略虽是一种侦查对抗艺术，但随着科学技术的进步，艺术将不断地转化为科学，使侦查谋略走向

① 《毛泽东选集》（第4卷），人民出版社1966年版（横排本），第1193页。

艺术与科学相结合的轨道。侦查谋略是为实现刑事诉讼的总目标服务的，它必须严格遵守法律，不能置于法律之上，任意施谋用计。刑事诉讼的总目标是通过惩治犯罪逐步控制和减少犯罪，维护社会的安定。“自古知兵非好战”，我们研究侦查谋略正是为了及时准确地依法揭露犯罪，查缉犯罪嫌疑人，逐步实现有效控制和减少犯罪，而不是培植或制造犯罪。当然，主张推行诱惑侦查的学者，都明确表示反对制造犯罪和诱人犯罪，我相信这是真心实意的主观愿望，可是由于被诱惑者是否有犯罪意图实在难以把握，再加上每个实施者的理解不同，执行起来很容易失控变样，一旦被滥用就会使一些思想不健康的人把自己凌驾于法律之上，就会产生破坏法制，侵犯人权，甚至与犯罪者同流合污，徇私枉法问题。我们研究问题时，应当考虑到一些国家和地区的教训，充分估计到诱惑侦查可能带来的社会后效应。

[赵永琛、何家弘主编：《侦查论丛》（第1卷），法律出版社2003年版。]

浅论侦查员的思维品质

侦查过程是侦查人员与犯罪分子之间进行比勇斗智，赛知识、比才能、拼意志的过程。侦查人员要想取得斗争的胜利，必须具有丰富的知识，较好的智力结构和良好的思维品质，本文试图就思维品质与侦查破案的关系，侦查人员应有的思维品质，良好的思维品质的培养和训练方面略述浅见。

一、思维品质与侦查破案的关系

思维是人们认识的高级阶段，是利用已有的知识进行分析判断和解决问题的过程。侦查是侦查人员根据与案件有关的痕迹、物证及其他情况，认识案情，揭露、证实犯罪和查缉犯罪嫌疑人的过程。侦查活动离不开思维，侦查人员只有通过思维才能够感知案件中没有直接反映出来的问题，能够透过现象抓住案件的本质，揭示出案件中各种内在联系和规律性。侦查人员思维能力强弱，直接影响着侦查对抗的结局。如果侦查人员掌握了科学的思维内容和正确的思维形式，就能够深刻认识案情，正确地把握案情发展变化，根据案情发展变化，判断侦查过程中可能出现的各种新情况，采取相应的对策，使侦查活动沿着正确的方向发展，不断取得胜利，直至把对手降伏。否则，可能造成判断失误，致使侦查误入迷途，或导致侦查搁浅，以致被动或失败。思维品质是思维能力的表现形式，具有不同思维品质的人，在思维能力方面存在很大差别。思维能力是智力的核心，侦查人员的智力差异，主要表现为思维品质的差异。良好的思维品质是形成良好思维习惯，提高侦查效力的基础，只有不断加强良好思维品质的培养，才能形成科学的思维方式，提高思维效率。

毛泽东同志曾指出："指挥员的正确的部署来源于正确的决心，正确的决心来源于正确的判断，正确的判断来源于周到的和必要的侦察，和对于各种侦察材料的连贯起来的思索。指挥员使用一切可能的和必要的侦察手段，将侦察得来的敌方情况的各种材料加以去粗取精、去伪存真、由此及彼、由表及里的思索，然后将自己方面的情况加上去，研究双方的对比和相互的关系，因而构成判断，定下决心，作出计划，这是军事家在作出每个战略、战役或战斗的计划之前的一个整个的认识情况的过程。”① 这一精辟论断，对于侦查活动有重要的指导作用。侦查与军事对抗都属于活人或活人集团之间的抗争，两者虽有区别，但在许多道理方面是共通的。侦查对象是实施犯罪行为的人，犯罪人实施犯罪，既有隐蔽性又有暴露性，侦查正是从犯罪的暴露性入手认识案件，通过综合分析、推理判断揭露其隐蔽性。侦查人员与侦查对象之间所要达到的目的是互相排斥的，对待侦查的态度也截然不同。犯罪分子为逃避侦查，故布疑阵，示假隐真，转移侦查视线，案件的事实真相往往被犯罪分子制造的迷雾所笼罩，甚至会呈现出使人眼花缭乱的现象；侦查人员为了战胜对手，必须善于抓住已暴露出来的蛛丝马迹，联系多种可能性，通观全局，把握各种现象之间的内在联系，透过现象抓住本质，识破对手制造的各种假象，冷静地分析我方和对手各方面的情况，正确进行侦查决策，合理部署和运筹侦查力量，使对手难逃法网。欲达此目的，侦查人员，尤其指挥人员，必须具有良好的思维品质，以最大限度地提高侦查效能和破案效率。

二、侦查人员应具备的思维品质

为了保证侦查的高效性，推动侦查队伍的现代化建设，在加强技术设备建设的同时，还应努力提高侦查人员的智力水平。笔者认为，一个好的侦查人员必须具备下列思维品质：

（一）思维的广阔性

侦查人员必须善于从多方面思考问题，“欲求主意多，必须想得宽”。侦查人员在对抗性思维过程中，思维半径要大，思维辐射范围必须超过侦查对象。不论犯罪分子施展何种伎俩，都在侦查人员的意料之中，而不是意料之外。侦查人员不仅善于应用常规思维方式认识对手，还应当善于运用联想法、反想法进行思维，以跳出对手的思维圈，善于从“相反”中求“相成”；在决定自己的行动计划时，有时可以反我内心之目的而行动；或者反事情的真面貌而行动；有时还可以故意顺应对手的某些主观愿望而行动，以不断扰乱对手的注意力，而自己又不要被对手制造的各种假象所迷惑。

思维的广阔性要求侦查人员认识案情，进行侦查决策时，考虑问题要全面、周到，既要分析全局情况，又要注意到局部细节；既要兼顾施谋用策的整体性，又要避免在某些环节上出现大的失误，同时还要尽量避免使自己的真实行动成为刺激对手采取反行动的诱因。只有思维广阔，视野万里，纵横

① 《毛泽东选集》（第1卷），人民出版社1966年版（横排版），第163～164页。

兼顾，洞察全局，才能做到侦查决策正确，部署周密。

（二）思维的敏捷性

侦查人员在思维过程中，反应的速度要快，分析、综合、比较、抽象和概括等心理操作过程尽可能在短时间内完成，遇事善于拿出解决问题的办法。侦查人员必须善于适应环境，无论在各种复杂的环境中，遇到各种复杂情况，都能够沉着、冷静地进行积极思维，准确判断，机智果敢，随机应变，作出各种相应的反映。

（三）思维的深刻性

侦查人员要善于透过现象抓住本质，揭示各种事物间的规律性联系。在复杂多变的侦查对抗中，侦查人员尤其是指挥人员，要善于抓住影响侦查全局的关键性问题，适时决断。正确预示侦查活动发展的趋势，通观全局，紧紧把握侦查活动发展的方向和进程，始终保持驾驭侦查活动的主动权，以减少被动性和盲目性。

（四）思维的独立性

侦查人员必须有独立思考、独立发现和独立解决问题的能力。克服人云亦云的随多性，要有独立见解。观察问题要敏锐，善于发现疑点，见异则疑，有疑则思，多思才有胜道。一个优秀侦查员要既勇于坚持真理，又不固执己见，坚持实事求是的科学态度。侦查指挥员进行侦查决策时，既不能盲从，也不要对别人的意见置若罔闻，一意孤行；要多谋善断，不能优柔寡断。条件许可时，应尽量发挥集体的智慧，以弥补个人思考问题的不足，减少决策失误。

（五）思维的发散性

侦查人员在分析案情过程中，要善于打破常规，扩大思维的自由度，不拘一格地从各个方面探索侦查途径，寻求最佳侦查方案，并配以与其相适应的方法和手段。侦查人员在调查访问中要注意从多方面、多角度、多侧面获取信息，进行多向性思考，善于从多方面探索，提出多种设想，找出多种答案，预测多种结果，权衡利弊，择优而取。同时做好多种准备，以防不测，使侦查方案做到进可以攻，退可以守，始终把握主动权。

（六）思维的创造性

侦查人员必须具有“超越型”的思维方式，善于从“司空见惯”中提出新的见解，敢于冲破思维定势，刻意求新，充分运用自己的聪明才智，勇于突破，寻求新的侦查途径。因为直线思维和惯性思维是在旧轨道上的延伸，难以摆脱传统和习惯的束缚，具有一定的保守性，只有创造性思维才能打破常规，开辟出克敌制胜的坦途。

"活力对抗奉行的是诡道逻辑"，"凡诡道之法，都与形式逻辑的思维方式相违背"，"指挥员的决策思维切忌直线运动。联想法、反想法，最能跳出敌手料想判断的圈子"。[①] 兵法中的诡道思想，在侦查中是可以借鉴移植的，自古以来没有不用计的战争，也没有不用谋的侦查活动。在侦查对抗中，侦查人员欲要想出奇谋良策降伏对手，必须善于打破思维定势，进行超常思维，思维场必须大于对手，才能把侦查对手容纳在自己的谋划之中，使对手难以逃脱。

三、良好思维品质的培养和训练

侦查对抗的双方都是能独立思维的人，都有鲜明的目的性，双方既斗勇又斗智，斗智又制约和指导着斗勇，常常是谋于先而动于后。侦查人员谋略水平的高低，将决定侦查对抗的胜负，侦查人员谋略水平，又取决于其思维能力的强弱。因此，侦查人员必须加强思维品质的培养和训练。培养侦查员良好的思维品质途径很多，笔者认为，最主要的是以下几个方面。

（一）充实和调整侦查人员的知识结构

"知识就是力量"，智力是知识的灵魂，是思维的动力。智力是人的主观能动性的集中表现，是人的各种能力的综合。智力包括观察力、注意力、记忆力、想象力和思维力等。人的思维能力和创造性地解决问题的能力是智力的核心。当今刑事犯罪日趋复杂多变，呈现出集团化、科技化、智能化的趋势，其反侦查意识不断强化。在新形势下，要求侦查人员必须机智、勇敢，既有勇又有谋，只靠勇，缺乏智谋，企图以固有的思维方式，用解决一般问题的能力来对付狡猾诡诈的犯罪分子，是难以取胜的，为适应形势发展的需要，侦查人员必须努力调整自身的知识结构。知识是智慧之源泉，侦查人员要取得合理的知识结构，必须从纵向和横向两个方面进行知识积累。纵向知识的积累要求努力学习本专业、本领域的知识，不断回顾和总结以往的斗争经验和教训，以过去的经验丰富自己，以教训引以为戒，使自己变得更加聪慧，更加沉着老练，更加成熟。须知，研究过去的经验不是陶醉于过去的荣誉中，而是"以史为镜"指导未来。横向知识的积累是要求侦查人员必须围绕本专业、本领域不断向外扩展知识面，既精通本专业知识，又要了解邻近学科领域的知识，如刑法学、诉讼法学、犯罪学、犯罪心理学、物证技术学、法医学、精神病学、司法会计学、社会学、管理科学等有关知识，拓宽思路，从多角度，全方位着眼思考问题，不断提高思维的多向性和自己

① 李炳彦著：《兵家权谋》，解放军出版社1991年版，第55页。

的社会适应力及其应变能力。

（二）增强对抗意识，在对抗中开发智慧

素质是智力发展的前提，但人的素质尚不能完全凭借先天禀赋，还须借助于后天的学习、环境的影响和斗争实践的锻炼。侦查人员必须勇于在侦查实践中开发智慧，在与刑事犯罪分子的对抗中使智力得到发展和强化。侦查人员必须树立强烈的对抗意识，要有对抗的紧迫感和危机感，时刻保持进击的姿态，永不满足，在进击中自觉地克服滞后因素的干扰，永远保持创新和开拓的锋芒。如果侦查人员失去对抗意识，智慧的源泉就会逐渐枯竭，没有强烈的进取精神，在复杂的侦查对抗中，就显得苍白无力，决想不出妙计良策来。

侦查人员还必须养成进行双向思维的习惯，进行侦查决策时，要考虑到双方的情况，“知己知彼”才能“百战不殆”。从整体方面讲，侦查人员头脑中要有敌情、社情，多考虑敌手的动向，经常了解和研究犯罪活动的新特点和新手法，以及反侦查手段的变化；对一个具体的案件来说，进行侦查思考时，要反复研究犯罪分子的动机、目的、思维活动规律，经常思考侦查对手在想什么，可能有什么行动，识破对手的行动企图，据此考虑自己的对策。侦查人员要经常培养“以己度敌”的思维能力，经常预测和判断对手的新情况，善于运用自己的智慧诱导对手沿着自己的意图行动，侦查员要坚持扬己之长，击对手之短，要及时设法弥补自己的不足，将计就计，相机制胜。

（三）不断培养多种思维能力

侦查人员首先要努力学习唯物主义辩证法，提高理论素养，认真研究和了解有关科学技术知识，学习国内外的先进侦查手段，在侦查实践中努力锻炼运用辩证思维的能力，不断摒弃主观主义和形而上学。在侦查实践中要养成观察事物的习惯，见多才能识广，要自觉地对感性材料进行加工，通过想象和思维再现，把握侦查对象的形象特征，训练自己的形象思维能力。在侦查过程中，要多运用直觉思维与案件有关的各种事物和现象，不断进行概括、简化和浓缩，通过想象力、洞察力和形象化思维，加速对案情的认识，进行综合判断。侦查人员进行思维时，既要苦思冥想，又要张弛结合，为诱发灵感创造良好的心理条件，经常把性质相同、结构相似、手段相近的案件结合在一起进行分析思索，激发灵感，使思路豁然开朗。创造性思维是多种思维形式的融合，记忆是进行创造性思维的基础和前提，侦查人员一定要加强记忆力的锻炼，对侦查中所感知的事物，要留神观察牢记，善于贮存信息。同时还要加强想象力的训练，经常对记忆中贮存的有关信息进行科学想象，再经过辩证思维、形象思维、直觉思维和灵感思维的综合、判断，形成有价值的新见解，寻找通向胜利的新路子，只有这样才能使侦查摆脱“山重水复疑无路”的困境，走向“柳暗花明又一村”的新境界。

（《北京刑侦研究》1993 年第 2 期。）

浅论侦查指挥员的素养

侦查对抗中既有力量与胆识的较量，更重要的还是智慧的拼搏，斗智常常支配着斗力、斗勇。侦查对抗的复杂性，要求侦查指挥员必须有较高的政治、道德、业务、文化等方面的素养。素养，是指经修习而成的涵养。它是由心理、文化、品德等多种因素、多层次构成的复合体。我们研究侦查组织者与指挥者的素养不可能面面俱到，只能择其要者进行探讨，笔者试从以下七个方面略述浅见，以求教于同仁。

一、忠于国家、忠于人民、忠于法律

孙膑兵法讲，做将领的品德“一曰信，二曰忠，三曰敢。安忠？忠王。”“不忠于王，不敢用其兵。”这是讲封建社会军队将领的品德，要求做将领的必须忠于封建帝王，忠于封建王朝，否则就不能让他统帅军队。侦查机关是国家机器的重要组成部分，是人民民主专政的工具，侦查领导者是侦查队伍的核心，理所当然必须忠于人民民主专政的社会主义国家，全心全意地为中国人民服务，一切要从国家的利益，人民的利益出发，时刻把国家的利益，人民的利益，民族的利益放在高于一切的地位，不惜一切地捍卫国家和人民的利益，而决不能危害人民的利益、残害人民群众。坚持维护国家法律的尊严，不折不扣地执行法律，自觉遵守法律，做到“有法必依，执法必严，违法必究”，坚持在法律面前人人平等的原则，而决不能把自己置于法律之上，通过同犯罪作斗争，维护国家的利益，保护人民群众的生命财产安全，维护国家统一，保卫国家的和平建设，以巩固人民民主专政的社会主义制度。

只要我们的侦查领导者忠于国家、忠于人民，奉行全心全意为人民服务的宗旨，坚持以党的利益为本，以人民的利益为本，坚信侦查之伟力最深厚的根源存在于民众之中，对危害人民的犯罪分子要狠，要压倒他，战胜他，制服他；对人民、对同志、对部下要和，要尊重，要团结，要爱护，我们的事业一定能兴旺。工作中要坚持专门机关与群众路线相结合，就可能得到广大人民群众的支持，从而战胜任何凶狠狡猾的对手。领导干部是队伍的核心，要想造就一支坚强的侦查队伍，首先要造就一批忠于党，忠于人民，忠于侦查事业的领导骨干，这样就能极大地激发广大战斗员的革命热情，带出一支能征善战，拖不垮，打不败的高素质的侦查队伍来。这样的领导骨干就是侦查机关的栋梁，民族的脊梁，国家的瑰宝，人民的忠诚卫士。

二、坚韧不拔，勇于胜利

侦查对抗是正义与邪恶之间的较量，正义之师是无敌的，正义必然要战胜邪恶，这是总的规律。但在侦查对抗实践中，侦查主体要取胜必须付出一定的代价，花费很多心血，经过许多艰难曲折，有时还要付出血的代价才能取胜。有的案件因受主客观因素的限制，可能久侦不破，还有犯罪分子气焰嚣张，在侦查过程中连续作案，公然挑战。在此形势下，上级的催办，群众舆论的压力，自尊心理的干扰，都可能影响侦查指挥员和战斗员的情绪，挫伤锐气，可能急躁冒进出现失误，也可能出现情绪低落，斗志松懈的现象，甚至丧失破案的信心，欲要说服别人，鼓励大家的斗志，首先自已不动摇，作为侦查的组织者和指挥者，在各种困难面前，各种压力下必须头脑冷静，情绪镇定，要有坚定不移的破案信心和百折不挠的毅力，冷静分析案情，反复思考取胜的方略，用侦查指挥者必胜的信心和坚韧不拔的情绪，去影响战斗员的思想。激励大家的情绪，增强破案的信心，使侦查队伍在困难中看到胜利的曙光。

侦查指挥员在侦查对抗中，要经得住挫折，顶住各种压力，不能凭感情出发，要能够排除各种干扰，做到“泰山崩于前而色不变，麋鹿兴于左而目不瞬”才是大将风度。侦查组织者和指挥者必须不断加强意志品质修养，经得住各种艰难困苦的磨炼，经得住血与火的考验。侦查破案胜败乃兵家常事，不能以一时一案之得失论英雄，谁笑到最后谁才笑得最好。侦查领导者在破案中必须有韧劲，不达到目的决不罢休，“坚硬者易碎，太刚者易折，唯柔而韧者常存”，侦查破案贵在刚柔相济，能速胜时则速胜，不能速胜则应另辟蹊径，相继取胜。在尖锐复杂的侦查对抗中，既要追求实效，又要稳扎稳打，不可急躁鲁莽。有时条件不具备，也不能强求，只要肯动心计，冷静的分析判断案情，广泛搜寻线索，善察细枝末节，不放过任何蛛丝马迹，咬住案件不放，坚持必胜信心，在多数情况下还是能够取胜的。

三、招贤纳士，广募良才

我们社会主义事业的成功，一是靠正确的理论和路线，二是靠高素质的人才。正确的理论和路线也是人创造的，归根到底还是人才的问题。自古以来“得士则昌，失士则亡”，人才纷纷而至，群星簇拥门下，是事业发达的表现，是胜利之师的象征，侦查是一种群体行为，它需要各方面的人才，既需要深藏韬略、深谋远虑的智囊人物，又需要一大批能随机应变，有胆有识，英勇善战的“五虎上将”式的骨干人物。侦查组织者和指挥者，一个人不可能事事皆知，无事不通，无事不晓，必须发挥集体的智慧。军事对抗中，优秀的将帅，总是善于取别人的长处，以弥补自己不足。“一个篱笆三个桩，一个好汉三个帮”，“荷花虽好，还需绿叶相扶”，都是说高明的领导者，还需要各种贤才相辅佐，才能更好地显示出自己的才能。就是要广募良才，形成一个好的决策班子，集中人的各种智慧，广辟情报来源，才能进行正确的决策，圆满地完成侦查任务。侦查对抗是群体对个体，或大群体对小群体的对抗，我方处于绝对优势，对手处于劣势，但是对方处在隐蔽状态，对抗目标不明确，犯罪分子又往往施展各种伎俩，制造许多迷雾，企图逃避侦查，这又给侦查对抗披上一层扑朔迷离的色彩，常使处在明处的侦查主体有些被动，侦查主体制订侦查方案，施谋设计过程中，必须靠集体智慧，进行群体谋划，群策群力方能众志成城。为提高侦查队伍的素质，侦查领导者必须善于发现人才，经常注意培养人才。招贤纳士需要有容才的风度和胸怀，选择人才应当不分亲疏、不论贵贱，择善而从，选能而用。真正做到用人才，而不用“奴才”。这样才能使侦查队伍人才辈出，群星云集，兴旺发达。常言道：“千军易得，一将难求”，是说招募良才并不容易，必须细心挑选，严格审查。俗话说“发光的不一定都是金子”，侦查中选拔人才，不仅要听其言，而且要观其行，要在侦查实践中锻炼、考核，“真金不怕火炼”，只有通过考查，才能筛选出德才兼备、品学兼优的良才。

四、知人善任，各尽其能

招募人才的目的在于用人，“信而不用则废，用而不信则离”。善用人者能使智者尽其谋，勇者尽其力，人各有其长，又各有其短，贵在善用其长而避其短。军事上讲用人是为了治军作战，侦查中用人是为了破案，为国为民除害。侦查队伍中有的人能广泛联系群众，善于做组织群众、宣传群众的工作；有的联系面广，能够广辟情报来源，发现搜集各种线索；有的爱动脑筋，善于以谋取胜；有的人英勇果敢，善于攻坚，出奇制胜；有的善于做隐蔽工作；有的善于做公开工作；有的则善于讯问犯罪嫌疑人；有的精于科技工作等；不同的人有不同的特长，在侦查中均能发挥不同的作用。侦查领导者只能善用其长，而避其短，才能发挥人才的作用。对人才若用得恰到好处，可起到排难解危之效；如果用人不当，即使再有能耐的人，也难以发挥其才能。

知人善任，首先要知人，使用人要了解他的修养和欲望，知道他的爱好和才干。看他的道德修养，意志品质如何，观察他处理事情是否稳健，能力如何。正确地选用人才，并能因才适用，能吸引众多人，可以带动一大片人的积极性；如果错误地选用一人，可能会导致不少人情绪低落，甚至酿成祸患。孔明错用马谡即是一例。

选人用人持慎重态度，并不是责备求全，“金无足赤，人无完人”。无瑕之瑜，世上难寻。对人才只能用其长，避其短，不能因小过而弃大才。用人和为人所用是双向的，常言道：“良鸟择树而栖，贤臣择主而事。”真正有才能的人，并不是立显锋芒，“真人不露相，露相非真人”。真正有才能的贤人，往往还要观察用人者是否识人，是否真心实意地求贤。所以，侦查领导者要经常深入群众，深入基层，礼贤下士，才能发现人才。用人不能要求人家完美无缺，事实上凡是有大才能的人，其缺点也比较明显，善用人者应当“使其能而弃其凶，收其益而杜其损”，这就是辩证的用人观。对各种人才都不能抓住某些缺点，就全盘否定。美国管理学家北拉克说得好，“有效的管理者知道他们之所以用人，是用人来处理事，而不是用人来投主管者之所好”。侦查中是为了有效地同犯罪作斗争，提高破案的效率和质量，而不是让他吹捧领导。如果以其对自己的态度如何来选用人，势必会排斥和抛弃有真才实学的人才，可能会启用那些不干实事，专会阿谀奉承领导的庸才。

五、广开言路，善纳谏言

《六韬·文韬》中讲：“目贵明，耳贵聪，心贵智。以天下之目视，则无不见也；以天下之耳听，则无不闻也；以天下之心虑，则无不知也。”是讲善谋者不凭一人之智，而应当集众人之智慧。要集众人之谋，领导者必须广开言路，善于听取各方面的意见。进行侦查谋划亦应当如此。侦查队伍是由许多不同性格、不同才能、不同层次、不同水平、不同经验的人组成的战斗群体，对各种事物由于观察的角度不同，会形成各种不同认识。因此，在研究案情、进行侦查决策和队伍管理中；领导者应当充分发扬民主，坚持民主集中制原则，在未作出决定之前或平时工作中都要充分听取不同意见，尤其要虚心听取那些与自己想法不同的意见，以便使自己考虑问题更全面、更客观，作出正确的决策。在侦查实践过程中，也应当随时听取下边的意见，根据新的情况随时调整原定方案，使侦查少走弯路，免受挫折。

纳谏与用人关系非常密切。广募良才，必须广开言路，大兴纳谏之风。

大凡有才能的人对事情都有一定的独立见解，且有直言犯上的勇气，“忠言逆耳”，有时难免有点辣味，领导者听起来可能不太舒服或者很不舒服，如果硬着头皮听下去，仔细品起来会觉得很有滋味，比那些随声附和的话要好得多。因此，能否虚心纳谏，也表明一个领导者的修养深浅的问题，如果领导者真正做到礼贤下士，善纳谏言，大家就会增强主人翁的感觉，无拘无束，贤者会肃然起敬，进谏如流，谋士云集。假如一个领导者听不得不同意见，或者闻过则怒，势必导致言路闭塞，贤者敬而远之，阿谀者蜂拥周围，耳目昏暗，变成孤家寡人。所以说“善纳谏言者谋士聚，不听谏言者谋士去”。无论对事业还是对个人都是有损无益的。

侦查对抗是在活人或活人集团之间进行的，在多数情况下处于“隐势”，侦查决策必须以大量的情报信息为基础。然而，由于时间紧迫，决策者在听取意见，筛选信息时容易受主观因素的影响，如果决策者只爱听那些自我粉饰或故意投其所好的意见，而不善于听相反的意见，势必不能了解那些与己不利的情况，以致造成决策失误，导致侦查误入歧途。在侦查对抗中要想战胜对手，组织者和指挥者首先要战胜自我，善于倾听与自己既定想法不同的逆耳之言，使自己能更冷静地思考问题，作出正确的决策，作为侦查的组织者和指挥者来说，即使采纳了错误的意见，作出错误的决策，以致使侦查受到挫折，造成损失，也不能指责进谏的人，而应当很好地反省自己，勇于承担责任，认真总结经验，吸取教训，不能文过饰非，推脱责任。

六、淡泊名利，关怀部下

侦查队伍是一个由具有自觉能动性的活人组成的战斗集体，这个集体必须有高度的自觉性，严格的组织性和纪律性，才能在尖锐复杂的侦查对抗中英勇善战，不被任何敌手所屈服。侦查集体的战斗力来源于集体的凝聚力，集体的凝聚力来自个体对集体的向心力，个体的向心力又来自领导核心对个体的吸引力。领导核心对个体的吸引力越强，个体对集体的向心力愈大，从而增强了整体的凝聚力。提高个体的向心力，既不能靠欺诈，也不能靠金钱收买。只能靠用整体的宗旨、总任务、总目标、行动纲领来领导全体成员，使每个成员都看到集体的希望，看到自己在该集体中的价值，使其自觉认识到自己在集体中应该如何发挥作用才能实现其自身价值，以此激励大家的斗志，使每个成员愿意同集体荣辱与共。同时还要靠领导者言传身教，以自己的品德、修养、作风、威望来吸引大家，使每一个成员愿意同心协力，团结一致，共同奋斗。

一般而论，领导者的决心变成部属的行动的时间越快，越自觉，说明领导者的威望越高。领导者的崇高威望不是自封的，而是靠领导者的道德修养和作风以及出众的才能逐步树立起来的，治军中，有什么样的将帅，便会带出什么样的士兵，强将手下无弱兵。因此，历代兵家都把将帅的表率作用作为治军的关键。在对敌作战中，战士所以能舍生忘死去拼杀，都是将帅以“信”治军的结果，只要将帅平时能做到以诚相待，信而不欺，那么战士就会无疑地服从指挥，打起仗来没有不卖力的。侦查领导者是侦查集体的核心，应当高瞻远瞩，淡泊名利。要平等待人，团结同志，态度虚心，不骄矜自恃，为人公正，不偏存私心，不与下属争名利。要从政治上、思想上、工作上、生活上、学习上、业务上关心大家，使每个战斗员体会到集体的温暖。在同犯罪作斗争中胆大心细，沉着冷静，遇事不慌，指挥若定。遇到危险时候，领导者尤其指挥员应临危不惧，身先士卒，勇于陷阵，不怕牺牲，以自己的实际行动稳定军心，鼓舞士气。对侦查队伍要严格管理，严格训练，严格纪律，以言传身教带动大家，提高侦查队伍的整体素质，不断增强对抗意识，使大家头脑中常有敌情，坚定信念，经常在思想上处于厉兵秣马，跃跃欲试的临战状态，才能在破案战斗中表现出同仇敌忾，英勇奋战，无坚不摧的强大力量。

侦查集体中各领导成员之间，指挥员与战斗员之间，要互相体贴，互相爱护，以诚相待，同心协力。不能搞拉帮结派，更不能结党营私，坚决反对把同犯罪作斗争的手腕用于内部，那样就把同犯罪作斗争的奇谋良策变成了进行“窝里斗”的工具，对侦查队伍起瓦解作用。

七、敏而好学，勇于实践

侦查领导者应当具有坚定的政治立场，崇高的道德品质，高超的智慧，敏捷的思维，大无畏的勇气。德不优者，不能怀远；才不大者，不能博见。远见卓识，足智多谋，不是固有的，也不是从天上掉下来的，天才来源于勤奋，智多谋广是以博学为前提的。侦查对抗是一种尖锐复杂的斗争，侦查的指挥者，仅靠一颗对党对人民赤诚的心，凭着极大的热情还不够，还必须有超群的智慧，无畏的胆略。智慧与勇气相比，智慧更重要，高超的智慧来源于渊博的知识，渊博的知识是勤奋学习的结果。古往今来的政治家、军事家、谋略家，无不是通古达今，满腹经纶的学问大家。一个优秀的侦查领导者，不能仅凭经验破案，还应该努力学习理论，只有良好的理论思维，才能超出个人经验的狭窄天地。良好的理论思维来自合理的知识结构，合理的知识结构并不是一个固定的模式，而是一个随时可以装进新知识，剔除过时的旧知识的万宝锦囊。随着社会的发展，科学技术的进步，刑事犯罪出现了许多新特点，不断向侦查主体提出新挑战。形势要求侦查领导者必须学习新知识，研究新问题，迎接新挑战。只有围绕自己的职业，不断学习，尽可能扩大知识面，才能打下深厚的理论功底。根深才能枝繁叶茂，有了丰富的知识，才能使头脑聪慧，在侦查对抗中智多谋广，遇机善变，技高对手一筹。

知识是前人认识和改造世界的实践经验的总结，欲要把知识变成自己的才能，必须勇于实践，在侦查实践中检验，并不断加以改造创新。侦查领导者，尤其年轻的指挥员，应当勇于实践，在侦查对抗实践中锻炼自己的能力，加强品德修养，不断克服滞后因素的干扰，不断开拓进取，使自己的智慧之花越开越盛，逐步成为德才兼备，有能有谋，智慧超群的优秀指挥者。

（《北京侦查研究》1997 年第 4 期。）

侦查主体料敌思考方法

兵法中讲:“战不过攻守,术不过奇正,形不过虚实而已。”军事家进行攻守决策时,把“知己知彼”作为决策的重要思考原则。侦查对抗中虽不能机械地照搬军事谋略条文,但军事谋略家们分析判断敌情的思维方法,对于启迪侦查主体的思想,拓宽侦查中料敌的思考范围是有重要借鉴价值的。我们可以把军事对抗中的料敌方法,结合侦查对抗的特点,加以移植和嫁接,使其为侦查服务。

一、以露察隐分析法

运用此法是从犯罪的暴露性入手进而察知其隐蔽的方面。事物的存在与发展是矛盾斗争的结果,呈现着矛盾双方既对立又统一的相互联系关系,二者相辅相成、不可分割。在侦查对抗中,双方的一切行为都受制于人的主观意志,固然有其似乎难以琢磨的一面;但是,人的主观能动性的发挥,又受时间、地点、环境及思维惯性的制约,无形的思想会通过有形的东西表现出来,虽然有其不可被察知的一面,如犯罪动机目的、密谋策划、犯罪手段的选择等,在实施犯罪之前都是隐蔽的。但是,不论多么狡猾老练的犯罪分子,在实施犯罪前后及犯罪过程中,要想不露一点马脚,不留任何痕迹是难以做到的。“月晕而风,础润而雨”,犯罪分子在犯罪前后及实施犯罪过程中,其思想动机、心理状态、行为方式等,都会在一定人的头脑中和现场上,以不同的形式,从不同侧面折射性地反映出来。关键在于侦查主体能否及时将这些迹象抓住,有心计的侦查员善于察知表露出来的种种信息,善于从露出的蛛丝马迹中测知对手隐蔽的奥秘,能把握住对手的动向,使对手受制于我,而我不受制于对手。

二、以己度敌分析法

在活力对抗中,对抗双方的企图、目的是互相排斥的,即任何一方都不愿意做对方所希望的事;相反,都希望对方能按照自己的意愿行事。但对抗双方的对策又具有互引、互含性。双方制订对策时，都以对方的对策为前提，互为对手研究的对象。因此，一方的行动常常会引起对方采取反行动。因为侦查对抗双方都是能独立思维、具有主观能动性和对抗能力的活人或活人集团，双方的主观能动性又在对抗中不断相互抵消。所以，侦查中料敌又常带有一定的模糊性。侦查对抗是一个动态过程，处于敌变我变、我变敌变、敌我互变的状态，侦查主体对侦查对象的企图、动机、思维变化规律，反侦查行动等，不容易一下看清楚。但是，侦查主体对自己对策中的缺陷和漏洞，比较容易察觉，用什么办法能破自己的对策，自己也比较清楚，据此可以推测到对手是否也可能采取同样的办法进行反侦查，以逃避打击。“以己度敌”就是经常把自己置于对手的位置上来揣摩自己的对策，由知己推测到知彼，以扬己之长，避己之短；以己之长，攻彼之短。侦查主体思谋虑策时，应当时刻琢磨对手在想什么，当自己准备用一种侦查方案制服对手时，就应当估计到对手可能用什么办法来对付我；当我采取一种新的对策时，还应当估计到对手还可能采用什么新花招进行反侦查，然后再制订出防对手所破的新方略，做好各种预案，才能防止被动。侦查主体只有预测到对手是如何算计自己的，才能使自己的侦查谋划高出对手一筹，使对方难以察知我欲从何处进攻，从而也无法知道从何处防御我方的进攻。这样才能出其不意，攻其不备，达到破案的目的。

三、观往验来判断法

“反以观往，复以验来；反以知古，复以知今；反以知彼，复以知己。”这是古人分析认识问题的方法之一。因为人都是从历史中走过来的，且在一定历史条件下生活。人们思考问题和处理问题时，都受一定历史条件的制约。不论任何人的思维、技能、行为方式等，都不可能超越自己所处的历史时代，都不同程度地留有历史的遗迹，而且多数人进行思维，规划自己的行动时，往往习惯沿着历史经验的轨迹办事，形成一种思维惯性，突然改变自己的思维方式，只能是偶然现象，如果长期改变自己原有的思维惯性，就势必形成一种新的惯性，新的思维惯性又难免留有旧的痕迹。

在侦查活动中，我们常常通过研究犯罪手段来认识犯罪者的个体特征。这是因为犯罪个性决定犯罪手段，而犯罪手段又可以发展和塑造犯罪个性。犯罪手段是犯罪分子为达到某种目的而选择的具体方式，是犯罪心理的外化。犯罪手段又取决于犯罪人的能力、气质和性格。如果犯罪人多次重复采用同一种犯罪手段，多次达到同一犯罪目的，经过许多同一心理体验，就会逐步形成习惯，稳定下来。由于犯罪个性特点所决定的犯罪手段，经过反复熟练、发展和丰富，促使其原来的个性特征更加鲜明，即使是很狡猾的犯罪分子，在犯罪活动中常会出现故技重演的现象。侦查主体只要善于从各种不同的犯罪手段，及其要达到的不同犯罪目的上去认识犯罪个性，就可以了解犯罪分子的心理活动，察知其犯罪动机、企图、图谋及其思维趋势。

观往验来是根据对手的经验习惯来认识对手的一种分析判断方法，但依靠经验分析只是一种感性的直观认识方法，直观认识容易被假象所迷惑。在侦查中利用此种方法料敌，要时刻警惕，莫让思维惯性把自己的分析判断引入迷宫。要综合多方面的信息，注意克服自己的思维惯性，识破对手制造的迷雾，透过现象把握本质，减少料敌中的失误。

四、察迹觅踪料敌法

察迹觅踪料敌法是根据“有行必有迹，迹是行的反映”这一客观规律，认识对方的行为踪迹。世界上一切事物都是运动的。刑事犯罪活动也是物质运动的一种形式，它是一个由发生、发展到结束的动态过程。犯罪分子在一定的时间、空间内实施犯罪行为，就要破坏客观事物原来的结构，引起物质环境发生变化，在一定的物质和有关人的头脑中留下各种痕迹和印象，它可以从不同侧面，以不同的形式反映犯罪活动发生、发展和结束的状态，如现场留有外来人的足迹、指纹或者其他痕迹、物品，它表明有外来人在一定的时间内来过此地，并触摸过现场的某些物品；犯罪人实施犯罪前后及过程中，还会对受害人、事主或耳闻目睹的有关人员的感官（耳、鼻、眼）产生刺激，在人们的头脑中留下某种印象。不同的物、不同的人、不同的行为方式会留下不同的“迹”，这些“迹”都是犯罪行为的反映，都能为侦查主体分析案情，认识犯罪人的行为方式、心理状态、个性特征提供条件。犯罪分子为了隐藏企图，逃避侦查，唯恐留下痕迹、物品及其他物证，往往采取各种手段毁证灭迹，掩人耳目，只是在不自觉和无奈的情况下才留下某些痕迹、物品、迹象、印象常常是不完整的、分散的或支离破碎的，有些是被犯罪人或其他因素破坏过的。“察迹觅踪”则需要认真、细致、全面地观察研究与犯罪有关的蛛丝马迹，要有察微知著的眼力和一叶知秋的敏锐感，善于从各种迹象中发现把握住对手行动的轨迹。

近年来，犯罪活动呈现出智能化的趋势，犯罪分子为逃避侦查往往制造各种假象，企图以假乱真，转移侦查视线，造成侦查主体料敌失误。对此，进行敌情分析判断时，要对各种痕迹、迹象进行综合分析，善于根据痕迹物品及其他迹象出现的时间、地点和程度，仔细分辨是犯罪分子自然留下的，还是故意制造的假象，以便透过对方制造的迷雾，把握住案情真谛。

五、反观而求料敌法

反观而求是一种反向思维方法，即逆着自己的主观愿望分析认识事物的方法。根据案件中已表露出来的各种迹象，从相反的方面去认识对手的真实意图。因为活力对抗中对立的双方处在对立的两极，双方进行谋略思考时也习惯于从两个极点上进行选择，并力图将自己在这一极点上的企图，从另一个极点表现出来，意在转移对方的注意力。所以，活力对抗中常表现出不可能中隐藏着可能；反常中隐藏着正常；利益掩藏着祸患，以及真真假假，虚虚实实，以诈对诈，将计就计，圈套中有圈套，阴谋中有阴谋等复杂的、反逻辑而又合乎逻辑的现象。

侦查对抗虽不像军事对抗那样兴师动众，诡计多端，无所不用，变化无常，难以猜测，但在侦查对抗中双方也是奉行诡道逻辑。侦查主体为了诱使对方进入自己的圈套，也需要示假隐真，迷惑对方，有时还要故意做一些对方所期待的事情。智能一般的犯罪分子，可能按常规行事，而狡猾的犯罪分子往往施展各种伎俩伪装自己的行为，隐蔽其真实意图，甚至声东击西，反常而动。有时从其反面倒可以识破对手的诡计，便可以因势利导，将计就计，战而胜之。反观而求是一种思维方法而不是固定的模式，侦查主体对对手进行观察时，一定要注意在综合分析中细心求证，善于从虚中见实，实中见虚，利中见害。反观而求不是凭主观想象出发，一定要有根据，善于辩证思维，不可机械照搬，防止陷入对方的圈套，给侦查决策造成失误，贻误战机。

六、黑箱辨识法

“黑箱辨识法”是控制论中的研究方法之一，是人们认识和改造对象，并对其实施控制的一种独特方法。“黑箱”，是指那些对其内部结构尚不了解，又不便于直接观察，只能从外部去认识的现实系统。从认识论讲，黑箱辨识法也是人们认识客观事物的方法之一。侦查中黑箱辨识法作为一种料敌方法，只是借鉴其认识方面的内容，以利于侦查主体分析认识侦查对象的情况。侦查中运用黑箱辨识法料敌，主要通过侦查主体不断向侦查对象输入一定的可控变量（物质的或信号的），仔细观察研究对方的输出反映，进而判断对方的内部情况，揭开对方“黑箱”的奥秘。

须知，侦查对抗双方都是能独立思维，具有主观能动性的对抗能力的活人或活人集团，双方都具有鲜明的相向目的性，随机因素多，可控性小，侦查对抗双方又是互相认识，互相作用与反作用，互相控制与反控制的辩证关系，侦查对抗双方互为对方认识的“黑箱”。所以，侦查黑箱是一个充满对抗、带有极大模糊性，且具有多变性和偶然性的黑箱。在侦查对抗中，一般情况下侦查主体表现为施控一方，侦查对象为受控一方，侦查对象就是侦查主体认识的黑箱。侦查主体为控制对手，必须通过各种渠道，运用多种手段向侦查对象输入可控变量（物质的或信号的），再仔细观察研究对方的输出反应，从中察知对方的内部情况，从而逐步认识对方，驾驭对方。在侦查中辨识黑箱不是一次能完成的，需要逐层认识，步步深化，随着侦查进程的推进，不断使侦查黑箱中的某些层次变为“灰箱”，进而变为“白箱”；然后又会遇到深层次的许多黑箱，仍然需要运用黑箱辨识法再去认识，从此推动侦查中的料敌不断深入。

由于侦查对抗具有鲜明的相向目的性，里边充满侦查与反侦查，控制与反控制，认识与反认识的斗争，侦查对象总是千方百计地阻止与破坏侦查主体认识其黑箱中的奥秘，希望他的黑箱永远成为一个解不开的谜。因此，侦查主体运用黑箱辨识法料敌时，必须不断地调整向对手输入的可控变量，调节输入的行为方式；在观察研究对方的输出反应时，要善于鉴别真伪，排除对方释放的干扰信息。必要时还可以根据具体情况，向对手释放一定的干扰信息，以迷惑对手的心智，使其造成判断失误，从中获取真实信息，以正确判断敌情。

七、思维模拟分析法

思维模拟分析法是仿效对手心理活动规律和沿着对方的思维轨迹，模拟演示对手的思维特征，达到认识对手的企图、图谋之目的。人的思维活动是受时代、环境、知识、智力、经验等条件制约的，“不论一个人的思维自由度有多么大，他的思维空间决不会超出其拥有的知识和经验所提供的思维半径”。[①] 因为思维活动是人脑借助语言、表象和动作对客观事物的概括和反映，是人们利用已有的知识进行推断和解决问题的过程。一般人进行思考和处理问题时，容易按照历史经验，遵循以往的习惯行事，所以一个人的思维活动，总是与自己的思维习惯和历史环境紧密相连的，有一定的规律可循。

现代科学证明，人的思维是能够模拟的。进行思维模拟，首先必须了解和掌握被模拟对象的思维模拟程序，尤其要把握住被模拟对象的思维个性，

---

① 李炳彦、孙兢著：《军事谋略学》（下册），解放军出版社出版 1989 年版，第 53 页。

将被模拟对象的思维程序，通过数学语言表现出来，建立起对手的思维模型，进行思维模拟对抗。特别是在同大的带黑社会性质的犯罪团伙及其他有组织犯罪进行斗争时，对为首者及主要骨干人物，应当建立档案，研究其思维活动轨迹，把握其思维程序，建立思维模型，进行思维模拟对抗，做到敌手未动我先知，以正确拟定侦查方案，选择相应的策略方法，掌握侦查对抗的主动权。

八、“用间”料敌法

侦查对抗与军事对抗一样，任何奇谋良策的制订都离不开可靠的情报。侦查主体要真正了解对手在想什么，准备干什么，仅靠其他方法尚不能准确地探知对手内心深处的活动，无法及时准确掌握对手的思想变化及新的图谋，必须借助特殊手段来完成特殊任务。孙子曰：“故明君贤将，所以动而胜人，成功出于众者，先知也，先知者，不可取于鬼神，不可象于事，不可险于度，必取于人——知敌之情者也”。① 即是说，明君贤将所以能够打胜仗，其超人的地方就在于战前先了解敌情。先了解敌情既不靠祈求鬼神，也不能靠想象推测吉凶祸福，更不能靠观察星辰运行而知，必须从知道敌人情况的人口中获得。《百战奇法》中说得更明确：“凡欲征战，先用间谍，觇敌之众寡、虚实、动静，然后兴师，则大功可立，战无不胜。”② 二者都是讲“用间”获取敌方情报的重要性。在古今中外的战争史上，“用间”取胜的战例多如繁星，不胜枚举。军事上的“用间”方法，虽然与侦查中使用隐藏力量进行内线侦查有很大差别，但其“用间”的精髓在侦查中是完全适用的。同刑事犯罪进行斗争，侦查主体要想真正做到敌未动我先知，掌握敌手的内幕，仅用一般手段是不够的，必须采取钻进敌方心脏的特殊手段方能奏效。尤其对待入境犯罪、境内外勾结的走私、贩毒、诈骗及其他有组织的犯罪，使用隐蔽力量，开展内线侦查更为重要。只有将敌情了解得一清二楚，才能做到心中有数，侦查决策才有坚实的基础。

上述意见，仅是对侦查中侦查主体料敌的思考方法问题进行一些粗浅的探讨，旨在借用军事谋略智慧之山上的一块宝石，试雕侦查谋略之玉。侦查对抗中情报与反情报，调查与反调查，控制与反控制的斗争错综复杂，并贯穿侦查全过程，侦查主体对于各种渠道和各种手段获得的情报信息，都应该认真分辨其真伪，综合分析其价值，对一些不确定性的问题，应当另开新的

---

① 吴如嵩著:《孙子兵法浅说》，解放军出版社 1999 年版，第 126 页。

② 张文才著:《百战奇法浅说》，解放军出版社 1987 年版，第 19 页。

途径，采取新的方法进行核实，验证，去伪存真，克服主观臆断，弥补单方向、单方法获取情报的缺陷，尽量减少侦查决策和施谋用策的失误，使侦查沿着正确的方向前进。

（《北京侦查研究》1995 年第 1 期。）

我国暴力犯罪的性质、成因和预防

进入20世纪80年代以来，我国的暴力性犯罪不断发生，且有不断上升的趋势。暴力性犯罪对社会有极大的破坏性，他不仅侵害特定的对象，而且蓄意与社会为敌，滥杀无辜。暴力性犯罪已成为当前刑事犯罪中最凶恶、最危险的犯罪行为。对此，已引起社会各方面的关注，从而加强了对暴力性犯罪的研究和探讨。本文试图对我国现阶段暴力犯罪的性质、成因及预防方面进行一些探索。

一、我国暴力犯罪的性质

未阐明暴力性犯罪的性质之前，首先探讨一下何谓暴力性犯罪，以及包含哪些内容？目前，对于暴力性犯罪的内涵及其外延，尚无统一的认识。有的是以犯罪侵害的对象给以定义；有的是从犯罪动机方面予以论述；也有的从犯罪形成的原因予以概括；还有的是从犯罪人所采取的手段方面予以表述的。总之是众议纷纭，莫衷一是。笔者认为，把犯罪人实施犯罪行为的目的，以及是否采取暴力手段二者结合起来探讨暴力性犯罪的含义比较合适。不论犯罪人出于何种动机，只要是以暴力手段来达到侵害人身和财产权利之目的的行为，均可归属暴力性犯罪的范畴。似可这样表述：暴力性犯罪，是指以暴力手段侵害他人人身、财产权利的犯罪行为。他包括：故意杀人、抢劫、强奸妇女、故意重伤害、劫机、劫船、劫车、驾车撞人、绑架人质、制造爆炸，以及其他使用暴力的严重犯罪行为。盗窃枪支、盗窃爆炸物的犯罪，本来等于秘密窃取，并非使用暴力手段，但枪支、弹药和爆炸物都属特殊客体，犯罪者盗窃枪支、弹药和爆炸物，意在危害公共安全，是为实施暴力犯罪做准备。据此，将盗窃枪支、弹药和盗窃爆炸物的犯罪行为，作为一种特殊情况列入暴力性犯罪研究的内容。

我国暴力性犯罪虽然比西方资本主义国家少得多，但是近几年暴力性犯罪却不断发生，杀人、抢劫、强奸、劫机、劫车、劫船、制造爆炸等严重暴力性犯罪的发案率不断上升，危害越来越大。

尤其是20世纪80年代以来，在国际上频繁出现劫机、爆炸等恐怖活动的影响和诱发下，我国以往从未发生过的劫机、劫船，以及早已绝迹的绑架人质的恶性暴力犯罪案件都相继出现。这些严重暴力犯罪，具有极大的疯狂性和残忍性，对社会危害极大。对我国出现的严重暴力犯罪，不能简单地看成是一般的反社会现象，而应该同我国现阶段社会治安的形势结合起来考查。目前我国尚处在社会主义初级阶段，虽说阶级斗争已不是主要矛盾了，但是“阶级斗争在一定的范围内还会长期存在”。目前，国际上存在反对社会主义制度的敌对势力，有各种恐怖组织、犯罪集团和黑社会组织的渗透和影响，在他们的刺激和诱发下，国内的一些社会渣滓和一些对社会主义制度不满的人，在一定的条件下，会互相呼应，互相勾结，形成一股反对社会主义制度的敌对力量，他们在犯罪动机驱使下，利用各种方式铤而走险，进行各种暴力犯罪，直接或间接地危害我国人民民主专政的社会主义制度。那些杀人、抢劫、强奸、劫机、劫车、劫船、绑架人质，以及制造严重爆炸案件的暴力犯罪分子，他们绝大多数都是对社会主义制度心怀不满的敌对分子，对于这些人必须严厉打击，依法制裁。只有如此，才能震慑敌人，以儆效尤。人民民主专政包括在人民内部实行民主和对敌实行专政两个方面，民主和专政是不可分割的，只有充分发扬人民内部的民主才能团结广大人民进行社会主义建设；同时，只有不断地揭露敌对分子的罪行，打击他们的嚣张气焰，才能有效地保护人民群众的民主权利，才能更好地教育群众。如果忽视了对敌视社会主义力量的斗争，或者斗争很不得力，消除不了敌对分子的破坏活动，就无法保证大力发展商品经济，无法提高劳动生产率，逐步实现社会主义的“四个现代化”就会遭到严重干扰和破坏。

我国社会主义的初级阶段是个长期的历史阶段，在这个阶段中，国外敌对势力的渗透和引诱，使我国同暴力性犯罪的斗争是长期的、复杂的，而且是起伏的。对此必须树立长期作战的思想。如果对暴力性犯罪的长期性、复杂性认识不足，或者缺乏足够的思想准备，放松警惕，就会给暴力分子留下可乘之机，暴力性犯罪就有可能大幅度上升，犯罪气焰会更加嚣张，势必给社会主义建设和人民民主专政的社会主义制度造成更大危害。

二、暴力性犯罪产生的原因

近年来，暴力性犯罪增多，国外曾有许多专家撰文，从各个侧面对暴力性犯罪产生的原因进行研究和探讨，试图为预防和减少暴力性犯罪寻求途径，但至今收效甚微。我国近年来对侦破暴力性案件的方法研究得较多，对其产生的原因研究得较少，范围也比较狭窄。笔者认为，研究暴力性犯罪产生的原因，不能离开社会主义条件下存在犯罪现象的总根源，离开了总根源就难以深刻认识社会主义条件下暴力犯罪的本质，当然也无从揭示社会主义条件下存在暴力犯罪的真正原因。这并不是说，每一个具体的暴力犯罪行为产生的原因都与产生犯罪的总根源完全一致，分毫不差。但又不能因此而把暴力犯罪产生的原因同犯罪现象的总根源分割开来。只有坚持辩证唯物主义和历史唯物主义的观点和方法，才能从诸多的表面现象中发现本质的东西，进而深刻揭示出现阶段我国产生暴力性犯罪的真实原因。

实施暴力性犯罪的主体是人，人不仅是生物学的物质实体，是自然存在物；同时又是社会存在物，是社会的物质实体，而且最主要、最根本的是社会存在物。马克思说："人是最名副其实的社会动物"，"是只有在社会中才能独立的动物。"[①] 马克思所强调的正是人的社会属性，是以社会属性作为人的本质属性的。正是人的社会属性，才使人与动物具有本质的区别。恩格斯说："在社会历史领域内进行活动的，全是具有意识的，经过思虑或凭激情行动的，追求某种目的的人；任何事情的发生都不是没有自觉意图，没有预期目的的。"[②] 在社会生活中，人是有自觉意识的，依靠意志的力量或主观能力，不断地进行自我控制，自我监督，自我反省和自我调节，根据现时的社会环境条件，不断地调整个人的需要结构，使自己适应社会的需要。人的需要，包括生物性需要和社会性需要，都是社会历史发展的产物，无论是需要的对象或满足需要的手段，都不同于其他动物。我国现阶段产生暴力性犯罪的原因，同样存在内部和外部因素，主观和客观方面的原因。

（一）主观方面的原因

暴力犯罪产生的主观原因，主要是指导思想意识方面的因素。意识是人脑对客观世界的反映，社会意识的内容是由社会存在的历史条件决定的。现阶段我国处在社会主义初级阶段，生产力还比较落后，物质不丰富；在上层建筑方面，建设高度社会主义的民主政治，经济的和文化的条件都很不充分，在意识形态中封建主义、资本主义的腐朽思想和小生产习惯势力的影响还广泛存在，并经常不断地侵袭党和国家机关的干部队伍。由于封建主义、资本主义腐朽思想和小生产习惯势力的广泛影响，就必然在每个人头脑中发生作用，这种影响在意识形态领域里的斗争中，在一定时期内和一定条件下，就可能产生一股反社会意识，这种不满现实，无视法律，破坏社会主义道德的意识，就是我国产生暴力性犯罪的思想基础，也是暴力性犯罪最主要、最根本的内在原因。具体表现在以下方面：

---

① 《马克思恩格斯选集》（第 2 卷），人民出版社 1972 年版，第 87 页。

② 《马克思恩格斯选集》（第 4 卷），人民出版社 1972 年版，第 228 页。

1. 个人主义恶性膨胀是暴力性犯罪的内趋力。个人主义是资产阶级人生观的核心，也是资产阶级道德的基本原则，它与共产主义的人生观和道德观是水火不相容的。个人主义者认为，“自私自利是人的本性”，在他们看来，社会上人与人之间只不过是尔虞我诈，弱肉强食，互相倾轧，彼此吞并的关系。“人不为己，天诛地灭”，“人对人似虎狼”是他们的信条。个人主义者评价事物，权衡利弊的标准，是看对“我”是否有利，实质上是“唯我主义”。个人主义者总是把个人的幸福建立在他人痛苦的基础上，以损害别人作为发展自己的必要条件。为了实现个人利益，玩弄阴谋诡计，奉行“顺我者昌，逆我者亡”的排他主义。因此，个人主义者为了个人利益，不惜采取绑架、暗杀、爆炸等恐怖手段来对付自己的对手。在资本主义制度下，这些都是司空见惯的事情。

在社会主义条件下，无产阶级的意识形态占统治地位，与其他剥削阶级相反，它不仅充分肯定和满足每个社会成员应有的需要，而且要求每个社会成员把个人对社会的责任和贡献放在首位。要求大家以创造性的劳动，为社会主义的物质文明和精神文明建设作出贡献。在共产主义人生观和道德观的教育下，涌现出大批先进人物，他们在社会主义建设中忘我劳动，大公无私，舍己为人的英雄行为，如江河行地，与日月齐光，这都是在共产主义思想浇灌下开出的灿烂之花，结出的丰硕之果。但是，社会主义制度毕竟是从旧社会脱胎而来的，它不仅带有旧社会的痕迹，而且封建主义、资本主义的腐朽思想和旧传统、旧习惯势力仍将长时期侵蚀我们的队伍。

新中国成立以后，虽说曾对资产阶级唯利是图的个人主义进行过多种斗争，但近年来，一些人在资本主义腐朽思想和糜烂的生活方式诱惑下，个人主义又有新发展，有些人已达到登峰造极、利令智昏的地步，为追求个人的非分需要，无视国法，为所欲为，以致孤注一掷，铤而走险，用暴力手段满足个人的非分需要。所以说，个人主义是发生暴力性犯罪的内驱力。

2. 敌对思想的恶性发展。出于仇视共产党，敌视社会主义制度而进行暴力犯罪的有两种情况：一种是出于反动的政治立场，对共产党的领导，对社会主义制度和各项方针政策怀有敌意，以反对共产党和人民民主专政的社会主义制度为目的，用暴力手段对整个社会进行破坏，这属于敌对势力暴力犯罪。另一种原来属于人民内部矛盾，后来或者由于严重个人主义，或者个人某些方面私欲未能满足，或者受到某些不公正的待遇，自己不能正确对待，抑或因对某位领导不满，以致发展到对共产党不满，对社会不满，在对社会怀有敌对思想情绪支配下，寻机对社会进行报复，他们往往先由特定对象引起，进而扩展到敌对社会，敌视一切人，疯狂地对社会，对无辜群众发泄仇恨，酿成严重的暴力性犯罪，给社会造成严重危害。

3. 狭隘的复仇情绪。有些人，特别是一些青少年个人英雄主义严重，逞强好胜心理极重，出于个人利益或小集团利益，在亡命英雄观和哥儿们义气支配下，形成一种极狭隘的复仇情绪。为了消除个人或小集团的某种怨恨，往往不计后果，对欲要报复的个人或群体实施暴力行为。他们的犯罪动机是多种多样的，有的是报私仇，雪积怨；有的是因为受了批评，耿耿于怀，从而产生“你给我过不去，我也决不放过你”的报复心理；也有的是因为对搞不正之风的人不满，又受到不公正的对待，以致采取极端行为，造成暴力犯罪；有的是因为团伙械斗，要争个高低，或者为哥儿们义气；还有因为向异性求爱遭到拒绝，或者对其家长干涉怀恨在心，等等。不论属于哪种动机，都是出自狭隘的复仇情绪。从犯罪者的人生观讲，实质上是一种极其狭隘的个人主义英雄观，或者称其为亡命主义的英雄观。

4. 拜金主义的产儿。“金钱万能”，“一切向钱看”是拜金主义的核心，他们信守“人为财死，鸟为食亡”的格言。马克思说：“在资产阶级看来，世界上没有一样东西不是为了金钱而存在的……他们活着就是为了赚钱，除了快快发财，他们不知道有别的幸福，除了金钱的损失，也不知道有别的痛苦。”在资产阶级拜金主义者看来，为了快发财，发大财，不惜冒被绞首的危险，当然也可以谋财害命。为了金钱，为了发大财，就能“促使个人敌视其他一切人，这样就引起了一个一切人反对一切人的社会战争，这个战争在某些人那里，尤其是在文化水平低的人那里，不可避免地会采取粗暴的野蛮的暴力形式，即犯罪的形式”。近些年来，随着商品经济的发展，资产阶级“唯利是图”的观念，在一些人的头脑中滋生起来，他们把“金钱万能”，“一切向钱看”奉为金科玉律。“有钱能使鬼推磨”，使一些人利欲熏心，贪得无厌。特别是对一些涉世不深，意志薄弱的青年，诱发出强烈的金钱欲、物质欲和享受欲，他们所追求的是“凡别人有的我都要得到”，“别人没有的我也要得到”。这些人贪心不足，欲壑难填。一旦他们的欲望通过正当途径无法满足时，一些人就可能寻求非法途径，包括运用暴力手段去抢劫、杀人越货来获取。近年来，图财害命、抢劫财物、持枪抢劫银行等严重暴力性案件的发生，绝大多数就是在利欲熏心的拜金主义支配下产生的。

5. 社会道德极度沦丧的必然结果。严重暴力性犯罪分子凶狠残暴，把自己的享乐建立在他人的痛苦和灾难的基础上，他们不以为耻，反以为荣，不认为是缺德，而认为是有能耐。有些犯罪分子丧心病狂地在火车、汽车、影剧院、车站等公共场所制造严重爆炸事件，以大量的人身伤亡来发泄个人的怨恨；有的犯罪分子在低级下流的享乐观支配下，以残暴手段肆意蹂躏女性，稍有不遂便加以残害，有的犯罪分子丧尽天良，发泄过兽性欲望之后，无端将被害者致伤、致残、致死。由于暴力犯罪分子的道德观念彻底沦丧，失去人性，因此在犯罪手段上表现出极大的疯狂性和残忍性。

以上均属暴力犯罪主观方面的因素，这些主观内在的思想因素，一旦同客观因素结合起来，在外界消极因素的引诱和刺激下，更会恶性发展，表现得更加疯狂、更加嚣张、更加肆无忌惮。

（二）客观方面的原因

客观原因主要指诱发暴力性犯罪发生的外在因素，以及促使暴力性犯罪发生的各种客观条件。辩证唯物主义认为，内因是事物发展的根据，外因是影响其发生发展的条件。无疑对暴力性犯罪发生起决定作用的是犯罪分子的主观恶性程度，即内因。但是，来自国内外的腐朽思想的影响，对暴力性犯罪的发生却起着极大的诱发和促进作用。我国暴力性犯罪的形成和发生，正是犯罪人的主观因素与外部诱发因素相互作用，相互渗透，彼此融合的结果。现阶段，影响我国暴力性犯罪发生的主要客观因素有：

1. 极端无政府主义流毒的贻害。无政府主义是小资产阶级和流氓无产者的思想体系，它与科学共产主义的思想是根本对立的，尤其是在无产阶级夺取政权建立起无产阶级专政之后，无政府主义的危害性和反动性更加突出。无政府主义这种资产阶级思潮，在“文化大革命”时期，在“打倒一切”、“否定一切”的口号下，一些别有用心的坏人横行霸道，为所欲为。在粉碎“四人帮”多年的今天，无政府主义思潮的恶劣影响依然很严重。特别是在一些青少年当中流毒甚广，他们只追求所谓绝对自由，不要任何纪律的约束。前段社会上掀起的一股资产阶级自由化的思潮，除少数人在政治上反对“四项基本原则”，否定社会主义，主张搞资本主义以外，大多数青年学生是受了资产阶级“民主”、“自由”的蒙蔽，也是无政府主义思潮的一种表现。无政府主义思潮是一种精神腐蚀剂，对广大青少年有很大的欺骗性和诱惑性，它使一些天真烂漫，想入非非的青少年无视纪律，无视法律，我行我素，恣意妄为。因此，无政府主义也是激发暴力性犯罪发生的重要客观因素。

2. 敌特机关教唆，国际暴力犯罪的影响。国外、境外的敌对势力通过广播等各种渠道，大肆向我国进行“心战”、“策反”活动，公开煽动、教唆国内的不法分子进行劫机、劫船和其他暴力破坏活动。国际上的黑社会组织进行劫机、暗杀、制造爆炸等恐怖性犯罪，对我国的暴力犯罪有很大刺激和诱发作用。为了发展我国的生产力，繁荣社会主义经济，实行改革开放的政策无疑是正确的。但也应该看到，在开放中不免会出现“泥沙俱下，鱼龙混杂”的现象。国外、境外的黑社会组织、恐怖组织的成员，会通过各种渠道直接进入我国进行暴力犯罪，或者把国外的犯罪手段、方法，通过各种方式渗透进来，不断为国内的犯罪分子所仿效。对于敌特机关的煽动、教唆，国际暴力犯罪的刺激和诱发，我们应该有足够的认识，并采取有效措施予以抵制。

3. 不健康电影、电视、录像和坏报纸杂志的侵蚀。随着对外开放的扩大，中外文化交流增多，在国内播放一些外国电影、电视片，把国外的先进文化艺术，不同的民族生活方式介绍给我国人民，对于了解他国的风土人情，民族风貌，是有一定积极意义。但须看到，在进口的影、视片中，却有一些不健康的东西，甚至夹杂一些腐朽的糜烂色彩。这样对于一些涉世不深，辨别能力较差，抵抗力不强的纯真青少年来说，冲击比较大，他们一方面感到好奇、新鲜；另一方面又容易良莠不分，全盘仿效，或者断章取义，各取所需。再加上我国的影评工作软弱无力，或似有若无，任凭一些腐朽思想影响到处泛滥，甚至排斥正确的批评，以致给社会带来一些不良影响。国内有些影视片粗制滥造，格调很低，一味追求国外的创作形式，不顾内容，胡编乱造，思想性很差，同样会在社会上造成不好的影响。特别是一些非法演播的黄色录像和传播淫秽思想的报刊画册，简直是精神鸦片，严重地毒害青少年的灵魂，不少人看了淫秽的录像之后，淫乱思想剧增，向往资产阶级糜烂的生活方式，有的在打斗等恐怖情节的刺激和诱发下，效仿电影、电视片的方式进行杀人、抢劫、强奸妇女等暴力性犯罪活动。可惜，这种对我国广大青少年潜移默化的精神毒害，至今仍未引起有关方面的重视，甚至有愈演愈烈之趋势。

4. 人际关系紧张，内部矛盾易于激化。近年来，在外来思想意识冲击下，国内的政治思想工作显得软弱无力，人际关系发生很大变化，人与人之间的那种忠诚友谊，热情和同情心，互相谦让，团结友爱精神，在一些人的头脑中已经荡然无存或者极其淡薄，一些人把“彼此谦让，互相尊重；尊老爱幼，助人为乐；行为文明，礼貌待人；遵守公共秩序、爱护公共财物”这些传统美德，视为毫无价值的说教，甚至视为欺骗。他们更不愿意用上述道德原则去律己和处理同事之间、朋友之间、邻里之间的关系。更有甚者，却信奉“强权即公理”，同事之间、朋友之间、邻里之间，甚至夫妻、兄弟、姐妹之间，一旦发生矛盾，互不示弱，动辄拔拳相见，甚至刀棒相迎，一分高低。由于人际关系紧张、道德观念淡薄，内部矛盾容易激化，加之疏导无力，是民间纠纷转化为暴力性犯罪的重要因素之一。

5. 不正之风、官僚主义是酿成暴力性犯罪的催化剂。近年来，各条战线上的政治思想工作都显得软弱无力。主要表现在两方面：一方面，政治思想工作跟不上形势的发展，满足于做表面文章，图形式，走过场，不求实效；另一方面，有些单位和部门，根本无政治思想工作可言，对歪风邪气和违法乱纪现象，既不教育，也不处理，无人过问。官僚主义和不正之风是紧密相随的，哪里官僚主义严重，哪里不正之风必然盛行。官僚主义者，只求高官厚禄，对工作极不负责，不愿承担半点风险，遇事一推二拖三搁浅，只要自己能得到利益，保住“乌纱”，什么国家的前途，人民的利益，党的原则都可以抛之脑后。官僚主义者背离了为人民服务的宗旨，成为作威作福的官老爷，他们对于人民群众的批评，轻者当做耳旁风，重者视若仇敌，把提出批评的人视为不守本分，寻机报复。他们工作作风粗暴，加剧矛盾激化；对问题互相推诿，敷衍塞责，得过且过；对坏人坏事，姑息迁就，养痈遗患，甚至助纣为虐，同流合污。这种严重的官僚主义是一种腐败现象，往往成为激化矛盾，酿成大患，产生暴力犯罪的催化剂。

三、预防和减少暴力性犯罪的探索

根据我国现阶段暴力性犯罪产生和发展的主观原因，笔者试从法律性、社会性、业务性和技术性预防四个方面，来探索预防和减少暴力性犯罪发生的问题。

（一）*法律性预防*

法律性预防包括立法和司法两个方面的内容：

1. 立法方面的预防。我国现行刑法和其他刑事法律，只规定了对暴力犯罪行为处罚的条款，而没有预防暴力犯罪的条款。打击和预防，惩罚与挽救是相辅相成的辩证统一关系。只有打击没有预防，打击就不甚有力；只有预防没有打击，预防就防不胜防，二者不可分割、不可偏废，不论忽视了哪一方面，都会产生一些消极效应。为更好地同暴力性犯罪作斗争，减少暴力案件的发生，我国刑法中应增加因不积极预防致使暴力犯罪发生的直接责任者、知情者应负的法律责任条款，如单位中或家庭成员中，明知某人有实施暴力犯罪的苗头，或已进入犯罪的预谋、预备阶段，而不积极劝阻、报告，仍听之任之，或者再火上加油促使暴力性犯罪发生，知情者或纵容者均应负刑事责任；假若知情者已向有关领导、保卫部门、公安政法机关反映，而有关领导和有关部门无动于衷，没有积极采取有效措施消除隐患和制止其发生，以致造成严重后果，有关领导和有关部门的直接责任者，亦应承担法律责任；凡是违反有关规定，私自为犯罪分子提供枪支、凶器、爆炸物，由此造成严重后果的有关人员，应追究其刑事责任；凡因官僚主义，玩忽职守，发现暴力犯罪的征兆和苗头，不积极疏导，不及时上报，不闻不问，由此导致暴力犯罪发生，或者由于领导人搞不正之风，对群众打击报复或因作风粗暴故意激化矛盾，促使暴力犯罪发生，除对犯罪人依法惩罚外，领导人均应承担刑事责任。暴力性犯罪发生后，知情人故意拒绝提供线索，或者受害单位不报案均应负法律责任。只有从立法方面予以明文规定，使法制更加完备，才能充分运用法律武器同暴力犯罪作斗争，更有效地预防和减少重大暴力案件的发生。

2. 司法方面的预防。各级司法机关和执法人员，对暴力性犯罪必须高度警惕，在处理民间纠纷时，要慎之又慎，认真负责，勤于疏导，不要推出了之，致使矛盾激化。公安政法机关凡接到暴力犯罪的情报，要高度重视，立即采取有效措施，控制和制止有暴力性犯罪的发生。执法机关和执法人员，必须坚持“有法必依，执法必严，违法必究”的原则，坚持“法律面前人人平等”，不论对任何人，不管职位高低，有无关系网，都要秉公执法，不徇私枉法。只有如此，才能震慑犯罪分子，提高人们的法制观念，执法机关才能取信于民，成为敌人所惧怕，人民所热爱的社会主义制度下的专政机关。

（二）积极开展社会性预防

同暴力犯罪作斗争是全社会的责任，必须动员社会力量，制约和干扰暴力犯罪的形成发展，克服过去那种单纯依靠公安政法机关的偏向。社会性预防主要指机关、学校、企事业单位、社会团体、农村村镇，以及街道、家庭都要积极开展对暴力犯罪的疏导和预防工作。开展社会性预防应做好以下工作：

1. 加强预防暴力性犯罪的教育。机关、团体、企事业单位，都要把预防暴力性犯罪作为安全教育的重要内容，使广大群众，特别是青少年逐步认识到暴力性犯罪的危害性、残忍性、野蛮性和缺德性。激起群众对暴力犯罪的憎恶和仇视心理，提高群众同暴力犯罪作斗争的积极性和自觉性。

2. 加强爱国主义和共产主义道德教育，把精神文明建设具体化、实在化。在各级党委统一领导下，各系统、各部门、各乡镇、街道都要对群众职工加强爱国主义教育，开展反腐蚀、反“心战”的斗争，加强共产主义理想和道德的教育，在群众中，特别是青少年中大力提倡团结友爱，和睦相处，彼此谦让，尊老爱幼，助人为乐的新风尚，实实在在地开展“五好职工”、“五好村民”、“模范家庭”、“模范夫妻”、“红旗大院”、“文明单位”、“文明街道”的活动，把精神文明建设真正落到实处，讲求实效，不摆花架子。加强对民间纠纷、婚姻纠纷、家庭纠纷的调解工作，解除民间积怨。尽管暴力性犯罪具有突然性特点，但它和其他事物一样，仍然有萌生、形成发展、爆发的过程，在发生之前或多或少都有一些征兆，只要社会各方面的力量真正动员起来，就可以发现“微风起于清萍之末”，及早预防。如果发现矛盾激化，有导致暴力犯罪的预兆，就要及早上报，采取措施，加强对中间层次的干扰控制，防患于未然。

3. 发动群众，取缔淫秽录像，取缔赌博等一切腐败丑恶现象。诲淫诲盗的录像是传播资本主义腐朽思想和糜烂生活、教唆犯罪的污染源；赌博是冒险家的乐园，是流氓盗窃分子集聚的地方，也是诱发人们亡命冒险的场所，是引诱人走向抢夺、盗窃、抢劫、杀人等犯罪道路的迷宫；一些低级下流的娱乐场所，不仅是传播资本主义腐朽思想的媒介，而且是一些精神空虚的纨绔子弟寻欢作乐的地方，是毒害青少年的精神污染缸，是培植犯罪的温室和摇篮。只有发动群众取缔这些乌七八糟的社会丑恶现象，才能有效地预防和减少暴力性犯罪和其他刑事犯罪的发生。

4. 加强公共场所的防范和疏导工作。在车站、影剧院、公共汽车等公共场所，可组织群众性的防范活动，发现可疑情况及时上报。对于在公共场所发生口角、争斗等现象，要及时调解平息，不使其激化，酿成暴力事件。

（三）加强业务性防范

业务预防，是指在侦查业务和治安管理业务两个方面的预防措施。

1. 侦查方面的预防。首先要提高破案率，破案率高，就会使犯罪分子或准备犯罪者感到法网恢恢，疏而不漏，使其不敢轻举妄动。侦查破案本身就起着震慑和预防两方面的作用。如果破案率不高，使一些严重犯罪分子长期逍遥法外，就会助长犯罪分子的嚣张气焰。一个犯罪歹徒，特别是暴力犯罪歹徒逍遥法外，就会使一百个人、一千个人受到威胁。因此，必须建设一支强有力的侦查队伍，加强业务训练，提高物质和技术装备，集中力量侦破重大暴力犯罪案件，严惩犯罪分子，消除破坏因素。同时要加强调查研究，及时掌握犯罪活动动向。根据暴力犯罪的不同类型、不同层次，暴力案件发生的不同部位、不同地点和不同时间，采取全面性的预防对策。根据我国行政管理机构的特点，在党委统一领导下，实行以侦查机关为主体，由治安、武警、部队、人武部和保卫组织，共同组建不同层次的防暴机构，制订周密的防暴计划和切实可行的措施，明确管理范围，分工负责，共同对付不同层次、不同能量的暴力性犯罪案件。各级防暴组织要经常分析暴力犯罪的活动情况和趋势，在此基础上制订具体的防暴计划和实施方案。各基层派出所、保卫组织要有专人负责，对本辖区、本单位要深入调查，做到心中有数，对可疑人员在加强控制的同时，通过各种方式做好疏导工作，力争把暴力犯罪消灭在萌芽状态和破获在预谋阶段。

2. 治安管理业务性预防。为预防暴力犯罪的发生，必须加强对枪支、弹药、爆炸物的管理。犯罪分子在欲要实施暴力犯罪之前，首先要设法搞到枪支、弹药、爆炸物和其他可资利用的器械。特别是枪支、弹药和爆炸物，是制造严重暴力犯罪的先决条件。目前，有些枪械管理部门和持枪人，对枪支、弹药管理不严，枪支、弹药被盗的现象屡有发生，持枪人随便把枪支交给他人的现象也并不罕见。特别是一些厂、矿企业的爆炸物品管理非常混乱，炸药、雷管、导火索等物品被拿、被盗的现象非常严重，这些都为暴力犯罪提供了可资利用的物质条件。为预防和减少暴力犯罪的发生，必须堵塞这些漏洞。凡是有枪支、弹药和爆炸物品的单位和个人，在生产、运输、保管、销售和使用等各个环节都要严格管理手续，严防枪支、弹药和爆炸物品被盗、被抢、被拿；彻底收缴流失在社会上的枪支、弹药，严禁私人保存爆炸物品，严格执行公安部《对部分刀具实行管制的规定》，对社会上制造和销售的三棱刮刀、弹簧刀，以及类似匕首的各种水果刀，都应采取措施加以控制，从各个渠道、各个环节上消除暴力犯罪可资利用的条件，以有效地预防和减少暴力犯罪的发生。

（四）加强技术性预防

技术性预防是一种特殊的预防措施。随着科学技术的发展，犯罪分子运用技术手段进行暴力犯罪的案件日益增多，在预防暴力犯罪方面也应该充分发挥先进科学技术手段的特有作用。例如，为防止枪支、弹药和爆炸物品被盗，可在存放枪支、弹药、爆炸物的库房，以及其他要害部位，安装报警器和闭锁装置。在机场运用电子设备检查登机人员和行李，严防将危险物品带上飞机。飞机起飞前可利用电脑核实登机人员名单，严防已掌握的劫机危险分子和制造爆炸的危险人员混上飞机。

在车站、码头对旅客的行李、货物运用仪器进行检查，严禁将爆炸物和其他危险品带上火车和客轮，以防止严重爆炸事件发生，给旅客带来危害。在检验中如果发现进行暴力犯罪的爆炸品，在严密控制犯罪者的同时，妥善进行技术处理，严防犯罪分子引爆。

以上是笔者对预防暴力性犯罪的发生，提出几点管窥之见，以抛砖引玉。只要各方面协调一致，深入细致地做好工作，充分发挥公安政法机关的专门职能作用，真正把各条战线的群众动员起来，尽可能引进先进的科学技术手段，建立起一套切实可行的预防计划和实施措施，并付诸行动，暴力性犯罪是可以减少和预防的。

［公安部刑事侦查局、中国刑事警察学院编：《暴力犯罪侦察研究论文集》（上册）1989年。］

预审中讯问对抗的特征

讯问者与被讯问者之间呈现一种攻防形式的对抗状态，这种对抗的实质是双方利害关系的冲突。因此，对抗双方具有鲜明的相向目的性。在讯问对抗中，不仅双方各自追求的利益目标和最后达到的目的不同，而且双方对事物的评价，权衡利弊的标准，以及对待讯问的态度也截然相反，对抗双方都为实现自己的利益目标而竭尽全力施展对策。为了给预审谋略思考奠定理论基础，有针对性地制订讯问对策，有必要先对讯问对抗的特征进行一些研究探讨。预审中的讯问对抗是人与人之间进行的活力对抗，笔者认为，讯问对抗与其他类型的对抗相比较，具有以下特征：

一、短兵相接的对抗状态

预审活动通常是通过两种方式进行的。一种是背靠背调查了解活动；另一种是面对面的讯问活动。讯问就是审讯者与被告人之间进行面对面的交往，对抗双方不仅所居的地位不同，而且落差较大，审讯者居于执法地位，凭借着自己的法律地位，依法对被告人进行讯问；被审讯者处在被告和受审的地位，对于审讯者依法提出的问题，必须进行回答，并负有法律责任。在一问一答的背后充满着激烈复杂的智慧拼搏，对抗双方都围绕着各自的利益目标这个“轴心”，进行巧妙地周旋。审讯者企图通过法律的威严，根据敌手的犯罪事实，针对其心理特点，社会经历等情况，巧妙施谋用策，尽快迫使对手就范；而被审讯者则针对讯问者的发问，挖空心思地制造假象，掩盖自己的犯罪事实，给审讯者造成虚幻的错觉，企图以假乱真，动摇审讯者的进攻决心，蒙混过关，保全自己的利益。

审讯者与被审讯者之间的对抗节奏，常表现出高频率，短回路的特点，对抗双方对于对方发问或回答，都必须迅速作出反应（有声的或无声的），不可能无动于衷。对抗双方在短兵相接，你来我往的激烈抗争中，时间的紧迫性非常明显，双方进行相向思维的速度相当快，战机的出现，在时间上极为短暂，甚至稍纵即逝，因此在讯问中捕捉战机时，如果稍有迟疑，就会失去良机。讯问对抗双方在进行交锋过程中，一方稍有不慎，就会大大迟滞对抗的进程，导致失去攻防能力，甚至陷入困境。所以在讯问对抗中，双方都在短暂的时间内、狭窄的空间中努力寻求制胜或自我保护的良策。

二、非暴力性的激烈对抗

讯问对抗，在通常情况下表现为非暴力性的对抗，是指对抗双方不是运用物质力量来消灭对方、战胜对方。而是运用唇枪舌剑，以说辩的方式进行攻防和厮杀，有时尽管表现得非常激烈、尖锐，但仍然是通过伶牙俐齿进行交锋，并没有超过非暴力范围。审讯中既有智战又有力战，但更多地表现为智战、心战。审讯者进攻时，是以摆事实，讲法律、讲政策、讲道理的办法，揭穿对方的假象，破坏其防御体系；晓之以理，动之以情的攻击力，瓦解对方的精神防线；以真凭实据打破对方的固守，迫使对方从自身利益出发，作出抉择，认罪服法。而不是靠动之以武，示之以威的办法，迫使对方暂时被吓服或者假屈服，实质上是屈而不服，或者表面屈服，伺机反扑，后患无穷。讯问对抗的非暴力性，并不是指双方进行语言交锋时，一定要和颜悦色，满脸笑容地看对方的眼色行事，更不是以祈求的口气向对方索要口供。而是将严肃性和灵活性巧妙地结合起来，充分运用国家法律的威严和刑事政策的威慑性与感召性，以及掌握的案件事实，把审讯者意志的坚定性通过多种方式，巧妙而艺术地表现出来。使被审讯者从心理上感到抗拒可畏，降服可取，取得较好的结果。

三、多变性、随机性强

在军事斗争中，“兵法有千章万句，最难以把握的就是随机应变问题”。变化性大，随机因素多，可以说是活力对抗的共同特征。在讯问对抗中这种特征亦非常突出。在讯问对抗中，所以变化性大是因为参加审讯的双方，都是能独立思维且具有主观能动性的活人。人本身就是一个复杂的综合体，他不仅具有社会属性中的各种倾向性，而且还受到人的性别、年龄、文化素养、社会经历、心理、生理、病态、环境等多种因素影响。因此，在讯问对抗中，常会出现因案、因人而变；因时间、因地点、因环境而变；因其心理、生理变化而变化的情况。由于讯问对抗中双方的变化性大，不确定的偶发因素多，对抗双方只能够对斗争的发展趋势进行一些推测性的分析判断，很难从微观上进行具体描述，可操作性相对变小。从认识论上讲，讯问双方互为对方的认识对象，双方互为对方认识的“黑箱”。讯问者和被讯问者，在对抗中为了制胜，都以不同方式，通过各种渠道，不断地向对方输入一定的信号，向对方施加影响，然后再通过观察对方的输出反应，逐步认识对方思维的动向和变化规律，根据对方的变化，再不断地调整自己向对方输入的可控变量，促使对方沿着对自己有利的方面转化。

在讯问对抗中，由于参加对抗的双方都在为寻求制胜方略而努力发挥自己的主观能动性，双方的主观能动性又在对抗双方的相互作用中被相互抵消，这就给讯问对抗增加了制胜的艰巨性。讯问对抗双方究竟需要付出多少代价才能实现自己的利益目标，达到最终目的，都难以找出一个模式把它确定下来。因此，在讯问对抗过程中，能否取胜，取胜的迟早，战机的到来与捕捉，似乎或多或少地要受到“运气”的支配。

四、进攻者强于防御者

讯问对抗处于两军对垒的态势下，讯问者为进攻一方，而被讯问者处在防御地位。从进攻者主观方面讲，在对抗中为了战胜对方，降服敌手，必须具有强烈的对抗意识和必胜的坚定信念，只有这样方能掌握主动权，如果失去对抗意识和竞争观念，就会失去对抗的活力，何谈进攻取胜。“斗则进，不斗则退”对一个民族、一支军队是这样，对审讯者来说也是如此。凡事“先立而后进”，先求生存而后求发展，是保存自己，战胜对手的斗争法则，自己连脚跟都未站稳，还从何谈发展？不论生存或发展，都必须在积极地对抗进攻中获得，决不能消极等待幸运之星的降临。

讯问中进攻者的对抗意识大于防御者一方，从客观方面讲进攻者一方是组织严密，纪律严明的群体，发动进攻之前能够充分发挥集体的智慧，群策群力，人多势众，众志成城；进攻者又处在执法地位，代表国家和人民执行职务，正义在手，得道多助，还可以自由地选择进攻战术，大胆破例地吸收和运用新的斗争方法。被审讯者处在防御地位多数是个体或者被分割的小群体，一般都处在被羁押或被控制状态，面临着受法律制裁的威胁，不仅势单力薄，且失道寡助，孤立无援，其思维空间狭窄，获得信息有限，在进攻者的凌厉攻势之下，只能采取“兵来将挡，水来土掩”的临时应急办法。虽说被讯问者处于劣势，但他可以施展示假隐真或以假乱真的手法，迷惑进攻者，消磨进攻者的意志，动摇进攻者的决心，固守其防御阵地，或者假装降服伺机反扑。由此可知，进攻者的对抗意识强，处在有利地位。有力的态势只能标志着胜利的归向和发展趋势。但须知，这种趋势不是固定不变的，如果审讯者思维不敏捷，或者失去警惕，麻痹轻敌，不能及时识破对手的企图，或者自己进攻的方略谋划不周，使对方有隙可乘，同样会由主动变被动，由优势降为劣势，甚至导致失败。

五、制胜的机遇有时在场外

活力对抗中从对抗场合之外寻求制胜之策，是常有的事情。因为在活力对抗中，不仅对抗的接触点存在于一个既定的场合，而且在这一既定场合之外，还存在许多影响和制约对抗结局的因素。在讯问对抗中，双方斗争的焦点可能集中在某一环节上，以致形成对峙不下的局面，如果要打破审讯僵局，有时也需要到对抗场合之外去寻求突破缺口获取制胜的办法。当讯问中出现僵局后，审讯无法进展，甚至造成一时的被动，审讯者就可以通过看守所观察和其他手段获取信息；也可以通过其家属和亲友的影响，以及局外人谈话等方式，打破僵局，推动审讯向有利的方面发展。

六、法律和政策的制约性影响着对抗结局

讯问对抗中法律和政策的制约性表现在两个方面。对讯问者来说，在进行谋略思考和制订对策时，必须依法行事，不能脱离法律和现行刑事政策进行活动。一般而言讯问是在执法人员同犯罪违法人之间进行的，也可以说是护法与违法之间的搏斗。因此，讯问者发起进攻，或者施谋用策时，都必须严格遵守法律、法规和有关刑事政策，不允许破坏法制。对于被讯问者来说，它是国家和人民群众利益的侵害者，是破坏法制的行为人，可能是法律制裁的对象。国家法律的威严对他有极大的震慑作用，同时又具有很强的感召力。被讯问者对抗审讯的方法和手段虽然不受法律的限制，但是法律的严肃性和“坦白从宽，抗拒从严”的政策原则仍然制约着他，使他不能不考虑后果而肆无忌惮的施展对策。在讯问过程中只要审讯人员严格依法行事，灵活而巧妙地显示力量，充分发挥法律和政策的震慑与感召力量，就可以使讯问对抗结局沿着有利于自己不利于犯罪人的方面发展，有利于审讯者夺取最后胜利。

（《预审探索》1992 年第 2 期。）

预审中讯问黑箱方法论

一、讯问黑箱的机理

黑箱问题在各个科学领域中都普遍存在，在医学领域、军事科学领域中都普遍得到运用。所谓“黑箱”，是指对其内部结构尚不了解的客观事物，或称客体。黑箱方法是控制论的研究方法之一，是人们认识和改造的对象，并对其实施控制的一种独特方法。黑箱理论是以认识主体对认识对象一无所知为出发点的。人们认识客观事物总是由不知到知，由知之甚少到知之较多，不断深化，逐步积累的过程。黑箱方法，从认识论上讲也是认识事物的一种方法。人类的认识实践表明，人们对客观事物的认识总是相对的，而黑箱方法也具有相对性。人们对某种客观事物的内部结构和功能完全不知道的称为“黑箱”；有一定程度的了解，但又不完全清楚的称为“灰箱”；完全清楚了的称为“白箱”。由黑箱到灰箱再到白箱，这三个环节具体地描述了人们认识事物由浅到深、逐步深化的相对过程。

黑箱理论和黑箱方法的创立，为人们认识事物提供一种崭新的认识论方法。黑箱—灰箱—白箱方法还进一步阐明了人们认识的有限性和无限性的辩证关系；表明了认识主体与认识客体的相互作用，以及认识主体对认识对象的主观能动性。为人们认识和改造客观世界提供了新的科学手段。

认识主体了解黑箱的方法有两种：一种是直接打开黑箱，使黑箱变成白箱。但是，迄今的科学手段尚不能在不破坏系统内部结构的情况下打开所有的黑箱，并能够认识其功能。例如，人的大脑就是不能通过打开的认识其功能的黑箱。而只能采取在不破坏原有系统的结构和功能的情况下，通过施控系统向受控系统输入一定的物质或信号，观察研究受控系统的输出反应，来判断受控系统黑箱内部情况，探寻受控黑箱的奥秘。这种方法是通过综合分析黑箱的输入和输出关系，认识和把握黑箱内部结构和功能的规律性，从而揭示所研究黑箱的秘密。

预审也是一种系统控制机制，讯问是预审系统中的子系统。讯问系统由讯问主体（侦查员）、讯问客体（犯罪嫌疑人）及讯问时间、地点、环境、讯问技巧等要素构成。讯问是一个动态系统，需要经过一定的时间和双方多次交往才能有一定的结果。讯问主体和讯问客体是构成讯问系统的基本要素，双方都是能独立思考、追求一定目的性的活人。讯问系统中的讯问主体与讯问客体处在对抗状态，并呈现出一方进攻一方防御的态势，这种对抗属于具有鲜明相向目的性的活力对抗。讯问系统中的对抗双方，又各自构成独立的系统。讯问主体与讯问客体在对抗中存在互相认识、互相作用、互相控制的问题。从认识相互关系讲，双方互为对方认识的黑箱。双方在相互交往中都想尽早揭开对方的奥秘，达到自己预想的结果。

控制论的任务就是要通过一定的手段，对系统的状态、行为、功能进行控制，使受控系统按照控制的目的运动和变化，实现人们所确定的目标。讯问黑箱方法是根据控制论原理，为解决讯问主体认识和改造被讯问对象，实施讯问控制，提供了一种崭新的科学方法。

二、讯问黑箱方法的特点及其前景

(一) 讯问黑箱方法的特点

讯问活动是在人与人之间进行的一种活力对抗运动，讯问者与被讯问者所要达到的目的及双方对待讯问的态度截然相排斥，而双方的对策却具有互引、互含性，即对抗双方都以对方行为作为施谋定策的思考起点；在行为方式上都充满迷惑性，而且一方的行动常常会导致对方的反行动，双方的行为带有很大的不确定性，这样就给一方认识对方披上一层浓厚的迷雾，增加了互相认识的复杂性和难度。据此，讯问黑箱方法与自然科学领域内运用的黑箱法相比较，它有以下特征：

1. 讯问主体与讯问客体互为黑箱。由于讯问主体与讯问客体都是具有独立思维能力的活人，双方在对抗中都想更多地了解对方，实施对敌手的控制，并促使对方沿着自己所希望的方向转化。对抗双方都把对方作为黑箱，在讯问交往中双方都不断向对方输入一定的信号，向对方施加影响，并通过观察对方的输出反应，逐步了解对方的思维动向和变化规律；通过调整自己向对方输入的可控变量实施控制，促使对方向着有利于己的方面转化，以实现自己的确定目标。

2. 对抗性强。由于活力对抗具有鲜明的相向目的性，双方都以战胜、降服或迫使对手就范，服从于自己的意志（或集团的意志）为目的。所以在讯问中运用黑箱方法认识客体，里面还包含着智力和意志的角逐。对抗双方都想尽一切办法揭开对方黑箱之秘密；同时又千方百计阻止对方认识自己的黑箱，希望自己的黑箱永久成为对方的秘密。双方在对抗中，一方面要不断地调整向对方输入的可控变量，调节输入的行为方式；另外要鉴别对方向己方输入的可控变量，再向对方释放一定的干扰，给对方布下疑阵，使其观察输出反应产生错觉，阻止对方认识自己的黑箱，使对方误入歧途，造成进攻或防御方面的失误。

3. 讯问黑箱受环境干扰大。所谓环境干扰，是指影响讯问系统输入和输出的周围其他因素。包括：讯问时间、地点、室内陈设，羁押环境，同案犯情况，与家庭、亲友的关系，以及影响讯问的其他刺激性信号等。环境的变化直接干扰讯问系统的输入与输出，使观测研究输出变量增加了复杂性和认识难度。运用黑箱方法进行讯问，应尽量使环境干扰降到最低程度，使环境保持相对不变。

4. 系统内部干扰复杂。所谓内部干扰，是指内部结构和功能变化对系统输入和输出产生的影响。它包括个体的生理因素，如性别，发育健全程度，智商高低及其他先天生理特征；个体心理因素，如情绪、能力、气质、性格、思维灵敏度、应变能力等；以及病理、病态因素等。这些因素都直接或间接影响系统的输入和输出，给黑箱辨识增加困难。

5. 不确定性因素多。所谓不确定性因素，主要指随机性、模糊性和偶然性因素。在一个系统中，如果不确定性因素多，变量就越大；变量增大，可控性和能观测性就相应变得越小，揭示黑箱秘密的难度就增大。这样就需要对讯问黑箱输入和输出关系进行全面考查，综合分析，有时还需要两极映照，反观而求，方能把握住其真谛。

（二）*黑箱方法为预审的理论化、科学化开辟了新前景*

控制论的黑箱方法，为人们认识事物提供了崭新的认识论方法，大大丰富了科学方法论的内容，也可以说黑箱方法是对科学方法论的突破。同理，黑箱方法也为预审中的讯问、实施讯问系统控制，认识和改造讯问客体，提供了新的科学手段。

讯问系统是一个充满对抗，带有极大模糊性，且具有多变性和偶然性，又无法打开认识的黑箱。对它只有通过可控变量输入和观测研究输出反应，才能逐步认识它、驾驭它。讯问黑箱是一个多功能的复杂客体，其内部联系分为若干层次，对讯问黑箱的认识不是一次能完成的，需要逐层进行，步步深化。随着预审进程的推进，只能先将讯问黑箱中的某一些层次变为“灰箱”，甚至变为“白箱”。若再深入一个层次，又会遇到许多未被认识的“黑箱”，必须运用黑箱方法再次予以揭示，以此推动预审活动有条不紊地向前发展。

在预审中，讯问主体对讯问客体实施控制，在讯问主体对讯问客体的认识、改造过程中，黑箱方法都不失为一种重要手段。它不仅能够使预审活动沿着正确的轨道前进，而且还为预审走向系统化、信息化、科学化探索出途径。因此，黑箱方法在预审中的移植和运用具有无限宽广的前途。

三、讯问黑箱方法的运用

黑箱方法是通过对未知系统的输入和输出关系，进行综合分析来辨识其内部联系并加以控制的。运用黑箱方法的实施步骤可分为以下四个方面：

（一）确认讯问黑箱，找出其外部特征

确认讯问黑箱，首先把要认识的对象特定化，并将其与环境相对孤立起来。在预审实践中，通常是把被讯问对象置于特定的空间（通过逮捕或拘留将其羁押一定处所），暂时中断其与社会、家庭和其他关系人的联系；破坏其原有的生活定型，改变物质环境。讯问时再将被讯问对象置于更小的空间（讯问室）内，使其与同号关押的其他人相隔离，并令可能影响讯问的人员予以回避，减少讯问时环境对输入与输出的干扰，为正确地观测输入和输出关系创造条件。确认讯问黑箱时，应具备以下基本条件：

1. 确认讯问黑箱必须合乎法律规范。讯问是侦查的组成部分，是一种刑事诉讼行为，它的活动都要置于国家法律和政策的制约下，不能违背法律和政策的规定原则，随意把任何人确认为讯问黑箱，任意将其与周围环境孤立起来。

2. 被确认为黑箱的对象须有犯罪事实或重大犯罪嫌疑。就是说被确认为黑箱的对象必须有一定的证据证明其有一定的犯罪事实存在，或者有确认其为犯罪重大嫌疑对象的客观依据。否则，就不具备确认讯问黑箱的条件。

3. 被讯问对象矢口否定犯罪事实或者供述含混不清。如果被讯问对象一接触就把犯罪事实交代得一清二楚，经查证属实的，就不能算黑箱。只有对那些不如实供述事实，讯问主体无法了解事实真相的，才将其确认为黑箱进行研究，以通过分析输入和输出关系，逐步揭示讯问黑箱的秘密，从而达到证实犯罪事实或澄清嫌疑之目的。

（二）确定输入和输出的内容，不断调整讯问方略

讯问黑箱确定之后，就要根据黑箱的个性特征，确定向黑箱输入可控变量，有物质的和信号的。物质的，如声波、光波、电波等；输入的信号中又分语言信号、动作形态信号或其他物质信号。输入的方式，既可以是公开的，也可以是隐蔽的；既可以是单一的，也可以是复合的；既可以逐项有序输入，又可以交替进行或混合进行。

确定输出内容，是指经过输入然后再确定一下所要观察的输出对象。是

通过被讯问者的语言信号输出观察其心理动向、应变反应能力，还是观察分析对方语言输出中所表达的内容；是观察对方的动作形态，了解其心理、生理变化，还是通过输入观察研究其全部输出情况等。在讯问中，通过观察黑箱输出的各种信号，分析判断被讯问对象的个性特点、思想状况、心理变化、对讯问环境的适应能力，防御体系是否牢固，以便把握被讯问对象思维活动的规律性，制订出制胜方略，再向被讯问者输入新的可控变量，进一步观察其输出反应，循环往复，直至揭开黑箱的奥秘。

（三）建立讯问黑箱模型

通过观察讯问黑箱的输入和输出关系，可以提出有关黑箱内部情况的假设，进行模拟功能试验，拟建讯问黑箱模型。通过黑箱模型的研究，可以进一步揭示出黑箱的输入与输出之间为什么会具有这种或那种联系。运用黑箱模型，可以进一步总结讯问黑箱的变化规律，增强讯问控制中的自觉性，减少盲目性，为将来人工智能在预审中运用，实现人机结合创造条件，为实现预审科学化、现代化开辟新的途径。

（四）推导出讯问黑箱的内部联系

通过讯问黑箱的输入和输出关系，模拟讯问黑箱的行为功能，建立讯问黑箱的输入、输出关系，推断黑箱内部各种联系，为深化对讯问的认识，完善审讯对策体系，创建新的制胜方略提供科学理论根据。

预审中的讯问过程，是讯问主体对讯问客体实施系统控制的过程。在讯问控制过程中，经常会遇到许多不确定因素，有许多偶然性的因素，在讯问控制过程中，重点是不断解决不确定性因素的问题。讯问控制过程中要想达到预期目的，就得从大量的、复杂的不确定性因素，从诸多的偶然性中找出其必然性来，从而认识和把握住其发展变化的规律性，使预审活动从经验型向科学化、现代化的高峰攀登。

预审中的系统控制是复杂的社会控制的组成部分。运用控制论的理论和方法研究预审问题，目前尚属初创阶段，欲要把预审系统中的各个要素间的内在联系都搞得一清二楚，并加以科学的解释和论证，尚需要广大致力于预审科学研究的专家学者们的共同努力。笔者只不过是投出一小块引玉之砖，为预审科学理论宝库增添异彩。

（《预审探索》1991 年第 1、2 期。）

论讯问谋略的原则

讯问是在审讯人员与被告人之间进行的抗争，对抗双方具有鲜明的相向目的性，都为实现自己的目的、挫败对手或逃避惩罚而寻求制胜良策，讯问谋略正是对抗双方智慧拼搏的产物。讯问者为征服对手，迫其就范，必须根据案情巧妙施谋用策夺取胜利；被讯问者从自身利益出发同样要绞尽脑汁，逃避惩罚。所以，预审人员必须充分发挥自己的聪明才智，巧妙地虑谋思策。笔者认为讯问者进行谋略思考，应当遵循下述原则：

（一）谋略合法性原则

“谋以诈立”乃兵家用兵之道。但讯问者进行谋略思考时，必须依法行事，不能违背国家法律和有关刑事政策，以及社会道德规范。因为讯问者是执法者，是国家法律和人民利益的维护者；违法犯罪人员是国家法律和人民利益的破坏者，是国家法律制裁的对象。执法者（或称护法者）与违法者进行斗争，理应率先垂范，依法办案，维护法律的尊严。讯问中绝不能搞刑讯逼供或引供、指供、诱供。

讯问谋略思考的合法性，是指不能违背法律和社会道德规范原则，滥施计谋，并不是不能用谋。在法律和有关刑事政策许可的范围内，有计划地“示形”、“用佯”，给对手造成错觉，使其产生判断失误，让对手按照自己的意图行动，达到如实供述犯罪事实的目的，同样是“诡道”思想的体现。实践表明，凡属成功之举，都与讯问者足智多谋，善用计策是分不开的。讯问中用“诈”是双方互相进行的。讯问者施谋用策时不仅要善于隐蔽自己的意图，而且还必须善于识破对方设下的骗局，根据对手的企图及时调整讯问策略，有效地阻止对手企图的实现，使讯问沿着有利于己的方向发展，以达到胜利结束讯问之目的。

（二）“合意性”与“合理性”相结合原则

合意性，是指谋略要为实现讯问目的服务，而不是相反。讯问对抗实质上也是一场互相破坏的抗争，双方都竭力谋求在如何实现自己目的的同时，还要谋划如何破坏对方的企图。讯问者进行虑谋时，要善于顺详敌意，把对手引向极端；巧妙运用以患为利、以迂为直的原则，找出通向讯问胜利的坦途。合理性，是指进行谋略思考时要进行双向思维，不能一厢情愿地从自己主观愿望出发，应当使自己的计谋策略合乎对方思考和行动的规律，使对手在心理上能够接受，使对手不知不觉地进入己方的谋划之中，讯问者进行谋略思考时必须将二者紧密结合起来，使自己的谋略既要符合自己的利益，为实现讯问目的服务，又能破坏对手的企图，使对手按照我方意图行动。只有把谋略的合意性和合理性巧妙地结合在一起，协调一致才能成为成功之策，否则，就会失策。

（三）把握中心原则

认识事物的发展变化趋势，必须抓住基本矛盾，事物的发展变化都是围绕着基本矛盾展开的。在讯问对抗中，尽管多变性大，随机因素多，真真假假变幻不定，但实质上都是围绕揭露与反揭露这个比较稳定的中心点运转的，这个中心点就是对抗双方追求的利益目标。在讯问交锋中，不论被讯问者采用何种曲折复杂的方式对抗讯问，不论用什么方法狡辩（极少数无辜者进行无罪辩解除外），但对手逃避罪责的企图是不变的。讯问者在讯问被讯问者时，必须保持清醒的头脑，不应当停留在许多具体事件的表面上，不要被对手制造的各种假象所迷惑。应当真正弄明白对方施展伎俩的目的是什么？对手最希望的是什么？最惧怕什么？在现实条件下对手采用什么方式才能有效地对抗讯问，逃避厄运。讯问者只有紧紧把握住揭露与反揭露这个中心点，才能透过对手制造的层层迷雾，对讯问的发展趋势作出比较客观的判断，使自己的谋略思考更加符合客观实际。

（四）手段与目的相匹配原则

讯问者进行谋略思考，必须注意解决目的、目标与方法、手段相适应的问题。目的是由对抗双方的利益关系决定的，目标是对目的的分解和具体化。讯问者进行谋略思考时，必须围绕着讯问目的的实现而选定各个阶段的讯问目标，确定达到目标的方法和手段，力求以最小的代价实现各个阶段的讯问目标，最后达到讯问胜利之目的。同时还要设法干扰破坏对手实现目标。讯问者一方面要从全局出发，寻求实现自己的目的、目标、方法和手段；另一方面还要深刻分析对手利益目标，选择阻止对手逃避罪责企图的手段，使对手无法向其追求的利益目标靠近，使对抗结局不断向着有利于我方而不利于对手的方向发展。

（五）立足“满意解”，寻求“最优解”原则

讯问开始阶段，讯问者一般应采取比较审慎的态度，先谋取一般性胜利。多采取“先立而后进”的破敌之策。先站稳脚跟，再求扩大战果。讯问与其他形式的活力对抗一样，在激烈的智慧拼搏中，成功与风险常结伴而

行，风险中蕴含着成功，成功中包含着风险，风险与成功同处于对立的两极。在变化无穷的审讯对抗中要想追求“十全十美”的万胜之策，事实上是难以办到的。因此，讯问者进行谋略思考时，不应当一味追求全胜之策，要敢于冒点风险。当然，这种“冒险”必须建立在把握一定案件事实，掌握一定证据，进行科学分析判断的基础上，是一种经过深思熟虑的“理智性冒险”，而不是盲目的莽撞行动。

“以奇制胜”乃兵家取胜之要诀。出奇制胜的原则在讯问中也是适用的，无论被讯问者的防御体系多么严密，但不可能做到“天衣无缝”，“智者千虑，必有一失”，对手的失误之处，正给我方创造了战机，尤其是对手认为最不易败露之处的缝隙，此处多为对手防御最薄弱的地方，只要讯问者肯用心计，寻找对手的防御缝隙，在对手疏于防备的关节点上，突然发起进攻，一旦打开缺口，便可以收到奇效。讯问者不要把自己禁锢在一般经验之中，敢于打破常规，破除思维定势，进行谋略思考时，既要立足于“满意解”，又要根据案情，尽可能寻求制胜的“最优解”，使讯问谋略水平提高到一个新的阶段。

（六）相反中求相成原则

对立统一是事物存在和发展的基本形式，任何事物都有其正面和反面，真相和假象，表象和里象。讯问对抗也是采取一定形态而存在和发展的事物，真相与假象常常交织在一起，真相与假象并存，真相往往被假象掩盖，有时弄得人眼花缭乱，目迷五色。例如，被告人本来有罪，却故意喊冤叫屈；本来态度狡猾，却硬说愿意彻底交代；本来内心恐惧不安，偏要故作镇静，好像若无其事；本来畏罪思想很严重，却故意态度嚣张，以攻为守。所有这些，都是一种“极端共存”现象。由于犯罪分子竭力用假象掩盖事实真相，给讯问者认识对手披上一层迷雾，增加一定难度。须知，造假有效但也有限，过犹则不及。造假不超过限度是不容易的，假象中往往包含着“反常”的逆光，讯问者要有敏锐的洞察力，善于运用反向思维研究对手，“两极映照，反观而求”，从相反中求相成，在识破对手的隐蔽企图之后，采取将计就计的谋略，因势利导，战而胜之。

（七）减少行动后效应原则

活力对抗中“局中人最容易迷恋眼前利益，却看不到利和害的联系性和同一事情存在的益损性”。[①] 讯问者进行谋略思考时，必须从全局出发，

---

① 李炳彦、孙兢著：《军事谋略学》（上册），解放军出版社 1989 年版，第 135 页。

决不能因迷恋眼前利益而损害全局。尤其遇到被讯问者顽抗时，一定要沉着冷静，不感情用事，既不能因对手的态度蛮横而失态，干出违法违纪的蠢事，让对手牵着鼻子走。在讯问中运用证据时，一定要充分估计到后效应，做好多种应变准备，以防不测。只有充分估计到行动的后效应，尽量避免使自己的行动成为刺激对手采取反行动的诱发因素，才能够增加成功的把握，减少风险，取得讯问的最后胜利。

（《预审探索》1992 年第 4 期。）

攻心夺气在讯问中的应用

“攻心为上”，原为诸葛亮南征时采用的军事策略。《三国演义》中叙述，诸葛亮南征出征前曾向马谡征求意见，马谡进谏说；“愚有片言，望丞相察之：南蛮恃其地远山险，不服久矣；虽今日破之，明日复叛。丞相大军到彼，必然平服；但班师之日，必用北伐曹丕；蛮兵若知内虚，其反必速。夫用兵之道：‘攻心为上，攻城为下；心战为上，兵战为下’。愿丞相但服其心足矣。”诸葛亮采纳了马谡的建议，于是演出了七擒七纵孟获的传奇故事，反映了诸葛亮用兵如神的高超谋略思想。

“七擒孟获”给后人的启迪是多方面的，除了每次擒法变化莫测的战术变化外，更重要的还是通过对孟获的七擒七纵之后，使孟获心悦诚服，深刻地反映出诸葛亮“攻心为上，攻城为下；心战为上，兵战为下”的战略思想和策略思想。后世清人赵藩为成都武侯祠诸葛亮殿前题写了“能攻心则反侧自消从古知兵非好战；不审势即严宽皆误后来治蜀要深思”的名对。

诸葛亮采取的“攻心为上，攻城为下；心战为上，兵战为下”的用兵之道，是对《孙子兵法》中“上兵伐谋”思想的继承和发展，旨在通过斗智斗谋达到“兵不顿而利可全”，“不战而屈人之兵”的最高目标。在军事对抗中，高明的将领都着眼于如何从精神上给对方造成威慑，以瓦解和征服对手。

谋略思想具有共适性。俗话说：隔行不隔理。军事对抗中的攻心夺气思想，在讯问中同样可以运用，以威慑、动摇和瓦解对方的思想，鼓舞自己的斗志和降服对手的信心。

一、讯问中攻心夺气的含义和作用

预审讯问中的攻心夺气，是指预审人员根据对手的心理状态、个性特征、气质等特点，运用国家法律、政策的威慑作用和感召力，通过预审员灵活巧妙的斗争艺术，给对手在心理上造成强大压力，以动摇和瓦解其对抗审讯的思想基础，消减对手的防御体系，使其作出屈服于法律的选择，如实供述犯罪事实。攻心夺气的谋略思想贯穿于讯问的全过程，既是最基本的战略思想，又是行之有效的策略思想。

预审活动是人与人之间的交往，是一场尖锐复杂的心理战。预审的任务是查明案件的全部事实，追究应当追究刑事责任的人，保护无罪的人不被冤枉和诬害。讯问被告人是查明案件事实的一个重要途径，对于负有罪责的被告人来讲，查清犯罪事实与瓦解犯罪思想同属一个共同的心理过程。在讯问中，对对手的犯罪思想瓦解的越彻底，犯罪事实就越容易查清；相反，如果对手的犯罪思想瓦解不了，他就不可能供述犯罪事实，办案就会出现“夹生饭”。攻心夺气在讯问中的作用，具体可概括为三个方面：

（一）挫败对手抗拒审讯的锐气，促其思想转化

讯问是预审员运用唇枪舌剑与对手进行短兵相接的较量，呈现出高频率、短回路的攻防格局。对抗双方既有力量的抗衡，又有智慧的拼搏，智战往往统帅着力战。讯问者攻心的首要目标是动摇对方抗拒审讯的信心。无论何种犯罪分子他们都是代表邪恶势力，是社会主义法制的破坏者，直接侵害国家和广大群众的利益，危害社会公共安全和人民群众的生命财产安全，其犯罪行为被人们所痛恨，国法所不容，失道寡助，孤立无援。预审人员则凭借自身的执法地位，运用国家法律和政策的威慑力，可以义正词严地批评其对抗审讯的错误态度，使其晓以利害，挫败其抗拒审讯的嚣张气焰；同时，又要入情入理地揭露其犯罪行为给社会、给他人、给自己带来的危害和后果，并诚恳地分析他走上犯罪道路的原因，指明出路唤起他尚未完全泯灭的积极心理因素，促使其萌生迷途知返的悔罪念头。

（二）扰乱对手的心理，坚定自己的意志

讯问中的攻心战，是一场心理交锋。对手的心理是一种由被扭曲的价值观偏见、自私自利的动机和与现实对立的歪曲形态构成的。预审人员应根据对手的情况，通过各种渠道，以不同的方式方法不断扰乱对手的心理，打破其原有的思维定势，使其处于忐忑不安、徘徊不定的境地，促使其心理上原来具有歪曲形态和客观外界的联系系统发生动摇，以致逐步解体。

在审讯中，预审员既是执法者，有权在握，又是法律的维护者，严格依法办事。打击敌人、惩罚犯罪是国家和法律赋予的神圣职责，大义凛然，不容侵犯。预审员依法办案，代表国家和正义，为人民群众消灾排难，得道多助，扶正祛邪，正义在手，理直气壮。应当始终保持进攻的锋芒不钝，进击精神锲而不舍，表现出攻无不克、战之必胜的信心和决心，使对方心理上产生畏惧，促使其退让、屈从。

（三）改变对手的对抗定势为屈从定势

兵法中的“不战而屈人之兵”，是谋略的最高目标，也是心理战的最高

境界。讯问中通过预审员向对手讲形势、讲法律、讲政策，巧妙示形等，都是要创造一种兵临城下的态势，影响对方的心理，改变其原有的定势，使其从自身利害得失出发，权衡利弊，逐步形成屈从我的定势，最后作出认罪服法、如实供述犯罪事实的选择。

二、攻心夺气的科学依据

预审讯问中攻心夺气所以能够成功，主要依据有：

（一）国家法律和政策具有强大的震慑力和感召作用

在长期同犯罪作斗争的实践中，党和国家制定了“惩办与宽大相结合”的方针，还制定了“首恶必办，胁从不问；坦白从宽，抗拒从严”的一系列具体政策。1979 年又将“惩办与宽大相结合”的方针以法律的形式写进我国刑法总则里。刑法分则对各种罪的法定刑中，在量刑幅度上体现了“惩办与宽大相结合”的基本精神。在各个时期内和不同形势下，国家还制定了各种刑事政策。

国家法律和政策都具有严肃性，如“惩办”、“从严”及刑法中每种法定刑的最高刑期，都是法律和政策的严肃性所在，这种严肃性对一切犯罪分子都有强大的震慑力。但是，国家法律和政策又有灵活性的一面，如“宽大”、“坦白从宽”以及同一种罪中的最低刑期和减轻处罚等，都体现法律和政策的灵活性，这种灵活性对绝大多数犯罪分子又有很强大的感召作用。只要预审员善于正确地运用法律武器，充分发挥法律和政策的威慑和感召作用，并做好依法办案和政策兑现，就可以震撼和动摇犯罪分子的思想基础，以消减和克服讯问中的阻力。

（二）趋利避害心理是对手接受攻心战的内驱力

“趋利避害”是人们普遍的心理现象，但对于处在被羁押状态的犯罪分子来讲，趋利避害心理尤为突出。尽管各个案件的案件性质和犯罪的动机、目的各有差异，但就他们的思想核心而论，都是在利己主义驱使下，极端个人主义恶性发展的结果，“以损人开始，以害己告终”。他们在预审中以各种手段对抗讯问，主要企图就是掩盖罪行，摆脱罪责，逃避惩罚或减轻处罚，这也正是趋利避害的心理在讯问中的反映。

趋利避害心理具有很大的选择性，被羁押的犯人，为摆脱现实的处境，他们从个人前途命运、利害得失考虑，首先，选择“有利无害”，因此在讯问中不轻易吐露真情；其次，选择“利多害少”，在讯问中往往避重就轻的交代一些问题，企图蒙混过关；最后，实在无法固守时，在自身利益受到严重威胁的情况下，会被迫进行“两害相权择其轻”的选择，在无险可守、无路可退、孤立无援的情况下，被迫交代罪行，走“坦白从宽”的道路，以争取减轻处罚。讯问中只要正确地掌握和利用对手趋利避害的心理，及时正确地诱导，深刻透彻地阐明法律和政策的精神实质，进行晓之以理、动之以情的思想教育，能促使大多数有罪者权衡利弊，作出有利于如实供述犯罪事实的选择。

（三）在特定环境中，能够加速犯罪人屈从于法律

“攻其心，意在乱其谋”，预审讯问攻心夺气，使其心理上处在欲逃不能、欲抗不敢的境地。在特定的环境中，通过预审员犀利有神的目光，感人的表情和外柔内刚的语言，能使犯罪分子在法律和政策的威慑下，从心理上产生恐惧感，使其在恐惧中产生犹豫，在犹豫中徘徊，在徘徊中丧失信心，在丧失信心后求自保，在求自保中寻找出路。在这种心理状态下、在法律和政策感召及自身利益的驱使下，只有选择“坦白从宽”，如实交代犯罪事实才有出路。因此，在特定的环境下，运用法律政策的威慑机制和感召作用，攻心夺气可使对手改变思维定势，加速其屈从于法律的选择。

三、攻心夺气的一般方法

攻心战必须攻在对方的心上，才能促使对手由心理变化转化为行动变化。如果不采取相应的方式方法，攻心夺气就难以成功。

（一）攻心战必须有针对性

讯问中展开攻心战，要因案、因人而异，有的放矢才能奏效。由于对手的性别、年龄、社会经历、文化素质、犯罪历史及走向犯罪道路的原因不同，加之各人的个性、气质、情感的差异，他们在受审时的心理状态，对待讯问的态度等亦不同。例如，有的畏罪思想严重；有的侥幸心理突出；有的共犯笃信攻守同盟等。他们在受审时，有的态度顽固，气焰嚣张；有的悲观失望；有的油腔滑调，软磨硬泡；有的缄默不语等。进行攻心战必须根据不同对象的不同特点，选择与其相适应的攻心方式，方法灵活，语言贴切，合乎情理，只有入情入理才能入其心，以达到攻心夺气、瓦解对方思想之目的。

对态度顽固、气焰嚣张者，可着重讲法律和政策的严肃性，使其知道预审员的宽怀大度并不是软弱可欺。可举一些抗拒从严的案例，充分发挥法律和政策的威慑力量，讲明利害关系，使其斟酌轻重，权衡利弊。对畏罪思想严重，惧怕罪责的人，可重点进行实事求是的教育，使其敢于正视现实，打消顾虑，侧重讲“坦白从宽”的政策精神，使其对前途抱有希望，树立悔过自新仍有出路的信念。对侥幸心理严重的人，侧重进行唯物主义教育，面

对现实，抛弃不切合实际的幻想，“要想人不知，除非己莫为”，“掩耳盗铃”只能是自欺欺人，逐步破除其自视高明的侥幸心理，彻底认罪服法，如实供述犯罪事实才有出路，否则定要自食其果，后悔莫及。

（二）攻心必须掌握时机性

在预审过程中，对手的思想转变是一个艰巨复杂的过程，需要经过预审员对其进行反复深入的思想开导，才能起作用。不可急于求成，防止功亏一篑。对手的思想转变，一般要经过抗拒、动摇、犹豫、矛盾斗争、决心交罪的过程。先由认为“坦白有害，抗拒有利”，逐步使其转化为“抗拒不一定有利，坦白也不一定有害”，在心理上处在“坦白”还是“抗拒”的“十字路口”，这个阶段正是其“坦白交代”与“继续抗拒”矛盾斗争的焦点。在这种火候上，攻心教育千万不可减弱，更不应急于取得口供，欲速则不达，急于求口供就很可能暴露讯问意图，使对手在思想上产生反复。这阶段应当把法律政策教育做得更加深入、细致、灵活，尽量缩短对手心理上在“坦白”与“抗拒”的“十字路口”上徘徊的时间，避免出现反复，贻误战机。

（三）攻心要把握政策界限

讯问既是政治斗争又是意识形态方面的斗争，进行攻心夺气必须严肃认真，预审员的言谈举止要符合政策法律精神，切不可言过其实，更不能信口开河，乱打保票。不允许以任何借口故意曲解法律、政策精神，进行引供、诱供和骗供。

（《预审探索》1993年第2期。）

浅论预审中利用矛盾的策略

在预审活动中，由于预审人员与被告所居的法律地位不同，双方的矛盾和斗争是不可避免的，不仅是由矛盾双方的对立而存在，而且经过双方的激烈斗争而发展，直至矛盾的统一而告终。这是预审活动的全部内容。预审中矛盾的双方都是通过人的自觉思维活动表现出来的，因而预审中的矛盾斗争无疑是复杂多变的，既包含主观方面的因素，又包含客观方面的因素，同时还包括双方心理方面的矛盾斗争。本文仅从被告人在预审中的基本心理矛盾和如何利用矛盾两个方面，作一些粗浅的探讨。

一、预审过程中被告人的矛盾心理

犯罪是阶级社会中特有的社会现象，它是由具有社会性的人来实施的。正如恩格斯指出的："在社会历史领域内进行活动的，全是具有意识的、经过思虑或激情行动的、追求某种目的的人；任何事情的发生都不是没有自觉意图，没有预期目的的。""推动人去从事活动的一切，都是经过人的头脑……外部世界对人的影响表现在人的头脑中，反映在人的头脑中，成为感觉、思想、动机、意志，总之成为'理想的意图'，并且通过这种形态变成'理想的力量'。"① 犯罪行为同样是在犯罪人的头脑中产生了犯罪意图，在犯罪意图的自觉支配下付诸行动，从而达到犯罪的预期目的。但是，犯罪行为对社会的危害同社会法律规范的禁止，始终是矛盾的。这种矛盾的客观存在，反映到犯罪人的头脑中就会产生一系列的矛盾心理。这些矛盾心理在预审阶段集中地表现在掩盖犯罪事实、逃避罪责的反审讯方面。具体分析起来，被告人的矛盾心理主要表现为以下三个方面：

（一）畏罪心理与犯罪事实的矛盾不断发生冲突

被告人被逮捕、拘留后，由于社会地位和环境的突然改变，畏罪心理会急剧上升，惧怕因罪行被揭露，而给个人的名誉、地位、前途、家庭带来损失。因此，被告人在羁押期间，竭力掩盖犯罪事实，设法建立对付预审的防

① 《马克思恩格斯选集》（第4卷），人民出版社1972年版，第228、243页。

御体系，以此换取逃避罪责或减轻处罚的结果。然而被告人并不知道自己罪行败露的程度，更不了解预审人员掌握他哪些罪证，这都严重的阻碍他建立周密的防御体系。在预审中被告人只能凭对掩盖自己的罪行是否有利为标准，这就会出现顾此失彼的矛盾。因此，被告人的防御体系，不可能天衣无缝。总会露出破绽，这正是被告人自身无法克服的矛盾。被告人为了弥补这种致命缺陷，在预审中多采取回避要害或避重就轻的方式，回答问话时，多闪烁其词，搪塞应付。尽管被告人采取各种伎俩掩盖犯罪事实，但却改变不了犯罪事实的客观性。所以在预审过程中被告人内心总是七上八下，忐忑不安，回答发问时，表现的言辞谨慎，字斟句酌，唯恐言多语失。随着预审的深入进行，预审内容不断触及其犯罪事实，致使被告人的畏罪心理与犯罪事实的冲突不断加剧，直至被告人彻底交代罪行后，这种矛盾心理才能彻底消除。

（二）被告人侥幸心理与不摸底细的矛盾

侥幸心理是被告人逃避罪责的一种自信感。被告人从自己的主观唯心主义出发，凭借他的犯罪经验，总认为行动诡秘，自恃高明，或者笃信攻守同盟牢固，企图以坚不吐实的自我安慰来掩饰其恐惧心理。抱有侥幸心理的被告人可分两种情况，一种情况是被告人盲目地估计预审人员不会掌握其犯罪证据，以盲目自信来对抗预审，求得自我安慰。这种侥幸心理并不巩固，易于攻破，此种情况较多的表现在初犯身上。另一种情况则是，被告人对案情经过认真回忆，对自己罪行暴露的程度和预审员可能掌握的证据进行了周密地思考，有了较清醒的估计，这种侥幸心理比较稳固，往往会成为被告人对抗预审的精神支柱，是阻碍被告人交代罪行的主要心理障碍，这种侥幸心理在流窜犯、惯犯身上表现得较突出，在预审中往往施展各种诡计对抗预审人员。不过怀有侥幸心理的被告人有一个自身无法解决的矛盾，就是只知己并不十分知彼，在对抗预审时常表现出口硬心虚，色厉内荏，对于罪证尤其敏感和恐惧。在预审中一旦把真凭实据摆在其面前，会使被告人的精神一蹶不振，防御体系全线崩溃，被迫交代罪行。但在供述中缺乏彻底性，这是“趋利避害”的心理在权衡利害时的必然反映。

（三）负隅顽抗同凌厉攻势的矛盾

由于被告人畏罪心理严重，为掩盖其罪行而处处设防，对预审保持高度的警觉和戒备。当讯问者对其罪行穷追不舍时，其防御体系受到严重威胁，被告人往往会产生一种感情上的冲动，表现出某种程度上的对立和不满情绪，这是被告人在畏罪心理支配下，出于防御心理本能的需要，而采取的一种对抗预审的形式。常表现为被告人公开顶撞，出言不逊，或者故意挑衅，或缄默不语，其目的是企图使审讯陷入僵局，中止讯问。

在预审过程中，被告人出现对立情绪的原因是多种多样的，有的是出于反动立场，敌视共产党和社会主义制度；有的是对预审人员持对立情绪；有的是在预审人员猛烈地攻势下，困兽犹斗，采取孤注一掷，铤而走险的办法；也有的是以攻为守，企图硬顶过关等。不论被告人采取何种对抗手法，其内心却充满矛盾，表面看来似乎很强硬，实质上非常虚弱，对抗讯问时多表现的理屈词穷，软弱无力。但又非常固执，能滑就滑，得抗就抗，不到山穷水尽的地步，不轻易交罪。持顽抗态度的被告人，在预审人员凌厉攻势下，内心非常矛盾，恐慌不安，对抗下去能否过关，并无把握，甚至感到茫然，只是为了保住眼前利益，不得不进行挣扎。加之被告人身自由受到限制，获取信息非常有限，对自己罪行的暴露程度虽然能进行一些大略估计，但并无法了解预审人员手中掌握的证据，在此种情况下，被告人会反复考虑交代与抗拒的利害关系，既怕交代罪行与己不利，更怕预审人员确实掌握充分证据，最后落个态度不好受到严厉惩罚，后悔莫及；集团犯又怕同伙提前交代“出卖”了自己等。在被告人忧虑重重的情况下，预审人员态度越坚定，攻势越猛，被告人矛盾心理越加剧，思想包袱越沉重，直到压得喘不过气来时，便从个人利害得失出发，两害相较择其轻，在预审人员的凌厉攻势下，无力抵抗，只好被迫交代罪行。

在预审阶段，被告人的矛盾心理既有对抗预审阻碍交代罪行的一面，又有为针对其矛盾心理，灵活巧妙地运用审讯策略提供心理学依据的一面。因此只要对被告人的矛盾心理进行深入细致地观察研究，根据其不同表现形式，针锋相对地进行心理交锋，就一定能夺取预审的胜利。

二、预审中如何利用矛盾

我们所说的利用矛盾，主要是指在预审中被告人为了掩盖犯罪事实，故意编造假情节进行谎供，从而导致被告人暴露出口供与犯罪事实的矛盾，口供自相矛盾；同案犯中被告人相互之间固有的矛盾，以及在预审中产生的新矛盾等。只要把这些矛盾统统搜集起来，加以认真研究，正确利用，都可以推动预审活动不断向深入发展。为正确利用被告人中的各种矛盾，从以下三个方面进行探讨：

（一）善于发现矛盾，捕捉战机

预审阶段，被告人故意编造假情节，建立谎供的防御体系，多数是在被拘捕之后，羁押期间完成的，也有少数人是在入狱之前就准备好的。不论是被告人事先准备的还是临时编造的并非客观存在的事实，必然要破坏犯罪活动的真实性。这样在预审人员有准备、有计划、有系统、有步骤地讯问下，往往会使被告人出乎预料之外，防不胜防。被告人在预审人员逻辑严密的追讯之下，往往只考虑如何应付眼前的讯问，无暇长远计议，不可能周密地处理口供与事实的关系，常常造成顾此失彼，露出破绽的现象，而被告人为了修补自己的防御体系，又往往会添枝加叶，企图编造的更令人相信，甚至出现画蛇添足，欲盖弥彰的局面，反而会暴露出更多的矛盾。例如，某地公安局在预审张某时，从扣押物品中发现张某有一块梅花牌手表可疑，经讯问张某，他讲："是家里给他的。"经调查，张的父亲说："全家只有我有一块北京牌手表，从来没有见过梅花牌手表。"在审讯时，当揭露其撒谎时，张某又慌忙改口说："去工人体育场看足球，散场时在路边捡到的，表旁边还有一张五元钱呢！"以后又改口说："是在20路汽车上从一个妇女的背包里偷出来的。"根据张某一再编造谎言的弱点，预审人员采取了重复问话的讯问方法，由于张某的谎供是临时编造的，使得其每次口供在时间、地点上前后矛盾，漏洞堵不胜堵。在继续追讯"梅花牌"手表的来历时，张某只好改口说："是在东华门碰到一伙抢表的人，我上前要过来的。"在预审人员抓住矛盾，穷追不舍的追讯下，张某被迫交代了结伙抢劫的罪行。

在预审中，只要认真仔细地听取被告人的供述，抓住疑点搞个水落石出，就能够抓住被告人暴露出来的各种矛盾，包括口供与证据的矛盾；口供之间的矛盾；同案犯之间的矛盾；口供与自然条件的矛盾；口供与某些规章制度，风俗人情的矛盾；以及口供与科学常识之间的矛盾等。发现矛盾，抓住战机后，应不失时机地发起猛攻，迫使被告人处于进退维谷的地步，防不胜防，堵不胜堵，从而暴露出更多的矛盾，乘胜追击，使被告人只有招架之功，无还口之力，最后被迫就范。

（二）正确利用被告人口供中的矛盾

被告人口供自身的矛盾，是被告人人为造成的，矛盾一旦形成并表露于外，就成了被告人无法摆脱的包袱。预审人员就要善于捉住这些矛盾，正确地加以利用，从解决个别的、具体的矛盾入手，深刻揭露被告人的抗拒心理，把解决矛盾的过程作为消除被告人抗拒心理的过程。在揭露和利用被告人口供中的矛盾时，需做到以下几点：

1. 任其表演，后发制人。讯问中若发现被告人有意进行谎供时，预审人员应保持沉着冷静，不要急于驳斥，让其充分表演，应因势利导，在关键地方和细节问题上，可令其复述，使矛盾暴露得更具体、更明确、更充分，使其作茧自缚，无法挣脱。对其谎供作详细笔录，有条件还可录音，以造成其心理上的慌乱与恐惧。待矛盾得到充分暴露之后，选择关键问题，予以彻底揭穿，采用“以子之矛，攻子之盾”的方法，使被告人张口结舌，无力进行狡辩。迫使其承认撒谎，然后进行思想教育，令其改变态度，彻底交代罪行。

2. 揭露矛盾，要与使用证据、政策教育紧密结合。揭露被告人口供中的矛盾时，要抓住主要矛盾，彻底揭露，不留余地。根据具体案情设计发问方式和问话顺序，力求使问话有较强的系统性、逻辑性和连贯性。要环环紧扣，互相衔接，使被告人无空子可钻，完全陷于被动之中，迫使其承认撒谎，紧接着有针对性地进行政策教育，促使其转变态度。如果被告人仍胡搅蛮缠，无理狡辩，可选择适当的证据，适时打击，彻底戳穿被告人狡猾抵赖的顽抗态度。同时，还要进行思想教育，堵死退路，指明前途，使其晓以利害。在进行思想教育时，态度要严肃，语气应缓和，说话外柔内刚，力争句句切中要害，使被告人在心理上既感到畏惧，又觉得入情入理，促使他权衡利害，作出抉择，这样既可避免被告人顶撞，造成僵局，又能使预审向纵深发展。

3. 对被告人口供中出现的矛盾要进行具体分析。通观全部供词，结合被告人的态度，具体分析产生矛盾的原因。在研究被告人口供中的矛盾时，要鉴别是被告人故意编造假口供，还是由于被告人思想过于紧张，在记忆上产生某些差错，或者是供述中一时出现的口误。还有的被告人在犯罪过程中会出现一种意识狭窄，在感知、记忆上都可能产生错误，在犯罪时会表现出行为失措，发生疏忽和遗漏，而犯罪后却又回忆不起来当时的一些情节。因此，此类被告人在供述中会出现口供与事实的矛盾，前后口供之间也会发生矛盾，但这样的矛盾并非被告人主观上有意制造的。

对于记忆上的差错或者一时的口误引起的矛盾，应该适当缓和被告人的紧张心理，让他冷静地想一想；如属一时口误，可让他实事求是地更正过来，不必过多地指责，更不宜严加训斥，以免影响被告人如实供述。在实践中也曾出现被告人供述的是实情，而与证人证言却不一致，这是由于证人在记忆上产生了某种差错，加上取证时不仔细所造成的。这种矛盾可在进一步查对口供时，另取旁证，予以实事求是地更正过来。如有的案件中，在时间上，证人证言与被告人的供述有明显差异，可在反复查证时，启发证人联系其他事件一并回忆，进一步核实，使矛盾得到解决。

（三）充分利用同案犯之间利害关系的矛盾

讯问犯罪集团或团伙中的被告人时，常运用这样的方法。因为不论什么性质的犯罪集团或犯罪团伙中的成员，他们都是一些名利熏心的极端个人主义者，他们分辨是非和权衡利害的标准是以“我”为核心的“唯我主义”，他们出自不同的思想动机进行犯罪活动，尽管犯罪时志趣一致，臭味相投，纠合一起，结成知己，但在实质上他们是互相利用，尔虞我诈，钩心斗角，貌合神离的。当他们结伙犯罪时，在封建行帮思想支配下显得“哥们儿义气”十足，一旦环境发生变化，或者个人利益受到严重威胁时，他们之间就会发生矛盾和冲突，如分赃不均，或者争风吃醋等也都会引起一定的矛盾。虽然他们之间有矛盾，不过在没有分化开之前，他们在掩盖罪行，对付预审方面又是一致的。特别是初审阶段，集团和团伙成员之间觉得同病相怜，一般是坚守攻守同盟的，随着预审的深入发展，当他们感到个人利益和同伙利益不能兼顾时，便会采取保护自己抛弃同伙的行动，以换取对个人的从宽处理。据此，在预审过程中，应采取利用矛盾，争取多数，孤立少数，各个击破的策略。

利用同案犯之间的矛盾时，要了解被告人在集团或团伙中的地位，罪行轻重，个性特点，以及和其同案犯之间原来有无矛盾等情况，选择好对象，抓住薄弱环节，重点突破。打击那些犯罪集团或团伙中的首犯，骨干以及教唆犯，争取挽救偶犯、从犯，促使他们走坦白从宽的道路，检举揭发其同伙。这样对订有“攻守同盟”的犯罪集团或团伙中的同案犯，能起分化瓦解作用。一旦突破缺口，对全案便能起到牵一发而动全身的作用。尔后，在已有战绩的基础上，集中火力展开攻坚战，以同案犯提供的材料为武器，揭露态度顽固者，以进一步扩大矛盾，采用以此攻彼，以彼攻此的方法推进预审活动进展，利用从犯挖主犯，也可以通过主犯挖从犯，使预审像木板上拧螺丝一样——步步深入，不断扩大战果，查清集团案的全部罪行。例如，某地公安局预审处审讯马某和阎某时，在审讯中预审人员发现马某比阎某的认罪态度好一些，就选择马某为突破口，经反复进行政策教育后，马某表示要积极创造条件，争取从宽处理。马某先交代了一些与他人合伙偷盗的罪行。阎某得知后就骂马不讲义气，出卖“哥们儿”，使马某曾一度停止交代罪行，并封口说：“再也没有问题了。”为了用事实驳倒他们的所谓“哥们儿义气”，就暂停对马某的讯问，又集中力量做阎某的思想转化工作，进一步批驳了阎某的“哥们儿义气”，预审人员严肃地指出：“在你们这一案中，马是一号人物，你是二号人物，但从现实看，马交代了问题，现在已经走到你的前头，你们俩谁不想保住命呢？你们的所谓‘哥们儿义气’完全是封建行会那一套，是根本靠不住的。”通过反复教育，使阎某感到靠“哥们儿义气”救不了自己，就检举揭发了同伙的一些偷盗罪行。随后又用这些材料来攻马某。预审人员严正地告诉马某：“你们之间的‘义气’，完全是虚伪的，阎某骂你不讲义气，而他现在却已揭发了你的问题。”同时还向马某指明："你们两人现在如同进行百米赛跑，谁跑在前头，谁得到从宽处理的希望就大，面对现实你该怎么办？"马某听后，就迫不及待地表示：要彻底坦白检举，争取走从宽道路。就这样，马某又补充交代了轮奸妇女、盗窃的罪行，使自己求得了生存的条件。事实证明，充分利用同案犯之间的矛盾，进行分化瓦解，各个击破，是促使集团案中的被告人交代罪行的有效方法。

（公安部第十三局、中国人民公安大学编：
《预审学术论文集》1985 年。）

浅论“以迂为直”的讯问谋略

“以迂为直”，语出《孙子兵法》（以下简称《兵法》）。孙子曰：“军争之难者，以迂为直，以患为利。故迂其途，而诱之以利，后人发，先人至，此知迂直之计者也。”其意是：兵家争取先争之利最难的地方，是要把迂回弯曲的路变为直路，把困难变为有利。所以用迂回绕道并用小利引诱敌人，就能够做到比敌人后出动而先到达双方争夺的要地。这才叫懂得了以迂为直的计谋。

迂与直既是一定的空间概念，又与时间概念紧密相连。表现在空间上，迂与直有远、近之分；表现在时间上，迂与直有速和缓之别。“直”是指实现目的最直接、最有效的路线；“迂”是指形似曲折，实为以迂变直，实现目的最有效、最迅速的途径。迂与直，既是一对矛盾，又是辩证的统一体，二者相辅相成，互相依存，密不可分。以迂为直的谋略能从多方面迸发出光彩，能用直时当用直，不能用直时即改用迂。以直改迂，以迂变直，因形制变，灵活运用，变化无穷。无论迂或直，都是为了趋利避害，争取主动，达到自己既定的目的。英国军事理论家里德尔·哈德说过：“在战略上，最漫长的迂回道路，常常是达到目的的最短途径。”在军事斗争中，为了避开敌方所期待的进攻路线和目标，进攻一方常采取欲东先西，欲进先退，欲远先近，欲速先缓的计策，给敌方在思维判断上造成错觉，不使对方察觉自己的真实企图，使其无法采取针对性的对策。在军事对抗中，无论进攻或者防御，采用威胁对方侧翼和后方的战术迫使对方退却，要比运用正面进攻战胜对方容易得多。所以，在作战中采取迂回敌后，直接攻击敌人“软腹部”的办法，便成了军事指挥员制订攻防谋略，选择进攻目标和路线的着眼点。

在审讯活动中，讯问者与被讯问者之间，呈现一种进攻与防御的对抗格局。这种对抗尽管在性质、形式和制胜方式上与军事对抗有很大区别，但“以迂为直”的道理是相通的。《兵法》中“以迂为直”的谋略思想，在审讯中是完全能够借鉴的。

一、“以迂为直”是活力对抗的制胜之道

古今中外的谋略家，无论在政治、军事、外交、经济斗争中，都把“以迂为直”作为常用的韬略。在战场上，常采取“攻其不备，出其不意”的方式在敌人意想不到的时间和地点发起突然袭击，使对方“兵无用武之地”，难以抵挡。三国后期，在魏灭蜀之战中，魏将邓艾故意避开蜀将姜维在剑阁的据险防守，采用阴平渡险，率精兵万余，绕行700余里，行无人之地，劈山开路，攀木缘崖鱼贯而进，如天兵降涪城，直冲蜀军腹心，取得一举灭蜀的胜利。

在双方论战中，为使对手屈从于己，也常运用从侧面或后面绕而言之，达到说服对方之目的。战国时期，“触龙说赵太后”就是运用的“以迂为直”计谋。赵国遭到秦国进攻，赵国求齐国出兵相救，齐国提出必须以赵太后的小儿子长安君做人质，才肯发兵。赵太后不应允。赵国危在旦夕，群臣纷纷进谏。赵太后怒而言之：“从今天起，谁再说用长安君做人质，我就吐他一脸唾沫！”大臣们都不敢再去劝谏。左师触龙求见赵太后，太后认为触龙肯定又是来劝说用长安君做人质的，就准备着往他脸上吐唾沫。触龙进屋见太后，说“老臣的脚有毛病，行走不便，因此好久未能来见驾，我担心太后的身体不舒适，今天特地来看望。怎么样，您的饭量没有减少吧？”太后答曰：“我每天多吃粥。”触龙又说：“我近来也食欲不振，但我每天坚持散步，饭量才有所增加，身体也渐好。”太后听触龙每句话都不提人质的事，怒气渐渐地消了。两人便攀谈起来。

交谈之间，触龙便有求赵太后说：“我的小儿子叫舒祺，最不成器；可我太疼爱他，恳请太后允许他到宫中当一名卫士。”太后问：“他多大了？”触龙答：“他今年15岁。年岁虽小，可我想趁我在世时把他托付给您。”太后听到这些儿女情长的话，似乎遇到感情上的知己，于是说：“真想不到你们男人也爱怜小儿子呀！”触龙说：“恐怕比你们女的还胜一筹呢！”太后不服地说：“不会吧，还是女人更爱小儿子。”至此，触龙把话头一转说：“老臣认为您爱小儿子爱得不够，远不如您爱女儿爱得那样深。”太后不同意触龙这种看法。于是触龙便解释说：“父母爱孩子，必须为孩子做长远的打算。想当初，您送别女儿嫁到燕国去时，您虽然为她的远离而伤心，但您又祷祝她不要返回来，希望她的子子孙孙相继在燕国为王。您为她想得那么长远，这才是真正的爱。”太后听后信服地点了点头。触龙接着说：“您如今尽管赐给了长安君好多土地、珠宝、如果不使他有功于赵国，您百年之后，长安君能自立吗？所以我说，您对长安君不是真的爱护。”太后被触龙说得

心服口服，立即吩咐给长安君准备车马和礼物，送他去齐国当人质，催齐国快出兵。齐国出兵后，秦兵撤退，遂解赵国之危机。

我们可从“触龙说赵太后”中得到启迪，说辩中用谋意在分散、转移对方的注意力，从中寻求破坏对方稳定的空隙，乘虚而入，获取胜利。赵国群臣为了国家安危，直接劝谏赵太后从大局出发，以太子长安君作为人质，换取齐国出兵，可是赵太后拒不纳谏，无法实现目的，进谏已经成了“死棋”。而左师触龙巧用迂曲劝谏之计，看起来似乎多费了口舌，延误了时间，结果把原来的死棋走活了，达到了劝谏的终极目的，挽救了国家的命运。在人与人之间的对抗中，双方都是为了实现某种既定的目的。须知，要达到某种目的会受到种种因素的干扰和制约，往往是欲速则不达。“以迂为直”的谋略，表面上看行动与目的是相反的，走了弯路，实际上减少了阻力和困难，争取到了进攻的机会，既赢得了时间又收到了实效，弯路就变成了直路。

谋略家最忌“直线思维”和“惯性思维”。因为在一切活力对抗的场合中，通向胜利的道路都不是笔直的，而是曲折艰险的。施谋者常是为了进攻而防御，为了前进而后退，为了向正面而向侧面或后面，为了走直路而走弯路，这是活力对抗中不可避免的现象。审讯是活力对抗的一种形式，实现审讯的目的也不是直线的，而是迂回曲折的。审讯者正面进攻遇到顽抗时，必须坚持“以迂为直”的谋略思想，根据案情和对手的反审讯状况，围绕着实现审讯的目的广阔地寻求制胜的途径。以“顺其意而用之”，在佯顺中迷惑对方，进一步谋求破敌之机，降伏对手。

二、“以迂为直”谋略在讯问中的应用

“以迂为直”是与直接突破相对的审讯谋略。审讯是由讯问者与被讯问者在一定的法定时间内进行的，而且是以说辩形式，进行短兵相接的抗争。双方都想在时间上占据优势，因此时间便成了双方争夺的焦点。讯问者力求以最短时间使对方如实供述，及早查清案情，结束审讯；对方则千方百计阻止、破坏讯问者的进攻，尽量消耗和延缓时间，以争得喘息机会，进一步修补和完善防御体系，在与讯问者周旋中蒙混过关，妄图达到逃避惩罚的目的。讯问者要想达到预期的目的，必须绕开对方防守坚固之点，调整审讯的阶段性目标，采用目的与手段相反的计策，与对手展开迂回，在迂回中寻求战机，巧用声东击西，旁敲侧击之计突破对方的防线，相继取胜。

兵书上讲：“兵无地不强，地无兵不险。远和近一旦与对方兵力部署的虚和实相结合，矛盾的双方就会各向其反的方面转化：远而虚者，易进易

行，机动快，费时少，成了实际上的近；近而实者，难进难行，机动慢，费时多，成了实际上的远。”上述思想是完全适用于审讯对抗的。在审讯实践中常遇到对手戒备心理非常强，坚不吐实。其原因多种多样，有的是被当场抓获的现行犯，只掌握其部分犯罪事实，在审讯中敢于负隅顽抗；也有的是累犯、惯犯，罪恶累累，破案中只查清其一案的犯罪事实，其他方面的证据不足，或者证据的质量不高，对手反审讯意识强，在审讯中敢于公开施展反审讯伎俩；还有的虽然证据确凿，但由于对手的侥幸心理或畏罪心理严重，在讯问时公然拒供等。凡此种种，在审讯中正面进攻难度较大，费时费力，收效不大，甚至会形成僵局。在此情况下，欲想打破对手的防御体系，应当先避开案件的核心问题，故意缓和审讯气氛，降低进攻节奏，减轻其心理压力，讯问时可先从对方感兴趣的（愿意谈的问题），与核心问题无直接关系的“中性”问题谈起，如家庭、工作、志趣、爱好等话题。在自由交谈中，随着对手的戒备心理的缓和情况，逐步向讯问目标靠近，运用旁敲侧击，在好似漫不经心地发问中，使对方在毫无戒备的情况下，言不由衷地泄露天机。及时捕捉战机，突然发起进攻，直指要害，使其防不及防，从而达到正面进攻难以达到的目的。例如，某地在审讯一起流氓、盗窃案中，就成功地运用了以迂为直的谋略。对手任某、杨某因毒打和用刀行刺公共汽车售票员被抓获。在审讯中，二人除交代乘车打架的事实以外，矢口否认有其他问题。根据调查分析及其二人在审讯中的表现判断二人还可能有重大问题未供述。在调查中发现二人与一起盗窃案有关，但没有掌握直接证据，经多次交锋，二人守口如瓶，拒不供认，一度使审讯陷入僵局。

后来采取以迂为直的审讯计谋，故意避开“盗窃”这一核心问题，缓和审讯气氛，减轻其思想压力。讯问任某时，没有直接追问他某地照相馆被盗的事，而是从拉家常开始，谈家中几口人，工作情况，工资待遇，个人爱好等。任某误以为他“胜利”了，便毫无戒备，滔滔不绝地谈起来，有问必答。在交谈中审讯人员巧妙地把话题引向案件，不动声色地问：“喜欢照相吗？”任某不假思索地答曰：“喜欢。”又问：“你家里还有未照过相的胶卷吗？”任某脱口而出答：“有啊！”问：“有多少啊？”先说有几卷，又说十几卷，后来说有二三十卷。讯问者接着问：“都是什么型号呀？”答：“有135的，还有120的。”问他胶卷哪里来的，任某撒谎说买的。追问他从哪里买的？任某继续撒谎是从某地买的处理卷。审讯人员见时机成熟，便抓住时机，突然发起猛攻，立刻使审讯气氛紧张起来。对其谎言予以揭露，对盗窃问题穷追不舍，任某目瞪口呆，陷入进退两难的境地。经过有针对性的思想教育，他彻底供述了结伙盗窃的犯罪事实。

审讯中运用以迂为直的计谋，旨在转移对方的注意力，破坏其在核心问题上的防御。注意力是人的心理活动对一定对象的指向和集中能力。由于人的心理活动的指向性不同，从外界接收的信息也不同。当其心理活动指向某一对象时它就会在某一方面聚精会神，放松了对其他方面的注意，审讯中被讯问者往往把注意力集中在案件的核心问题方面，讯问中一涉及核心问题，对方非常敏感，戒备心理强，警惕性高，所以正面追讯难度较大，追得太紧，讯问强度大了，容易出现“顶牛”，形成僵局。心理学告诉我们，人的注意力的指向性和集中性不是固定不变的，在一定条件下，经过诱导是可以转移的。注意力转移的快慢和难易，一般同注意的紧张程度和引起注意的新事物或新活动的性质、特点有关。原注意的紧张程度越高，新的注意对象越容易引起注意力的转移。审讯中经过一定的攻防较量之后，被讯问者的注意力高度集中在核心问题上，容易疲劳，一旦讯问者把话题引到离核心问题较远的地方，对方在心理上会产生一种轻松感和安全感，其注意力会慢慢地从核心问题转移到讯问者提出的新问题方面来，原来对核心问题方面的高度集中性相对减弱。荀子说：“目不能两视而明，耳不能两听而聪。”一般情况下，注意力是不能同时指向和集中在若干对象上面的。审讯中运用“以迂为直”的谋略，攻而示之不攻，形似不然而必然，能够给对方造成错觉，使其顺情而推理，放松了对核心问题的戒备，讯问者即可因势用计，乘其不备，出其不意地发起攻击，可以实现正面进攻难以达到的目的。

三、运用“以迂为直”谋略的一般原则

审讯中欲想成功地运用“以迂为直”的谋略，应当考虑以下原则：

（一）先胜而后求战

孙子曰：“胜兵先胜而后求战，败兵先战而后求胜。”审讯中运用“以迂为直”谋略，施谋前必须进行周密思考，多方谋划，先使自己立于不败之地，然后待机而取胜。用计定策应根据案件的具体情况反复思考，对对手的年龄、社会经历、犯罪性质、拒供方式、已有的口供、个性心理特征及已掌握的证据等，进行综合分析，找准对方防守的要害部位，摸清对手的性格和弱点，对手性格和精神上的弱点，正是审讯者谋攻的突破口。谋划好先从何处下手，发问要有连贯性，尤其注意“形断而意连”，即提问的问题之间要有内在联系，形成内在的环扣，交谈中巧妙地将话题引向案情。围绕着讯问的核心问题进行迂回，使对手毫无戒备地进入包围之中，处在进退两难的境地，难以挣脱，被迫就范。

（二）从相反求相成

“以迂为直”是对立统一的，从形式上看目的和手段是分离的，甚至完全相反的。但“进”是目的，“迂”是手段，手段是为目的服务的。为了达到直接的目的，必须故意避开对方防守坚固的直道，而选择一条易进易行抵抗力最小的迂曲之路。这样表面上看走了远道，费了时间，实际上从时间或空间方面取得了主动，达到了变迂为直的目的。手段比目的更丰富，更灵活，但不论手段如何改变，心中必须时刻记住要追求的目的，“万变不离其宗”。在审讯中，根据案情的需要，手段可以灵活多变，但千变万化不能忘掉乘机降服对手之目的。审讯中进行迂回讯问，形式上看攻势不猛，转弯绕道，离开了核心问题，多费口舌，耗费精力，意在转移对方的注意力，削弱对方在核心问题上的防守，在迂回中寻机进攻，瓦解对方的防御体系，以达到省时省力，尽快结束审讯的目的。

（三）注意企图的隐蔽性

“谋出于智，成于密，败于露。”审讯中运用“以迂为直”的谋略，旨在通过迂回问话把对方的注意力转移到其他方面，使其在核心问题方面疏于防备，在迂回讯问中露出破绽，乘虚而进，达到出奇制胜之目的。要求审讯者时刻注意隐蔽自己的企图，选择对方警惕性最小，最不注意的路线进行迂回。真正的隐蔽在于巧妙的扰乱对方的注意力，在迂回过程中还需要不断地示形用佯，给对方造成判断失误，当战机未到来之前，要沉着镇定，不动声色，不使对方看出破绽。对方一旦察觉讯问的真实意图，就会采取“以不变应万变”的对策，加强在核心问题方面的戒备，导致迂回讯问的失败。审讯对抗中的不确定性大，随机因素多，制胜道路较一般事物发展的道路更加曲折复杂，审讯者在迂回谋攻过程中必须审时度势，善于预测对抗局势的发展，随机应变，使对方不断进入新的牢笼，难以脱身。但同时又要随时警惕不让对手牵着鼻子走，以免误入对方的圈套。

（四）同时制订几个方案

审讯对抗的局中人，都是能独立思维具有自觉能动性的活人。双方在对抗中都想趋利避害，企图使对抗格局向着有利于己而不利于对方的方向发展。但是，客观事物的发展是不依任何一方的意志为转移的。审讯者要想取得胜利，必须根据对手之利来确定自己的对策，而不能将对策建立在一厢情愿的基础上。审讯中运用“以迂为直”的谋略，必须因形致变，因势致变，眼睛不能只盯在一处，应当选择若干条迂回路线，设计多种方案。因为攻法变必然引起守法改，守法改变了，攻法亦应随之而变，不能一条道走到黑。迂回进攻中亦不能毕其功于一役，应当同时选择几个突击点，每个突击点上都可以从不同侧面，以不同方式迂回到核心问题上，即使对方逃避过某一攻击点，又会遭到来自另一方面的攻击，只要进入我方的“伏击圈”，就会使其感到腹背受敌，左右为难，进退维谷，只能沿着讯问意图走，无法挣脱。

（五）破坏对方的稳定点

审讯中遇到对方早有准备，防御体系稳固，强攻感到力量不足时，不要企图一举突破，应当适当减弱或暂停正面攻击，采取迂回方略设法分散和转移其注意力，打破对方防御心理上的平衡，破坏其稳定点，在迂回中寻求破坏对方稳定的空隙。破坏对方的稳定防御体系，关键在于先把握住对方的稳定点，即对方在哪一点或哪些方面戒备心理最严重，进一步分析这种戒备心理的稳定度和灵敏度，然后有针对性地谋求缓和其戒备心理的新途径。分析研究对方防御体系的稳定点，是为了绕过或避开其稳定点，绕过或避开其稳定点，是为了破坏其防御中的稳定点。根据对方防御体系的稳定度和灵敏度，在迂回中或采用声东击西，或旁敲侧击，或调虎离山破坏其防御的稳定性，在对方提防不及的情况下夺取胜利。正奇配合，降伏对手。

（六）因情施策，不拘一格

兵法上讲，战不过攻守，数不过奇正，形不过虚实，审讯中运用“以迂为直”的制胜方略，不能拘泥于一个模式，要灵活多变。不照搬他人或第一次成功的经验，因情措法，不墨守成规，方能显出谋略的效能。兵法中讲“权诈之术，只有迎合了敌方决策的情绪特点才能生效”。审讯中施用“以迂为直”的谋略，同样需要因案、因人、因时制宜，此路不通，再生一计，不能只认一条道走路，因循守旧，习惯于用老一套的办法与狡猾的对手周旋就难以取胜。

兵法中有“战胜不复”的用兵原则，就是说每次战胜对手，都不是简单地重复老一套，而是根据敌情的变化，不断地变换自己的战术、策略。防止不分时间、地点，不研究对手的实际情况，照搬他人或前次成功的经验。当然，兵法中的“战胜不复”也不是僵死的，绝对的。军事对抗中也有破禁用兵，犯忌施谋，出敌所料而大获胜利的军事家。这叫“战胜不复亦有复，有复堪称真不复”。笔者认为，在审讯中，只要能根据对方的具体情况，注意因形用权，适时巧妙地绕过对方的防守焦点，从时间、空间上争取主动，达到使对手屈从于我方的目的，就算把握住“以迂为直”谋略的真谛了。

（《预审探索》1994年第1期。）

论讯问被告人时出示证据的策略

讯问被告人是刑事诉讼中的一个重要环节，通过讯问被告人听取其有罪的供述和无罪的辩解，对于有罪的被告人要查清其全部罪行，依法论处。在讯问阶段要求做到全部犯罪事实清楚，证据确实充分。要想使有罪被告人如实供述罪行，在讯问中必须依照法律规定，采取灵活机动的策略方法。讯问被告人时，适时巧妙地出示证据，就是其中的一个重要策略。所谓出示证据，就是在讯问被告人时，用已知的犯罪事实去揭露和证实犯罪人企图隐瞒和歪曲的犯罪事实（关于被告人无罪的辩解和无罪证据的收集本文不赘述），以此突破缺口，迫使被告人交代全部犯罪事实，促使其走坦白从宽的道路。

一、讯问被告人时出示证据的意义

证据是认定案件事实的客观依据，有罪证据是犯罪事实客观存在的标志，是揭露犯罪人的有力武器，狡猾顽固的有罪被告，最惧怕的是用真凭实据揭露其罪行。因此，在讯问被告人的过程中，有准备、有选择、适时而巧妙地向被告人出示证据、对于打破被告人对抗审讯的防御体系，动摇其思想基础，促使被告人认罪确有重要意义。

（一）正确出示证据能打破讯问中的僵局

讯问被告人是一场尖锐复杂的斗争，斗争的双方是矛盾对立的统一，斗争的结果是以审讯者的坚强意志战胜被告人的顽抗，使其彻底认罪服法，使矛盾得到统一（当然对假案的甄别也是矛盾的统一，不在此限）。欲要取得上述结果，并非唾手可得，审讯者需要付出艰苦的努力，既需要进行深入的调查研究，又需要运用灵活机动的斗争艺术方能取得。因为犯罪人实施犯罪活动，往往是隐蔽的，对犯罪人而言，犯罪事实一旦暴露，就意味着将要受到法律的制裁。所以，犯罪人在主观上是永远不希望罪行被揭露的，隐瞒的时间越长久，对他逍遥法外越有利。即使被告人被拘捕之后，这种主观期望心理仍很严重，总是企图将不切合实际的幻想变成现实，因而就会给讯问带来复杂性和艰巨性。犯罪人的顽固立场和侥幸心理未动摇之前，要想让其主动提供证明他自己有罪或罪重的证据，犹如与虎谋皮，是难以办到的。相反，犯罪人为逃避惩罚，往往是竭力掩盖罪行，以各种方式抗拒审讯。例如，有的气焰嚣张，拒不认罪；有的软磨硬抗，坚不吐实；有的满口谎言，以假乱真；有的抱着葫芦不开口；也有的避重就轻，企图蒙混过关；还有的公开顶撞，以攻为守，等等。有时会出现久攻不下的局面，使审讯形成僵局。为了打破这种窘境，就要在适当时机，关键地方，拿出真凭实据，打击犯罪分子的顽固态度。这种突如其来的打击，能使有罪被告人心理恐慌，以此促使其交代问题，把审讯推向新的阶段。

（二）出示证据可以加强政策和法律教育的威力

党的政策和国家的法律，对那些罪大恶极，怙恶不悛的犯罪分子实行严厉惩办，决不手软，这是法律和政策的严肃性所在；但是，对于那些愿意彻底坦白交代罪行，改恶从善的犯罪者仍给以悔过自新的机会，视其犯罪情节和认罪态度，予以从宽处理，这又是法律和政策的灵活性，这种严肃性和灵活性结合起来，就使得政策和法律对犯罪者既有很大的震慑作用，又有很强感召力量。惩办与宽大相结合的政策精神，是通过对具体案件的处理体现出来的。法律条文中的量刑幅度，既体现了犯罪情节的差别性，又体现着“坦白从宽，抗拒从严”的政策精神。在讯问被告人时，如果把政策、法律教育同出示证据结合起来，再与被告人的犯罪事实和认罪态度联系在一起，那么政策和法律的教育威力更大。须知，被告人对政策和法律的接受，认罪服法，需要一个过程和一定的条件，这里面既有立场的转变，又有认识和心理方面的变化。从总体来说，尽管被告人隐瞒罪行，对抗审讯，但除少数坚持顽抗立场，拒不认罪的以外，多数是愿意悔过自新重新做人的。既然如此，为什么不少被告人在审讯中还要掩盖罪行呢？这要进行具体分析，就掩盖犯罪事实的人来看，多数是由于在“趋利避害”心理支配下，侥幸心理严重，主观自信地估计自己的罪行不会暴露，不相信审讯者手中握有证据，再加之，对党的政策和国家法律没有正确认识，害怕惩罚。所以在审讯中总是躲躲闪闪，避开犯罪事实，对于思想教育置若罔闻，不以为然。如果在政策和法律教育的基础上适时抛出点证据，被告人会受到很大震动，幻想会被打破，感到恐惧不安。因为出示证据，意味着他的犯罪事实已被揭露，谎言被戳穿，同时还证明其认罪态度不好，有受到从严处理的危险。因此，被告人迫于政策和法律的强大震慑力，从个人利害考虑，为设法寻求从宽处理的出路而接受“坦白从宽”的政策。在此基础上再施以政策和前途教育，感召作用会更大，容易生效。据此，在审讯中，选择时机，机动灵活的运用证据，能大大加强党的政策和国家法律的震慑作用和感召力，有利于打破被告人抗拒审讯的防御体系，促使其认罪服法，走“坦白从宽”的道路。

（三）巧妙出示证据，能突破缺口，扩大战绩

讯问被告人好像军事上作战一样，是一场进攻与防御的斗争。进攻一方应选择对方防御较薄弱的环节，集中火力，突破缺口，迅速展开，扩大战果；或者选择其要害部位，出奇制胜。审讯中被告人是处于防守地位，由于他对自己罪行的暴露程度，审讯者手中掌握的证据，以及每次进攻的意图并不太了解。所以被告人在受审时，为了摆脱罪责，掩盖犯罪事实，逃避惩罚，总是全面设防，到处应付。这样就难免会暴露出矛盾和漏洞，可以抓住这些矛盾猛攻，严厉批驳其顽固态度，正当被告人处在紧张和恐惧之际，突然出示证据，使被告人防不胜防，乱了阵脚，从而打开缺口，乘胜追击；再进一步加强政策、法律教育，瓦解其防御体系，以使审讯不断向纵深发展，取得更大的战绩。

由此可见，在审讯中根据被告人的认罪态度，审讯者手中掌握证据的情况，正确地运用已知的犯罪事实，进一步揭露和证实被告人隐瞒的罪行，对于抓住突破口，审清全案有重要意义。尤其是对那些狡猾，坚不吐实，对抗审讯的被告人紧密配合其他审讯方法，适时灵活而艺术地出示证据，能打破其幻想，瓦解防御体系，促使其交代犯罪事实。

二、出示证据的心理依据

在审讯中，审讯者在向被告人出示有罪或罪重的证据，就意味着他的罪行已经败露，证据成了被告人难逃罪责的沉重枷锁。因此，在审讯中适时、巧妙地向被告人出示证据，会引起被告人一系列心理变化。审讯中向被告人出示证据的心理依据，主要有下述三个方面。

（一）畏罪侥幸心理对证据的敏感性

在审讯阶段，一般说来，被告人的畏罪侥幸心理比较严重，这是影响被告人如实供述犯罪事实的主要心理障碍，甚至会成为其敢于对抗审讯的精神支柱。这种畏罪侥幸心理是被告人主观唯心主义世界观的反映，被告人从自身利益出发，总是自恃高明，根本不相信审讯者能够掌握其犯罪事实，把政策和思想开导当耳旁风，视为“欺诈”、“诱骗”，抱着“你有千般计，我有一定之规”，敢于肆无忌惮地施展对策，隐瞒实情，编造谎言，探听虚实；有时以攻为守，公然索要证据。尤其是在一些惯犯、累犯身上表现得较为突出。不过持侥幸心理的被告人有一个致命弱点，就是在人身自由被限制的条件下，只能凭主观猜测和想象来估量罪行暴露的程度，以此建立自己的防御体系，这种防御体系，多数比较脆弱，在讯问中，往往表现出口硬心虚，外

强中干，对于证据尤为敏感和恐惧。当其顽抗时，审讯者一旦把真凭实据拿出来，被告人会惊慌失措，情绪大起大落，原来的美妙幻想被打破，失去了顽抗的能力，只得节节败退。经过得当的诱导，可使其畏罪侥幸心理逐步向趋利交罪方面转化。

（二）出示证据，能引起被告产生联想

联想是由一事物想到其他事物的心理过程。被告人接受讯问时，其心理活动是纷繁复杂的，主要倾向是设法对抗审讯，侥幸过关。当审讯者突然出示证据，无情地揭穿其谎言以后，会使被告人在心理上受到强烈刺激。这种刺激会引起被告人心理上动荡不安，瞻前顾后，思绪万千。虽说出示的证据只揭露了某一部分罪行，或者某些犯罪情节，但它能引起被告人产生多种联想。如由此想到彼的接近联想，想到与被证据揭露的相似情节是否会暴露；或者产生这一部分罪行已被揭露，另一部分必然保不住的因果联想；由于罪行被揭露，证明自己态度不老实，态度不好将会导致从严处理，从而还可能使被告人产生对比联想，既然罪行被揭露，幻想已破灭，与其等着被揭露，还不如自己赶快主动交代，以减轻对自己的处罚。由于出示证据能够引起被告人产生多种联想，势必加剧其罪责感和恐惧心理，审讯者要善于抓住被告人的心理变化，予以恰当诱导，就能够促使被告向有利交代犯罪事实方面发展。

（三）加速“趋利避害”心理向如实供述方面转化

“趋利避害”是被告人受审中的基本心理活动，它贯穿审讯的全过程。侥幸、对立、谎供等都是在“趋利避害”心理驱使下产生的。被告人的“趋利避害”心理具有很大选择性，它随着审讯的进展而变化，从被告人主观方面讲，其变化规律是，最好是对己“有利无害”，其次是“利多害少”，最次是“两害相比择其轻者”。由于“趋利避害”心理支配，所以在审讯开始阶段，被告人往往会竭力否认犯罪事实，或故作镇静，或假装冤屈，企图以假象掩盖其罪行。随着审讯的进展，被告人感到无力防守时，就会避重就轻，交代次要罪行，隐瞒主要情节。具体表现是交近不交远，或交远不交近，交小不交大，企图蒙混过关。如果审讯者在恰当时机、关键问题上，用真凭实据彻底戳穿其对抗审讯的伎俩，被告人会感到计尽谋穷，对抗情绪会急转直下，从个人利害得失考虑，另谋出路。加上审讯者适时恰当的诱导，能够促使被告人作出“两害相比择其轻”的选择，为寻求得到从宽处罚的出路而如实供述犯罪事实。

以上是出示证据所以能够奏效的心理依据。如果脱离被告人在受审时的心理基础，不分对象，不讲时机，不管场合地乱用证据，也是难以收到较好效果的，甚至适得其反，还可能引出不好的结果，影响审讯活动的顺利进行。

三、如何正确运用证据

所谓正确地运用证据，是指在讯问中，当被告人百般抵赖，坚不吐实，审讯难以进展时，针对被告人的个性特点，心理状态，有准备、有选择、有控制地抛出证明被告人某些犯罪事实与犯罪活动有关的材料，揭露被告人的抗拒态度，促使被告人交代罪行的一种策略手段。需要特别指出的是，出示证据的目的，决不是单纯为了让被告人承认证据所证实的某些事实。而是为了用已知的事实，去挫败被告人对抗讯问的态度，以突破缺口，全面开花，攻下全案。欲达到此目的，就必须很好地研究出示证据的策略性和艺术性。

（一）出示的证据准确无误，才能具有巨大威力

在审讯中使用证据，首先要保证证据的准确性。所谓准确性，是指所用的证据既能击中要害，又要如板上钉钉，毋容更改。这样的证据在关键时机打出去，证明力强，威力大，使狡猾的被告人难以招架，无从辩解，足以摧毁其防御体系。为保证使用的证据准确无误，对准备使用的证据，事先要反复查对、核实、仔细选择，如果有的证据虽能击中要害，但不十分可靠和模棱两可，宁可不用也不要草率从事。使用证据前，对被告人的心理特点要仔细分析，对于出示证据后可能产生的影响，会引起什么样的结果，被告人可能进行哪些辩解，应如何戳穿等，都应该进行周密考虑和充分准备，假如对使用的证据准备不足，或者有不实之处，不仅不能有力地打击被告人的顽固态度，相反，还有可能被其抓住不放，抗拒气焰会更加嚣张，给审讯造成更多的困难。

（二）掌握好时机，方能取得好的效果

讯问被告人是一场面对面的攻心斗智，拼意志的斗争。审讯者使用证据打击被告人的顽固态度，一定要掌握出示证据的火候，不可鲁莽从事。因为被告人在被拘留、逮捕之后，对其罪行暴露的程度不甚了解，对审讯者的情况也不熟悉，审讯初期，被告人尚处在摸底阶段；而审讯者亦需要通过几次交锋，才能把握住被告人的心理变化情况和个性特点。所以在初审阶段不宜急于出示证据，以免利少弊多，收效不大。那么，究竟在什么时候出示证据最有利，这主要根据每个被告人的个性特点，对待审讯的态度；审讯者手中掌握证据的数量和质量，以及审讯的整个过程来决定，一般是先讯问其基本情况，进行必要的思想教育。如果经过政策、法律教育，被告人已开始交代

问题，审讯者手中虽握有大量证据，也不宜再出示，防止影响其交代罪行的系统性和完整性。假若出示证据不当，还可能引起被告人的烦躁和不安，干扰其交代问题。

待审讯进展一段双方经过几次交锋后，审讯者摸到了被告人的思想动向和心理特点，如发现被告人侥幸心理严重，反复进行政策和法律教育，仍拒不交代，或者只交代一部分，对重大罪行狡猾抵赖；或被告人进行谎供，敷衍塞责，企图蒙混过关；甚至猖狂反扑，致使审讯无法深入进行，适时抛出证据，给狡猾的被告人当头一棒，迫使其认错，逐步交代罪行，这样使用证据就比较有利。但是出示证据一定要有计划地进行，对被告人可能进行狡辩或者可能滑掉的地方事先要讯问清楚，扫清外围，堵死退路，为出示证据创造好条件，然后突然地将证据抛出，使被告人来不及设防，不知所措，才能迫使其改变态度，交代罪行。出示证据时若给被告人留有可乘之机，虽然使用的证据也可靠，出示的时机也恰当，因有狡辩的余地，被告人就可能乘机滑掉，起不到出示证据应该发挥的作用。

（三）出示证据的方式灵活多样，使被告人难以防御

在讯问被告人时出示证据，一定要注意方式方法，讲究斗争艺术。出示证据的方式方法很多，既可以开门见山，单刀直入；也可以旁敲侧击，暗中点破；还可以引而不发，让被告人自己思索等。至于用哪种方式比较有利，还要根据被告人的个性特点、认罪态度，以及手中掌握的证据数量和质量而定，无固定的模式，不能一概而论。

一般说来，如果遇到被告的社会经验较少，或者是偶犯，由于畏罪情绪严重，思想顾虑多而不敢交代问题，可先耐心地进行思想教育，在打消其思想顾虑的基础上，采取开门见山或单刀直入一针见血地把问题点出来，进一步推动他交代全部犯罪事实。对有的被告人，也可以采取拦头截击的办法出示证据，如被告人在交代已掌握的犯罪事实时，审讯者可以抢先一步替他说出某些事实或某些情节，对其交代能起到推波助澜的作用，同样可以收到较好的效果。

假如被告人的思维比较敏捷，且富有联想，便可以采取旁敲侧击的办法出示证据，使被告人猜测不透，琢磨不清审讯者的意图，但又使其意识到罪行已败露，抗拒下去对己不利，以促使其尽快转变态度，如实供述。这样虽然使用的证据不多，但只要“把钢用在刀刃上”，同样能取得较好的效果。

如果遇到狡猾的惯犯、累犯，可采取迂回出示证据的方法，也可以先虚后实，突然发起猛攻，打他个措手不及；也可以虚实并举，使其摸不清底细。如果手中掌握的证据较多，也可以有计划、有步骤地连续使用证据，不

停顿地发起猛攻，使其防不胜防，节节败退。若手中掌握的证据较少，质量也不太高，就不宜采取开门见山的方法出示证据，更不宜连续使用证据，应和其他审讯方法紧密结合，穿插进行，交替使用，用出其不意的方式出示证据，也能收到较好的效果。

（四）使用证据带有含蓄性并留有余地

出示证据时，应根据不同被告人的情况，带有含蓄性和伸缩性。所谓含蓄性，是指出示证据时可藏而不露，耐人寻味，其目的是采取虚虚实实的策略。这样可使被告人感到深浅难测，摸不到底细。这样使用证据，虽然没有把证据明摆出来，但要使对方从审讯者的态度、语气方面，能够领悟到审讯者确有证据在手，使其觉得罪责难逃，起到不言而喻的作用，这样可使被告人在心理上处在欲逃不能、欲抗不敢，揣摩不定，忐忑不安的境地，以促使其转变态度，交代问题。使用证据带有伸缩性，就是指出示证据时要留有回旋的余地不要和盘托出，不能透底。审讯中使用的证据，就像战斗中使用弹药一样，尽量减少消耗，力争使最少的证据换得更大的战果。即使在一个问题上掌握若干个可靠证据，也不能一下抛出，如果用一点证据可以解决问题，就不宜拿出证据的全部；用一个证据能发生效力，就不宜轻易使用第二个证据；只有对那些态度特别顽固、狡猾的被告人，才适宜有计划、有步骤地连续使用证据，以集中火力打开缺口，使审讯向纵深发展。但是在任何情况下，都不能透底，以防被告人察觉到证据不足，给审讯造成困难。

四、出示证据应和其他讯问方法紧密结合

在审讯过程中，根据不同被告人的不同个性特点，有准备、有选择、有控制、灵活机动地出示证据，对于挫败被告人的顽固态度，动摇对抗审讯的思想基础，瓦解其防御体系，突破缺口，扩大战绩固然能起到很大作用。但是，在讯问被告人中，绝对不能孤立地、机械地使用这一方法。应该和政策、法律教育，利用矛盾等审讯方法紧密地结合起来，互相配合，交替使用，才能更好地发挥其策略作用，以取得更大胜利。在审讯实践中，通常不是先使用证据，而是先向被告讲明刑事政策和国家的法律，令其端正态度交代问题。假若被告人认罪态度不好，故意撒谎对抗审讯时，应抓住其供词与客观事实的矛盾，选择时机予以无情揭露，严肃批评其错误态度，假若被告人仍无理狡辩，或猖狂反扑时就可以适时抛出证据，给被告人的顽固态度予以沉重打击。出示证据之际，一定还要深入细致地进行政策和法律教育，进行形势和前途教育，以进一步使其认清形势，晓以利害，彻底瓦解其对抗审讯的思想基础，消除阻碍被告人彻底交代罪行的心理障碍，正确引导被告人

向认罪服法方面转化，促使其走坦白道路。只有将各种审讯策略方法紧密结合起来，交替使用，互相配合，互相补充，才能充分发挥其作用，取得圆满的结果。

（《刑侦研究》1986 年第 3 期。）

刑事侦查学及其研究成果综述

一、学科状况

刑事侦查学，亦称犯罪侦查学或称侦查学。它是一门专门研究在刑事诉讼中如何搜集证据、查明案情，揭露犯罪和查缉犯罪嫌疑人的科学。刑事侦查学是为实现刑法和刑事诉讼法的总任务服务的应用法学，它研究的具体对象是搜集证据、查明案情、揭露犯罪和查缉犯罪嫌疑人的原理、途径、策略和方法。

刑事侦查学是科学与艺术的有机结合。因为侦查是侦查主体与犯罪分子之间进行的一场错综复杂的对抗活动，参与侦查对抗的局内人都是能思维，有主观能动性，并有一定对抗能力的活人或活人集团，所以说侦查对抗是活力对抗的一种形式。在侦查对抗中，侦查主体与侦查对象都为实现自己的利益目标而奋斗，对抗双方既有力量与胆略的抗争，又充满智慧的拼搏，斗智往往支配和制约斗力、斗勇。在侦查对抗中，计高对手一筹，才能战胜对手，降伏对手，迫使对方就范。侦查主体在激烈尖锐的侦查对抗中，依照法律，运用各种科学技术手段，采取有效措施搜集证据，揭露犯罪，同时又要制订机动灵活的战略战术，运用高超的计谋方略才能赢得侦查对抗的胜利。作为专门研究搜集证据，揭露犯罪和查缉犯罪嫌疑人的原理、途径、策略和方法的刑事侦查学来说，它首先是一门科学，但又是一种特殊的职业技能和高超的斗争艺术。可以毫不夸张地说，刑事侦查学是融科学性与艺术性于一体的法律科学。

从刑事侦查学的形成与发展过程看，它是一门既古老又年轻的学科。说它古老是说侦查活动的产生源远流长。侦查行为是犯罪行为的共生体，是一对孪生兄弟，自有犯罪行为的出现，查获犯罪人的对策便应运而生，二者是相反相成，相生相克而存在。据考证，我国在奴隶社会的商朝就出现了中央和地方两级侦查制度的萌芽。到了秦代，侦查活动已开始从审判活动中分离出来，有了专司调查犯罪的人员。根据 1975 年从湖北省云梦县睡虎地秦墓中发现的竹简（简称“秦简”）中记载，我国早在两千多年前的办案实践中就有现场勘验和检验尸体的专门活动，并有讯问方式、策略和方法的详细介绍。理论来源于实践，说明我国的侦查实践起源更早。后来根据侦查实践的需要，侦查活动中的经验不断得到总结和推广，逐渐形成了侦查理论。五代后晋时期，和凝、和蒙父子编写的《疑狱集》，是我国关于刑事侦查方面的最早著作，可以说它是我国刑事侦查学的发端。到了宋代，在犯罪现场勘查、技术鉴定，以及调查和利用秘密力量搜集犯罪情报等方面又有了较大发展，宋代郑克编的《折狱龟鉴》和桂万荣编的《棠阴比事》，以及南宋时期宋慈编写的《洗冤集录》等刑事侦查和技术检验方面的著作，对我国后世乃至西方国家的侦查破案都有很大影响。当今看来，上述这些著作里大多是对我国封建社会执法、断狱、量刑、侦破和检验方面的具体介绍，与现代刑事侦查学相比，只不过是刑事侦查学的雏形而已。我国刑事侦查活动的起源虽然很早，但由于长期处于封建社会，由于封建统治阶级的腐败，阻碍科学技术、经济、文化的进步，科学技术发展十分缓慢。近代由于外来势力的入侵，严重摧残了我国政治、经济和文化，使我国沦为半封建半殖民地，致使我国的刑事侦查学一直未能形成完整的科学体系。

我们讲刑事侦查学又是一门年轻的科学，是说它形成现代的科学体系，才只有100多年的历史。据考察，到了19世纪末，奥地利的地方检察官兼侦查员，后来的大学教授汉斯·格罗斯（1847～1915）于1893年编写出版了《检验官手册》一书（后来被译为《犯罪侦查手册》或《犯罪侦查》），是西方国家头一个提出侦查方法体系的人，汉斯·格罗斯被认为是资产阶级刑事侦查学的创始人。20世纪初叶，法国学者艾·罗卡尔编著了《犯罪侦查学教程》；20世纪40年代日本南波查三郎发表了《犯罪侦查方法》；美国到1950年才正式使用“犯罪侦查学”这一术语。十月革命前的俄国于20世纪初，曾有学者研究刑事侦查学，但比西方资产阶级国家起步晚。直到十月革命以后，苏维埃刑事侦查学便应运而生。1935年由安·扬·维辛斯基主编的第一部社会主义苏联高等法律院校教材《犯罪侦查学》正式出版。它是社会主义国家较早的一部刑事侦查学教科书。

我国在土地革命时期，在革命根据地的红色政权中，就有了新型的刑事侦查工作机构，积累了一定的侦查实践经验。1949年中华人民共和国成立以后，为了有效地同刑事犯罪作斗争，在总结我国侦查实践经验的基础上，吸收借鉴了苏联的经验和科研成果，开创了新中国的刑事侦查制度。在公安学校和地方法律院校中，普遍开设了刑事侦查学的课程，并编写了一些内部使用的刑事侦查学教材，为创立我国新型的刑事侦查学的科学体系奠定了坚实基础。“文化大革命”期间，我国的刑事侦查学科研和教学曾一度处于停滞状态。直至1979年以后，刑事侦查学的教学和科研才得到恢复，各高等公安和法律院校设立了侦查系或者开设了刑事侦查学课程，刑事侦查学的教学和科研队伍迅速扩大，学术团体先后建立，并创建了专业研究刊物，一批刑事侦查方面的学术专著和教材相继问世，大量学术论文纷纷出现，刑事侦查学的理论研究、学术交流蔚然成风，使学科建设取得长足进步。

二、刑事侦查学的研究和发展趋势

我国对刑事侦查学的研究，在20世纪80年代以前发展比较缓慢，出版的刑事侦查学方面的书籍，多偏重于对侦查措施和方法的一般介绍，基本理论研究比较薄弱，甚至被视为“禁区”，无人敢探索。所以，长期以来给人们造成一种误解，似乎刑事侦查学只是一门研究具体侦查工作方法的学问，无理论可言，刑事侦查学能否成为一门独立的学科，在法学界亦存在不同认识。这种认识不仅没有把刑事侦查学放在它应有的位置，而且严重地阻碍该学科的健康发展。20世纪80年代以后，随着我国政治、经济形势的发展和科学技术的进步，法制不断健全，刑事犯罪出现了许多新情况和新问题，为了适应同刑事犯罪作斗争的需要，在许多重大问题上，如加强对刑事侦查理论研究、建立科技与侦查分离的小刑事侦查学体系等，在学术界逐渐形成共识。由公安部或地区公安机关组织的全国性或地区性的刑事侦查学学术研讨会不断召开，全国性或地区性的刑事侦查学学术团体相继成立，大大推进了刑事侦查学理论研究的进程。当前无论从研究的广度和深度方面，都呈现出欣欣向荣的好势头。从研究的内容看，既注意对应用理论和操作技能的研究，又加强了对本学科基础理论的探索；既注意对刑事侦查技术手段、隐蔽手段、情报资料等具体侦查措施的研究，也注意了对侦查思维、侦查谋略、侦查决策和侦查运筹等高层次理论的研究；既注意研究和继承我国刑事侦查学发展的历史经验，又注意对现实斗争中新鲜经验的总结；既突出对中国刑事侦查特色的研究，又积极吸收和借鉴世界各国的先进经验。通过多方面、多角度的研究，给我国刑事侦查学学科的发展注入了新的活力，增强了发展后劲。

近10多年来，在刑事侦查学的教学和专业人才培养方面，亦呈现出可喜的局面，全国各高等法律院校中，都把刑事侦查学或犯罪侦查学列为法学专业的主要课程之一。北京大学法学院、中国人民大学法学院、中国政法大学研究生院、西南政法大学、华东政法学院、中国人民公安大学等院校，都先后招收了刑事侦查学研究方向和物证技术方向的硕士研究生，为刑事侦查学的理论研究和教学工作培养高一级的人才。当前刑事侦查学的教学和科研队伍有了较大发展，后继有人，前途光明。

从刑事侦查学学术研究发展的趋势看，学科体系将走向侦查与技术分离的小刑事侦查学体系。刑事侦查学初创阶段乃至相当长的发展过程中，都是将技术手段作为刑事侦查学的组成部分，称为大侦查学体系。直到18世纪末，法医学才作为一门独立学科单列出来，其他技术，如刑事照相、指纹学、笔迹学、司法弹道学、法毒物学等仍包括在刑事侦查学内。随着科学技术的进步，越来越多的科学技术被用到刑事侦查中，而且这些科学技术手段日趋向民事、经济诉讼方面扩展和延伸。刑事侦查技术本身涉及的学科越来越多，内容庞杂，学科体系臃肿，教学与研究中都难以驾驭，严重地影响本学科和技术的发展，客观上要求侦查与技术分离，各自建立独立的学科体系，更有利于侦查和技术的发展，侦查与技术分离率先从西方国家开始，20世纪中叶在英美法系国家多采用侦查与技术分离的小侦查学体系，他们将技术手段中的指纹技术、笔迹鉴定、司法弹道鉴定、法化学、法毒物学、法生物学等列入法庭科学中的物证技术学类，与法医学、司法精神病学并列。

我国在刑事侦查教学中，除公安院校外，绝大多数法律院校均采取大刑事侦查学体系。1961年原北京政法学院开始将刑事科学技术与刑事侦查学作为两门课，分别进行讲授和研究。20世纪80年代末中国政法大学又重新把刑事侦查技术与刑事侦查学分开，并撰写和出版了小刑事侦查学体系的教科书。到1990年，国家教育委员会组织编写并出版的高等学校文科教材《侦查学》，也正式将技术部分分离出来，学科内容与体系有较大调整和突破。

随着形势发展和我国法制建设的不断完善，对刑事侦查学的研究，将进一步向专业化、理论化、系统化、科学化的高度攀登。总的发展趋势是研究的领域更广、深度更新，法律依据更准确、更充分，基础理论和应用理论的研究都将会有新的突破，刑事侦查学科建设更成熟、更科学、更完善。在基本理论研究方面，将会有《侦查思维学》、《侦查谋略学》、《侦查决策学》、《侦查运筹学》、《侦查哲学》、《侦查逻辑学》、《侦查心理学》等诸多子学科的出现。同时还会有《犯罪现场勘查学》、《侦查指挥学》、《审讯学》、《侦查情报学》、《内线侦查学》、《外线侦查学》，以及《暴力犯罪侦查学》、《贪污贿赂犯罪侦查学》、《金融犯罪侦查学》等许多应用学科的诞生，以适应同刑事犯罪作斗争的需要。

从对刑事侦查学研究的方式方法来讲，只有把教学人员、理论研究人员和侦查实际工作者紧密结合起来，互相配合、取长补短，才能使理论研究的针对性更强，使侦查实践中的新经验和新问题，不断地在理论中得到反映并加以提高。反过来使刑事侦查中的理论问题不断在实践中受到检验，使理论更好地为我国的侦查实践服务。毋庸置疑，到20世纪末和21世纪初，我国乃至世界刑事侦查学的研究必将更加繁荣，大大推动我国侦查实践的进步，更有效地同刑事犯罪作斗争，为维护社会安定，促进社会主义现代化建设发挥更大的作用。

三、我国刑事侦查学方面的主要著作

从1979年以后，随着我国法学理论的繁荣，刑事侦查学的理论研究异常活跃，各种学术著作和教科书相继问世，出版的教材主要有：1979年公安部治安行政局组织部分侦查实际工作者和教学人员编写出版了《刑事侦察学》（群众出版社1979年版），它是中华人民共和国成立后我国正式出版的第一部刑事侦查学著作。1980年司法部组织编写并出版了首批高等学校法学教材《犯罪侦查学》（周应德主编，法律出版社1980年版）；1990年国家教委组织编写了高等学校文科教材《侦查学》（徐立根主编，中国人民大学出版社1991年版）；1996年司法部又组织编写了高等学校法学教材《侦查学》（邹明理主编，法律出版社1996年版）；公安部于1987年曾编写出版了公安高等院校系列教材《刑事侦察总论》、《刑事案件侦察》、《犯罪现场勘查》、《预审学》等；最高人民检察院也编写并出版了检察业务系列教材，《检察实用侦查学教程》、《检察实用预审学教程》等。全国各地方高等法律院校都先后出版了适合本校特点的教科书，主要有：《刑事侦查》（徐立根等著）、《刑事侦查学》（杨殿升等著）、《刑事侦查学教程》（岳茂华主编）、《刑事侦查技术》（李少清、王传道主编）、《刑事侦查学》（王传道主编）、《刑事侦查学》（陈卫主编）、《刑事侦查学教程》（韩志仁主编）、《侦查策略与技术学》（刘兰芬、许江主编）等。

近年来出版的刑事侦查方面的学术著作主要有：《刑事侦察原理》（武汉著）、《经济犯罪与对策》（张振藩等著）、《刑事侦察对策》（张月亭等著）、《诈骗及其对策》（任克勤著）、《预审对策学》（薛宏伟等著）、《犯罪侦查谋略》（张振藩、岳茂华主编）、《侦讯谋略》（庞兴华著）、《外国犯罪侦查制度》（何家弘著）、《同一认定》（何家弘著）、《刑事侦查学总论》（王庆明主编）等。

除了上述学术著作和教材之外，近年来还翻译出版了大量的外国刑事侦查学著作和教材，主要有：《犯罪侦查学》（苏联莫斯科大学教材）、《现代犯罪侦查导论》（加拿大）、《刑事侦查基础知识》（美国）、《跟踪监视与秘密侦查》（美国）、《强奸案件调查》（美国）、《预审中讯问的科学基础》

(苏联)、《刑事侦查学随笔》(苏联)等。另外，还有大量的侦查技术和侦查策略方法方面的学术论文被翻译过来。这些科研成果，对我国刑事侦查学的教学和理论研究，无疑有很大的借鉴和启迪作用。

近年来，我国创建的刑事侦查方面的专业理论刊物主要有：《刑侦研究》、《中国刑事警察》、《侦查》、《北京刑侦研究》、《预审探索》等。先后组建的侦查学及技术方面的学术团体有：北京刑事侦查学研究会、北京物证技术学会和中国刑事科学技术协会等。这些刊物和学术团体的创立，对于繁荣我国刑事侦查理论研究、交流经验都起着巨大的推动作用。

(《法律文献信息与研究》1997 年第 1 期。)

科学证据在未来司法活动中将大显身手

随着社会的进步，科学技术的突飞猛进，社会生产力将会高速发展，作为社会“平衡器”的法律机制，必将进一步走向民主化、科技化和现代化。科学技术在未来的司法活动中将会大显身手，它能客观及时为查明案件事实提供科学证据，在认定案件事实时，科学证据将占据重要地位，这是世界司法活动发展的趋势。美国乔治城大学法律中心教授保罗·罗斯坦认为：“20世纪的早期是法庭雄辩术时代，而中期是论证证据的时代，进入它的晚期后，却出现了高精技术证据时代。随着智能犯罪和涉及高技术知识的民事纠纷的增加，大量出现五花八门、令人眼花缭乱的典型案件，使那些高精技术证据成为正确处理这些纠纷的最重要的依据。”① 司法活动跨入“科学证据唱主角”的时代。

一、科学证据的含义及特征

（一）科学证据之含义

“科学证据”一词，在侦查学领域中运用得较早，在法学界普遍运用却是近年来的事。至于何谓科学证据，它包括哪些内容？目前尚无统一认识。国内外学者对科学证据的界定亦是仁者见仁，智者见智，各述其理，各有各的高见。据笔者所知，国内外学者大都是对科学证据的大体范围作了界定，并没有给科学证据下一个准确的定义。②

近年来，国内外学者虽然对此也进行了积极的探讨，但并未达成共识。台湾大学法研所蔡墩铭教授在《刑事证据法论》一书中说：“藉法科学进行采证而取得之证据，即可视为科学证据。”③ 中国人民大学法学院何家弘教授在《证据法学前瞻》一文中，从司法证明历史的演进过程中概括出司法

① 马进保、刘祁宪著：《智能诉讼》，群众出版社1990年版，第43页。

② 因本人占有资料有限，可能属孤陋寡闻，望博者斧正。

③ 蔡墩铭著：《刑事证据法论》，台湾五南图书出版公司1997年版，第3页。

证明方法和手段的两次重大转变："第一次是从以'神证'为主的证明向以'人证'的证明转变。""第二次是从以'人证'为主的证明向以'物证'或'科学证据'为主的证明的转变。"这里何教授似乎将"物证"与"科学证据"等同起来，是因为"物证需要人的解读，而解读物证往往需要一定的科学技术。正是在这个意义上，我们称物证及其相关的鉴定结论等证据为'科学证据'"。[①]

国内还有学者把科学证据称为"科技证据"，"科技证据泛指科学技术手段取得的证据，它主要包括视听资料、鉴定结论以及与其他证据类别有关的证据形式"。[②] 各位学者的上述见解，虽然对科学证据也作了不同的表述，但严格说来，还都不是科学证据的真实概念。因为真实概念必须正确地反映事物的特有属性（固有属性或本质属性）。科学证据是对普通证据（包括一般人证、物证）而言，那么科学证据的特有属性是什么呢？科学证据既具有证据的一般属性，又具有特殊属性，因为它是借助科学原理和技术方法发现和揭示出来的特殊证据。换言之，凡是借助科学原理和技术方法收集到的证据材料以及借助科学原理和技术方法揭示出其证明价值的证据，都属于科学证据。相反，不是通过科学技术手段发现、收集和揭示出来的证据都不属于科学证据。以笔者愚见，科学证据的概念似可这样表述，即科学证据是指运用科学技术手段发现、收集和揭示出来的证据。其内涵是运用科学技术获取的证据；其外延包括所有用科学技术手段获取的证据，既包括过去，也包括现在和将来运用科学技术手段获取的一切证据。

当前，国内外的学者，对科学证据的外延表述得很模糊，有的采用穷举法，还有的采用例举法，这样会使人们难以准确把握科学证据的内容。

例如，美国著名证据法学家华尔兹教授在《刑事证据大全》一书中，把科学证据界定为"包括精神病学和心理学证据，毒物学和化学证据，法医病理学证据，照片和录像，显微分析和中子活化分析，以及指纹、DNA、枪弹、声纹、可疑文书、测谎、车速检测等证据"。[③] 加拿大多伦多司法科学中心活化分析部主任克里希南博士在《现代犯罪侦查导论》一书中，把指纹、生物物质检验、化学物质检验、植物物质检验、文件检验、武器检验、毒物检验，以及鞋、轮胎、工具痕迹检验等都列入科学证据的范围。[④]

---

① 何家弘著：《法苑杂谈》，中国检察出版社 2000 年版，第 155 ~ 156 页。

② 马进保、刘祁宪著：《智能诉讼》，群众出版社 1990 年版，第 179 页。

③ 何家弘主编：《新编证据法学》，法律出版社 2000 年版，第 11 页。

④ ［加］克里希南著：《现代犯罪侦查导论》，媚生译，群众出版社 1986 年版。

日本著名法学家田口守一教授在《刑事诉讼法》中对科学证据介绍了以下七个方面的内容：(1) 拍照、摄像；(2) 采集体液；(3) 监听；(4) 测谎器检查；(5) 警犬气味鉴别；(6) 声纹鉴定与笔迹检验；(7) DNA（基因）鉴定。① 我国台湾学者蔡墩铭教授将科学证据归纳为两大体系，“其一为与医学有关之法科学，如法医学、法精神病医学、法齿学、法毒物学、法人类学及法血清学；另其一为与医学无关之法科学，一般称为刑事鉴识学，如法照相学、法气象学、法工学、法化学、法物理学、法昆虫学及指纹学。无论是否与医学有关之法科学，其对于科学证据之取得，皆有贡献”。② 由此可知，国内外学者对“科学证据”概念的表述及其范围的界定，可以说是众说纷纭，莫衷一是。随着研究的深入，相信国内外的学者对科学证据的认识会日益趋同一致。

（二）科学证据的特征

科学证据与证人证言、一般实物证据相比，它具有客观性、科学性、文明性、公正性和开放性。

1. 客观性。科学证据自身的特有属性是不依人的主观意志为转移的客观存在之物。美国物证技术学家赫伯特·利昂·麦克唐奈曾说：“物证（指进行技术检验之物质材料——引者）不怕恫吓。物证不会遗忘。物证不会像人那样受外界影响而情绪激动。物证总是耐心地等待着真正识货的人去发现和提取，然后再接受内行人的检验与评断。这就是物证的性格。”③ 实践证明，有些物证在若干年后才被发现，仍然能显示出其奇特功能。说物证不怕恫吓，不会遗忘，是因为物证本身不具有“主观意愿”，当然它不会怕恫吓，也不会偏袒某一方。它只能耐心地等待“内行人”去发现它、解读它。但从客观事物的发展变化规律讲，物证因受自然或人为因素的影响也会发生变化，或因被破坏、污染而改变其原来的形态和性质，甚至会灭失。科学证据的客观性并不是指被检验的物质都是固定的、僵死的、一成不变的。

科学证据的客观性也是对运用科学技术发现、提取、鉴定证据过程的基本要求，一方面，要求科技人员发现、提取证据要客观，不能凭主观决定取舍，不能弄虚作假；另一方面，科技人员进行鉴定时，不受委托人的利害关系影响，保证鉴定结论客观可信，让科学证据客观地反映被发现和鉴定物质

---

① 何家弘主编：《证据学论坛》（第2卷），中国检察出版社2001年版，第211页。

② 蔡墩铭著：《刑事证据法论》，台湾五南图书出版公司1997年版，第4页。

③ ［美］阿尔弗雷德·阿伦·刘易斯著：《血痕弹道指纹探奇》，何家弘译，群众出版社1991年版，第1页。

的本来面目。因为科学证据“是由实验室或科学家提供的，它们同起诉和被告的权益辩护完全无关”。① 美国犯罪鉴识大师李昌钰博士也说：“作为一名正直的科学家，我不关心谁是嫌疑人或谁是受害人。我把事实呈交给法庭，让法官和陪审团去作出决定。”② 只有这样，才能保持科学证据的客观性。

2. 科学性。科学证据是由掌握科学知识的人利用技术设备通过一系列实践活动提供的证据。它本身就是科学技术与司法活动相结合的产物。没有科学技术的发展，没有科学技术在司法活动中的应用，科学证据的产生和发展就无从谈起。所以，在司法活动中根据科学原理，利用各种技术手段获取证据成为科学证据的突出特征，离开了科学性就无科学证据之说。所以，科学性是科学证据的本质特征。科学证据的科学性体现在两个方面：其一是应用自然科学原理和技术方法发现、提取用其他方法无法获取的证据；其二是应用科学技术手段揭示用其他方法无法提取的有关案件事实的信息，为认定案件事实提供科学依据。提供科学证据的科学原理和方法，必须是该学科领域内已经普遍认可的。对于正在探讨，对其可靠性尚有争议，未达成共识的，暂不宜列入科学证据范围。

3. 文明性。科学证据是与科学证明方式相适应的，它是文明司法的表现。随着社会的发展，人类社会的文明程度不断提高，在司法活动中要求司法人员提高自身素质，文明执法、文明办案，彻底废止“刑讯逼供”那种落后、野蛮的办案方式，已成为现代社会的潮流。增强司法人员的科技意识，运用科技手段收集证据、识别证据，充分发挥科学证据的特殊作用，是文明司法的重要表现，是司法制度进步的必然要求。目前，科学技术发达的国家，运用各种科学技术手段收集证据、识别证据，用科学证据证明案件事实的比例不断加大。科学证据的运用和发展，使人类司法证明活动走上了文明与科学的高级阶段，是司法制度进步的标志。

4. 公正性。在司法活动中，科学技术人员的任务是正确地运用科学技术手段去发现客观存在的事物，揭示各种客观事实，他只按照科学规律办事，既不是为控诉方工作也不是为辩护方工作。在法庭上，有时当事人、证人可能会说谎，辩护人也会说谎，但科学证据只是按照其固有的规律反映某种事实，从这个意义上讲，科学证据对控、辩双方都是公正的，不带有任何

---

① ［加］克里希南著：《现代犯罪侦查导论》，媚生译，群众出版社 1986 年版，第 9 页。

② 何家弘著：《犯罪鉴识大师李昌钰》，法律出版社 1998 年版，第 277 页。

倾向性。但须知，客观环境本身也会对各种物证产生某种影响，如毁损、污染等，这些因素都可能影响运用科学技术手段发现、识别和鉴定结论在事实上的可靠性和公正性。同时，还有科学技术水平的局限及仪器设备性能的影响，加之科学技术手段是由人掌握的，在运用科学技术手段取证的过程中，必然受科技人员的知识水平、经验能力、工作作风和个人品德等因素的影响，从这方面说，科学证据又不是百分之百的绝对公正。因此，即使是运用科学技术手段获取的证据也必须经过严格审查，才能作为处理案件的根据。

5. 开放性。社会不断进步，科学技术日新月异，学科划分错综复杂，各种新兴学科层出不穷，真假科学混杂不清，科学发展史多次证明，被人们普遍承认，一时被炒得火热的理论和方法也未必都正确，暂时被排斥的理论和方法也未必都荒谬，但都必须经过实践的验证和历史的检验。这就决定科学证据是一个开放性系统。目前，有许多科学技术尚未应用到司法实践，有的虽有应用但尚有争议，或者尚未得到法律认可，各国、各地区对科学证据使用的范围及其证据价值尚存在很大差异。可以断言，随着司法活动的现代化，科学证据的范围将迅速扩大，司法证明中的科技含量将大大提高，一些落后的、过时的科学技术手段将逐步被新的科学技术手段所代替，使科学证据的内容不断充实和更新，获得开拓性的发展。

二、现代诉讼已进入科学证据时代

随着科学技术的进步，世界各国都争先恐后的把新的科学技术应用于司法建设，科学技术在司法活动中的广泛应用，必将推动司法活动的科学化和智能化。科学证据的产生与发展必将导致证明方式的革命。“在日新月异的科学发展进程中，司法活动的对象也在不断提高其科技含量，司法活动的环境也在不断更新其科技内容，因此要实现司法公正和执法公正，就必须依靠科学技术，就必须提高司法证明手段的科技水平。”① 当代司法活动将要跨入科学证据唱主角的新时代。

（一）科学证据是实践的需要，时代的呼唤

科学技术的突飞猛进，大大推动了社会生产力的发展，给人类带来了财富。同时也给社会管理带来新问题，突出的是运用科学技术手段进行犯罪日渐其甚，这种犯罪给社会造成的损失及社会影响，已远远超出人们的预料。利用科学技术犯罪的严重性、残忍性和反侦查行为的狡猾性，要求同犯罪作斗争手段的科学性和有效性。司法机关必须有揭露犯罪、制裁违法的过硬手

---

① 何家弘主编：《新编证据法学》，法律出版社 2000 年版，第 58 页。

段，用真凭实据对那些敢于藐视法律，危害社会的人严厉惩处，做到公正无私、绝无疏漏，才能产生积极效果，保持良好的社会秩序。为了及时、准确地揭露犯罪，查缉犯罪嫌疑人，国家必须加大投资，用先进的科学技术装备武装侦查部门。侦查手段的科学化直接引起证明方式的科技化，科学证据势必逐步居于主导地位。我国台湾学者蔡墩铭教授认为："犯人利用科技犯罪，如从事犯罪侦查、审判之警察或司法人员忽略自然科学，实难以有效对抗犯罪，是以利用自然科学之有关知识或技术以从事犯罪之侦查或审判，已成为目前之趋势。"① 他主张："今日刑事审判不应再只重自白，而应重视物证，尤其藉法科学进行采证取得之物证，亦即科学证据。从而所谓证据裁判主义，于今日法科学应用之时代，应改称为科学证据裁判主义。"② 美国学者认为，20 世纪的后期，已经"出现了高精技术证据的时代"。③ 何家弘教授认为："人类的司法活动已经进入科学证据时代，我们必须从以人证为主的办案思路转向以物证为主的办案思路，要努力提高利用科学证据办案的意识和能力，努力提高证据调查手段的科技含量。"④

当今社会不仅同犯罪作斗争中需要运用科技手段获取证据，在处理民事案件、解决经济纠纷，以及处理行政案件乃至大量非诉讼法律事务中，也要求通过科学技术手段获取科学证据。21 世纪司法活动将进入"科学证据唱主角"的时代，恐怕已经成为不争的定论。这是时代的呼唤，司法实践的需要，不以人们的主观意愿为转移的客观规律。21 世纪，科学证据在我国司法活动中亦将异军突起，迅猛发展，显示出其巨大的功能，发挥其特有的威力，我国也将跨入以"科学证据为主体"的时代。

（二）科学证据的证明价值及适用范围

从近代司法制度发展史上看，每一种科学证据的产生，到得到法律界的认可，直至进入司法程序，都要经历一个长期反复地争论过程。例如，被世界法学界喻为"证据之王"的指纹技术，在一百多年前，当有人提出利用指纹识别和认定犯罪人时，却遭到了多数人的反对。直到 20 世纪初，有些国家的法官、陪审官和辩护律师还对指纹的证据价值持怀疑态度。我国在 20 世纪 50 年代刑事科学技术已初具规模，它在揭露与证实犯罪过程中已显示出很大作用，但长期以来科学技术只能作为辅助手段，利用科学技术获取

---

① 蔡墩铭著：《刑事证据法论》，台湾五南图书出版公司 1997 年版，第 9 页。
② 蔡墩铭著：《刑事证据法论》，台湾五南图书出版公司 1997 年版，第 4 页。
③ 马进保、刘祁宪著：《智能诉讼》，群众出版社 1989 年版，第 43 页。
④ 何家弘著：《法苑杂谈》，中国检察出版社 2000 年版，第 43 页。

的证据也只能作为人证的辅助证据。到了“文化大革命”期间则以“反对技术挂帅”为名，将科学技术基本上取消。由此可见，司法活动向科学化的道路上前进一步是多么艰难。

当今世界范围内已经进入“科学证据唱主角”的时代，应当如何正确评断科学证据的证据价值和其适用范围呢？国内外学者其说不一。加拿大多伦多司法科学中心活化分析部主任、联合国刑事犯罪组织前顾问克里希南博士认为：“科学证据在许多方面对侦查员是很有用处的。科学证据可确定物品的类型和犯罪的方式。”在审判中“科学的证据是基础，科学证据的数据是不必怀疑和无可非议的”。①

美籍华人著名犯罪鉴识大师李昌钰博士认为，在美国“检察官和法官也更加重视科学证据的价值。他们认识到，没有科学证据，逮捕和审判都将是缺乏根据的。那种主要依赖证人辨认和被告人供述来判定案件事实的传统观念已经发生了变化”。② 日本学者在谈到“审判科学化”问题时，认为：“法律学必须果断地把属于科学支配的领域让给科学去承担，不应当在规范科学的名义下侵犯已经明确了的自然科学的领域。”③ 我国台湾大学法律学系蔡墩铭教授认为：“科学证据所证明之事实，即属于正确之确定事实。”“刑事审判不能不特别注重科学证据，排除非科学证据。”④ 中国人民大学何家弘教授认为：“目前在一些科学发达的国家中，‘科学证据’已经在各种司法证明手段中占据首位，成为新一代‘证据之王’。”⑤

尽管国内外的学者对科学证据的证明价值及其在证明体系中的地位评价不完全一致，但对科学证据在认定案件事实中的重要作用，都持肯定态度，这对我国深入研究科学证据的理论，正确评价科学证据的证明价值，推动我国司法证明方法的科学化无疑都有重要意义。

目前，我国司法活动是否进入了科学证据时代，我国法学界的专家们尚无明确论断。以鄙人看来，我国侦查领域的科学技术虽有很大发展，司法证明活动中的科技含量也有所提高，但从总体上讲，我国司法人员的科技素质、知识结构、对科学证据的认知能力，以及科学证据应用的范围、数量与

---

① ［加］克里希南著：《现代犯罪侦查导论》，媚生译，群众出版社 1981 年版，第 15 页。

② 何家弘著：《犯罪鉴识大师李昌钰》，法律出版社 1998 年版，第 24 页。

③ ［日］上野正吉等编：《刑事鉴定的理论和实践》，徐益初、肖贤富译，群众出版社 1986 年版，第 4 页。

④ 蔡墩铭著：《刑事证据法学》，台湾五南图书出版公司 1997 年版，第 4 页。

⑤ 何家弘著：《法苑杂谈》，中国检察出版社 2000 年版，第 156 页。

质量都还有相当的差距。我国的司法活动基本上仍处在以“人证”（证人证言和口供）为主体的时代，科学证据仍处于辅助地位，有的还处于可有可无的境地，并未跨入科学证据时代。

欲要加快我国司法活动现代化的步伐，就应该逐步建立以科学证据为主体的司法证明制度，它是推动我国侦查科学化、起诉科学化、审判科学化的关键所在，是实现诉讼法制化、民主化、科学化的必由之路，也是实现文明司法、文明执法，废除刑讯逼供的有力保障。

这里讲的“以科学证据为主体”，并非指科学证据独占鳌头，更不是只让“科学证据”一花独放，排斥人证、物证及其他证据。而是要调整“科学证据”在司法证明体系中的地位。因为科学证据相对于证人证言、当事人陈述、犯罪嫌疑人的供述和辩解来说，一般情况下，科学证据受外来和主观因素影响较小，比较客观、真实。随着科学技术的进步，利用科学技术手段取证的范围将不断扩大，科学证据的数量不断增多，质量不断提高。“以科学证据为主体”的证明制度一旦确立，它的适用范围就不争自明了，它既适用于刑事诉讼，也适用于民事诉讼和行政诉讼；既适用于重大复杂案件，也适用于一般的简单案件。

至于能否把科学证据“作为定案的唯一根据”，这与建立“以科学证据为主体的证明制度”从逻辑关系上讲并不等同。因为处理案件是非常复杂的事情，证明案件事实必须靠一个完整的证明体系，证据体系必须具有唯一性和排他性，才能认定其可靠性。我认为，单凭任何一个证据（包括证人证言、物证、书证、口供、鉴定结论等）都难以作为定案的“唯一根据”。必须有其他证据相佐证，形成一个完整的证据体系，即具有唯一性和排他性的证明体系，才能算证据确实充分，如果仅凭一份证人证言定案，恐怕就更玄，其真实性更难令人置信。任何事物都不是完美无缺的，科学证据亦是如此，更何况科学技术是人发明创造的，又是靠人掌握的，它必然受人的知识、能力、品德、检材的数量与质量、仪器设备等因素的影响，科学证据也是人的主观认识与客观事物相结合的产物，从这方面讲，科学证据的真实性与可靠性也只能是相对的，而不是绝对的，不能把复杂的事物简单化、绝对化。但是更不能用“刻画无盐”来“唐突西施”的办法借以贬低科学证据的地位，这样恐怕也不是科学的态度。

任何证据都是一定信息的反映，评价证据的证明力大小，关键是看它对案件事实信息反映的程度，证据所能包含的信息量越大，质量（真实、有效信息）越高，对案件事实反映的越深刻，离案件事实越近，其真实性越可靠，证明力越强；相反，证据包含案件事实的信息越少，质量越差，它对案件事实反映的不确定性越大，证明力就越弱。人们对客观事物的认识总是带有一定的局限性和模糊性，虽然证据中蕴含着案件事实的信息，但证据功能发挥得如何，还取决于对信息的收集、提取和识别的程度，由于越来越多的科学技术手段进入司法活动，势必大大提高对案件事实信息提取和识别的能力，一般而言，利用科学技术手段收集、揭示出来的科学证据，相对其他证据来说证明力要强些，但对具体案件还要具体分析，不能一概而论，机械照搬。

三、提高科技素质，实现司法证明科学化

影响我国司法证明科学化的因素很多，但笔者认为提高科学证据质量和提高司法人员的科技素质是两个关键环节。

（一）提高科学证据质量

我国在20世纪80年代就有学者预言，“在21世纪里，智能电脑将充斥社会的各个角落，形成一个人脑与电脑并存的社会”。“操纵微电脑，利用电子计算机犯罪，或者使用盗取计算机软件，篡改计算机程序的手段进行经济诈骗、侵犯财产、侵犯版权、盗取国家机密、窃取金融部门巨额款项、侵犯个人隐私权、侵犯公民人身权利和民主权利的行为，将会成为未来社会的主要违法犯罪行为。”[①] 司法实践证明，近代许多的科学技术成果常常是先被违法犯罪者采用，然后才由侦查人员运用科学技术手段揭露证实犯罪。随着违法犯罪活动的智能化、科技化，“运用刑事科学技术手段揭开迷案，将成为智能社会诉讼活动的一种重要方式”。[②] 违法犯罪智能化、科技化必然促进侦查科学化，侦查科学化必然导致证明方式的科学化。在民事和行政诉讼中也越来越迫切的要求运用科学技术手段获取证据，扩大举证范围。可惜我国关于科学司法证明理论研究和立法活动却远远落后于形势的发展和实践的需要，这与我国的科技发展水平和司法改革形势是不相称的。

超前思维才能推动超前的决策。我国建立以科学证据为主体的司法证明制度，必须有大批法学理论家和法律实际工作者及有关科学技术专家共同超前研究，进行多角度、多层面的探讨，冲破法学研究的“世袭领地”，积极进取，勇于革新。我认为对科学技术问题可以采取“拿来主义”为司法领域所用，但在司法制度方面应防止照搬，要充分考虑我国的实际情况和发展趋向。司法活动是一项十分严肃的社会活动，进行司法改革不仅要超前思

---

① 马进保、刘祁宪著：《智能诉讼》，群众出版社1989年版，第230页。
② 马进保、刘祁宪著：《智能诉讼》，群众出版社1989年版，第231页。

维，超前研究，还应该超前立法，在努力实现“依法治国”方略的今天，任何一项司法实践如果无法可依，执行起来就苍白无力，立足不稳。鉴于时代的要求和司法实践的需要，我国亟待进行证据立法和鉴定立法的思考和论证，使其建立在科学基础上又具有超前性，以便在司法实践中，及时修改和完善。

千里之行，始于足下。当务之急是努力提高科学证据的质量，使科学证据真正具有科学性和可靠性，进一步充实科学证据的内容，扩大其适用范围。首先，要整合我国的鉴定制度，使科学鉴定活动法制化，鉴定结论规范化，鉴定人资格统一化、标准化，鉴定机构设置专业化，服务社会化，管理、考核制度化、经常化。其次，整顿司法领域内的科学技术队伍，尽快消除司法领域科技队伍业务水平参差不齐，良莠不分的混乱现象。各司法部门和从事司法技术活动的人员，必须有统一标准的任职资格，否则科学证据的质量就难以保证。据此要求担当司法技术任务的人，必须有该项技术的相当职称和实际技能。最后，取缔那些以营利为目的，滥竽充数的技术鉴定机构。在整顿机构、纯洁队伍的基础上，以立法形式加以固定，使其走向法制化轨道。

充实科学证据的内容，让更多的科学证据走进法律程序。对目前尚有争议的，以及运用现代高新技术手段获取的证据，进行综合归类，组织该学科领域的专家、学者对其科学原理、技术方法进行评定，论证其科学性与可靠性程度，经科学界认同的技术手段获取的证据，法律认可后，即可纳入法定的科学证据范围。当然随着科学技术的进步还将涌现出更多的科学证据，原有的科学证据也需要不断地更新换代，使证据的科技含量越来越大，科学证据的质量不断提高，科学性与可靠性不断增强。

提高科学证据的质量，必须提高科技人员的专业知识和业务水平。对现有专业技术人员，在整顿的基础上加强专业知识培训，不断进行知识更新，在科学原理指导下，技术方法不断创新，使利用科学技术手段获取证据的精确度不断加大。不断吸收高学历、品学皆优的科技人才，不断强化科技队伍，为提高科学证据的质量奠定雄厚的人才基础。

（二）全面提高司法人员的科技素质

进入科学证据时代，势必向全体司法人员，包括侦查人员、检察人员、审判人员和律师提出了新的挑战。科学证据占主体的时代，要求司法人员不仅要有系统的法律知识，而且还必须有一定的相关科学技术知识，缺乏这两种知识，在业务上就是基本知识不完整、不称职，在司法实践中难免会遇到重重困难，甚至造成损失。目前，我国司法人员素质的现状与发达的资本主义国家的司法人员相比，除政治素质外，在业务方面其显著差异是科技意识较弱，科技知识偏低。所谓科技意识，就是要求司法人员要有科学头脑，加强对科学技术手段在司法活动中特有作用的认识，提高运用科学技术手段收集证据、识别证据、评断证据的能力，自觉正确地运用科学证据。彻底改变那种在科学证据面前不知所措，或人云亦云盲目听信，或主观臆断乱加肯定或否定，以致造成错案的局面。

提高司法人员的业务素质，调整司法人员的知识结构，已成为当务之急。根据我国司法人员的现状，必须抓好在职人员的法律知识和科技知识的培训，在普及的基础上进一步提高。今后招募的新警官、检察官、法官、律师必须懂得相关的科学知识。全国司法考试应当增加物证技术、法医学、司法会计学方面的内容。

未来新型的侦查员、检察官、法官、律师，除了系统掌握法律知识及有关业务技能外，还必须把相关科学技术知识作为核心知识。新型的司法人员必须懂得物证技术学、法医学、精神病学、心理学、司法会计学的基础知识。高等政法教育中应当把科学技术知识作为主干课程。除了加强科技基础知识讲授外，还应当采取案例教学、模拟教学、实际操作、课堂讨论等多种教学方式。

“依法治国”、“科教兴国”是时代的呼声，是我国的基本国策，司法公正是实现“依法治国”的重要保障。实现科学证明，充分发挥科学证据的特有作用则是正确认定案件事实，实现司法公正的重要条件。任何司法程序的实施都是靠人运作的，正确运用科学证据，实现司法公正，必须有大批系统掌握法律知识和科技知识的高素质的人才，才能推动我国的司法活动早日进入科学证据时代。

[何家弘主编：《证据学论坛》（第4卷），中国检察出版社2001年版。
2001年获北京市法学会优秀论文二等奖]

论我国司法鉴定体制的改革与完善

一、我国鉴定体制的现状与缺陷

我国现行鉴定体制是20世纪50年代形成的，它与当时的司法鉴定制度相适应，但带有明显的计划经济的特征。尽管这种鉴定体制在同刑事犯罪作斗争中发挥过重要作用，但随着市场经济的建立和科学技术的进步、司法制度的改革以及鉴定服务范围的不断扩大，我国现行鉴定体制与形势的发展已显得不适应，其缺陷越来越明显。主要表现在以下方面：

（一）鉴定机构设置与司法改革不协调

我国的物证技术鉴定机构主要设在公安、检察机关，多数人民法院仅设有法医鉴定部门。这些鉴定机构是公、检、法三机关的一个业务部门，隶属于公、检、法机关的行政领导，它受本系统的指派，承担现场勘查、收集痕迹、物品及其他物证的繁重任务，它的鉴定活动主要为侦查破案服务，对外封闭。这种封闭式的鉴定体制与司法实践的需要不相适应。

其一，这种鉴定体制有明显的部门从属性和对外封闭性。公、检、法机关的鉴定机构是按照公、检、法机关的上下行政隶属关系设置的，是为本系统办案服务的，具有相对独立性，缺乏横向技术监督和制约机制。公、检、法机关的鉴定部门，原则上只接受本机关的指派或司法机关内部的聘请，不承担公、检、法机关以外的单位或个人的鉴定业务，带有明显的部门从属性和对外封闭性。

其二，具有鲜明的职权主义特征。根据刑事诉讼法、民事诉讼法、行政诉讼法的规定，鉴定决定权和鉴定机构的指定权掌握在公、检、法机关办案人员手中。对于案件涉及的专门问题，尤其是刑事诉讼中的犯罪嫌疑人、被告人、辩护人、被害人及其代理人和民事诉讼中的原告、被告及其代理人提出的需要鉴定、补充鉴定和重新鉴定的问题，往往是办案人员认为有必要进行鉴定、补充鉴定和重新鉴定的，就指派或者聘请鉴定；如果办案人员认为没有必要（即使客观上有必要）进行鉴定、补充鉴定、重新鉴定，就不予鉴定。即使办案人员同意进行鉴定、补充鉴定或重新鉴定，也只能由办案人员指定的鉴定机构进行上述鉴定。这种鉴定制度，实质上以办案人员的业务素质和主观意志为转移，带有办案人员主观意志决定论的色彩，存在潜在的不公正性。有的还带有地方保护主义的色彩，直接影响鉴定结论的科学性和可靠性。

（二）鉴定受案范围过窄，影响鉴定功能的发挥

鉴定结论是一种法定的独立证据，正确掌握和充分运用科学的鉴定结论，对于查明案件事实，分析案件性质，鉴别其他证据，正确处理案件具有重要意义。因为“物证不怕恫吓，物证不会遗忘。物证不像人那样受外界影响而情绪激动。物证总是耐心地等待着真正识货的人去发现和提取，然后再接受内行人的检验和评断”。[①] 只有充分发挥科学技术鉴定的特有功能，才能使其在司法活动中显示出巨大的威力。

目前，我国的物证技术鉴定机构，主要设在公安、检察机关，主要服务于侦查，承担繁重的办案任务，无暇顾及民事案件的鉴定。民事诉讼中的鉴定和其他非诉讼案件中的鉴定，却没有专门机构承担。例如，当前的医疗事故鉴定，只是按照卫生系统的有关规定，进行自我复查和本系统自我评断，缺乏有效的监督和制约。这种服务单一、各自为政的鉴定体制，已经不适应形势的需要，严重影响科学技术鉴定功能的发挥。

（三）鉴定体制不健全引发出的问题突出

科学技术是无国界、无领域的，也不受行业、部门的限制，它具有交叉性、渗透性和共适性。司法活动中的科学技术鉴定作为一种取证、认证和鉴别是非的手段，它的服务范围相当广泛，不应当受到人为的限制。它既可以为有罪、罪重提供证据，也可以为无罪、罪轻提供证据；既可以为控方提供科学依据，也可以为辩方提供根据；既可以为刑事诉讼服务，也可以为民事诉讼提供证据，还可以为治安、仲裁、事故案件的处理提供科学依据。科学的鉴定结论，对于诉讼和非诉讼活动中查明事实、分清是非、鉴别其他证据，都起着特殊的不可替代的作用。由于现行鉴定体制与司法实践的需求不适应，鉴定机构设置与承担的任务同司法实践不协调，加之鉴定决定权规定过死，因而引发出一系列问题。主要有：

1. 鉴定机构多头设置，管理无序。恩格斯说：“社会一旦有技术上的需要，则这种需要就会比十所大学更能把科学推向前进。”随着人们的法律意识、证据意识和科技意识的不断增强，在诉讼活动乃至整个司法活动中，

---

① ［美］阿尔弗雷德·刘易斯著：《血迹弹道指纹探奇》，何家弘译，群众出版社1991年版，第1页。

对于运用科学技术手段收集证据、鉴别证据，通过科学技术鉴定澄清事实的要求越来越普遍，越来越迫切。原有公、检、法机关的鉴定部门服务范围过窄，对外又处于封闭状态，这种“独此一家，别无分号”的局面，使许多要求鉴定的单位和个人无处投奔。客观上的需要为事物发展提供了条件，于是各种各样的鉴定机构便应运而生。公、检、法机关的技术鉴定部门，为了满足社会上的需要，扩大鉴定服务范围，他们与地方医疗机构或者科研部门组建门诊部或鉴定中心；一些公安、政法院校、科研所、学术团体经过主管部门批准后，也先后建立了各种形式的鉴定机构，于是便形成了官办、半官办、官办民助、民间自办等多种形式的鉴定机构。这些鉴定机构有的经过有关部门批准具有鉴定权；有的虽有鉴定权，但设备简陋，人员业务素质较差，不能胜任鉴定任务；还有的未经过任何部门审批认可，而是自立门户。上述鉴定机构都以不同方式承担一定的任务，因而造成鉴定机构多头设置，各行其是，管理无序的状况。

2. 鉴定人员业务素质差异大，鉴定标准不统一。由于多头设立鉴定机构，鉴定人员迅速增加，尽管其中有不少专家从事鉴定活动，但也确实存在滥竽充数的现象，有的鉴定人员既缺乏必要的专门知识，又无鉴定实践经验可谈，根本不具备鉴定人资格。这些鉴定机构提供的鉴定结论，有的有法律效力，有的则没有法律效力，缺乏认可的统一标准。有的人置科学于不顾，为迎合某些人的需要，或被金钱所驱使，随意做鉴定结论，甚至提供虚假结论，给司法活动造成一定影响和干扰。

3. 重复鉴定多，结论缺乏权威性。由于公、检、法机关的鉴定机构对社会是封闭的，因此提供的鉴定结论缺乏透明度，存在“一家之言”的缺陷，加之一些审判人员对技术鉴定结论的审查与鉴别能力的差异性较大，甚至带有某些盲目性，容易偏听偏信，影响公正裁判。还有的鉴定人员业务水平不高，或者缺乏敬业精神和科学态度，在缺乏有效监督的情况下，往往轻率或随意作出某种结论，里面潜在导致错判的危险性（实践中错判者也不乏其例)。尽管我国法律规定诉讼当事人、辩护人、诉讼代理人有申请重新鉴定的权利，但是否同意鉴定的决定权和对鉴定机构的指定权均掌握在法院办案人员手中，办案人认为有必要就同意重新鉴定，若认为没有必要就不能重新鉴定。即使同意进行重新鉴定，多数是把鉴定材料送到公安机关或检察机关的技术部门进行重新鉴定。这种形式上公正掩盖着实质上不公正的鉴定体制，往往使诉讼当事人、辩护人或诉讼代理人对鉴定结论的客观性与可靠性存有疑虑，或者半信半疑，尤其是由于依据错误鉴定结论而导致错误判决的影响，更使人们对公、检、法鉴定部门提供的重新鉴定结论持怀疑态度，尤其对自己不利的鉴定结论，更不敢轻信。

随着社会上多种形式的鉴定机构的出现，大量民事案件及刑事自诉案件的当事人，以及少数刑事案件的辩护人、诉讼代理人，他们为证明自己诉讼主张的正确性，维护自己的权益，都试图通过技术鉴定寻求对自己有利的证据，于是便纷纷到一些非官方或半官方的鉴定部门寻求帮助。他们也不问这些鉴定结论的法律效力如何，也不管这些鉴定能否被法庭采纳，都想通过技术鉴定讨个“说法”，以求得心理上的安慰，以致造成同一案件送多处鉴定，出现多种鉴定结论的怪现象，无疑给诉讼带来麻烦，在人力、物力方面造成很大浪费。

上述问题的出现，带有一定的时代发展趋势，具有必然性，仅靠简单的行政命令，或者法律上不予承认，硬性禁绝是很难奏效的。笔者认为，对此只能因势利导，进一步改革和完善我国的鉴定体制，提高鉴定结论的透明度和鉴定民主化程度，提高鉴定结论的科学性和权威性，才合乎法理，顺乎民意，符合时代的要求。

二、鉴定体制的改革与完善刍议

鉴于我国现行鉴定体制的状况与缺陷，笔者试图对我国鉴定体制的改革与完善提出如下思考：

（一）根据不同案件的不同诉讼阶段，确立鉴定的职责与任务

对于刑事公诉案件，应当按照侦查、起诉、审判三个不同诉讼阶段，分别确立鉴定职责和任务。

1. 侦查阶段的鉴定、补充鉴定、重新鉴定，分别由公安机关、国家安全机关或人民检察院的刑事技术部门负责。公安机关（含国家安全机关）、人民检察院的技术部门的主要任务应该是依据法定程序勘查现场，收集、提取与案件有关的痕迹、物品及其他物证，鉴定物证，为侦查提供线索，为查缉犯罪嫌疑人提供科学依据，侦查阶段的鉴定结论，在未作为证据使用之前，应当是保密的，不能向外泄露，对于作为证据使用的鉴定结论，侦查机关应当依法告知犯罪嫌疑人、被告人。如果嫌疑人、被害人提出申请，可以进行补充鉴定或者重新鉴定。对侦查机关同意进行的补充鉴定或者重新鉴定，应当送交上一级侦查机关的鉴定部门进行鉴定，不应当送原鉴定部门进行重新鉴定。

2. 审查起诉阶段的复查鉴定，应当由人民检察院的技术鉴定部门负责，或者聘请原鉴定部门以外的鉴定机构进行鉴定，刑事诉讼法规定，辩护律师自人民检察院审查起诉之日起，可以查阅、摘抄、复制本案的诉讼文书、技

术性鉴定材料。所谓技术性鉴定材料，是指在侦查、审查起诉中形成的痕迹检验、文件检验、指纹鉴定、枪弹鉴定、尸体认定等解决人身或工具同一认定问题的鉴定材料，还包括法医、司法化学鉴定、司法物理学鉴定等鉴定材料。此间，如果犯罪嫌疑人、被告人、辩护律师、被害人及其诉讼代理人对鉴定结论提出异议，应当如何处置，刑诉法未作规定。如果审查起诉的办案人，对作为定案证据的鉴定结论有异议需要进行复核或重新鉴定的，可以参照刑诉法关于退回补充侦查的条款，退还侦查机关进行补充或重新鉴定，也可以由办案人员直接送交人民检察院的技术部门进行复核或重新鉴定，以保证鉴定结论的科学性与可靠性。

3. 审判阶段的刑事被告人、辩护律师、被害人及其代理人，对重新鉴定应当有部分决定权。所谓部分鉴定决定权，是指在一定条件下允许被告人、辩护人、被害人及其代理人通过律师行使部分鉴定聘请权。鉴定结论是一种法定的独立证据，是查明案件事实，分清是非，认定有罪或无罪，罪轻或罪重的科学依据，也是鉴别其他证据是否真实的重要手段。但是，提交法庭作证据的鉴定结论，在未经审查核实、当庭质证并判断其正确之前，并不能与科学画等号，在法庭审理过程中，被告人及辩护人、被害人及其诉讼代理人，对当庭出示的鉴定结论有异议时，有权依法向鉴定人提出问题，如果鉴定人不能作出科学的回答，有权申请重新鉴定，法院不应当无端拒绝，也不应当再指定侦查机关的鉴定部门重新鉴定。如果对有争议的鉴定结论，鉴定人又不能作出科学的答复，被告人、辩护人或者被害人及其诉讼代理人提出的重新鉴定的申请遭到拒绝时，被告人、辩护人、被害人及其诉讼代理人有权通过律师委托侦查机关以外的鉴定部门进行重新鉴定，法庭应当准许，并提供方便。如果被告人、辩护人、被害人及其代理人重新鉴定的申请遭到无端拒绝，而又不允许他们另行委托鉴定，实质上就剥夺了被告人、辩护人、被害人及其代理人对错误鉴定结论的反驳权。

刑事自诉案件和民事案件中，涉及某些专门技术问题时，当事人及其诉讼代理人本着谁主张谁举证的原则，有权请求法院或者自行委托鉴定。刑事自诉案件和民事案件的当事人、代理人、通过律师委托鉴定部门提供的鉴定结论，应当具有法律效力。如果刑事自诉案件和民事案件中的当事人及其代理人无权委托鉴定，实际上也否定了当事人、诉讼代理人的举证权。

（二）改革和完善现行鉴定体制

为适应新形势的需要，充分发挥科学技术在司法活动中的特有作用，拟提出鉴定体制改革的如下建议：

1. 实行鉴定机制双轨制。根据我国司法制度改革，必须建立与其相适应的鉴定机构。公安机关（含国家安全机关、军队保卫部门）的刑事技术部门，是侦查机关的职能部门，它主要承担侦查阶段的现场勘查、尸体检验、鉴定与案件有关的痕迹、物品、文书材料及其他物证，为侦查提供线索，为查缉犯罪嫌疑人提供科学依据，为起诉提供证据。人民检察院的技术部门，是各级检察机关的职能部门，它主要负责为检察院的侦查活动提供技术服务，兼对公安机关（含国家安全机关和军队保卫部门）提供的鉴定结论进行复核或重新鉴定。上述部门均不宜承担审判阶段的鉴定、补充鉴定和重新鉴定任务。

对于审判阶段的补充鉴定和重新鉴定，应当另行组建有权威性的鉴定机构。中央和省（市、自治区）可以分别成立鉴定专家委员会，委员会可由公、检、法机关的专家，科研单位的专家及院校知名学者组成。鉴定专家委员会隶属中央司法部（或科学院）、省司法厅（或科委）领导。鉴定专家委员会负责审批同级和下级鉴定机构的鉴定权，审查和考核鉴定人的鉴定资格。鉴定专家委员会下设若干个鉴定实验室，具体承担审判阶段的补充鉴定和重新鉴定及审判中涉外的鉴定任务。同时监管一些重大经济、民事案件的鉴定复核任务。

物证技术、司法鉴定的科研部门、政法院校和学术团体，经过有鉴定权的机关批准，亦可以成立鉴定服务机构，它可以承担由律师委托的各种民事、经济案件中的鉴定任务，还可以受理仲裁、纪检、监察部门交送的非诉讼鉴定。医学院校、医疗部门和医药科研部门，经过有关部门审查批准，可以承担刑事自诉案件和民事案件的医学、精神状态方面的鉴定任务。

2. 实行鉴定权和鉴定人资格双轨制。鉴定权审批，是指对鉴定机构的人员组成、仪器设备、鉴定业务范围等内容进行审查，经过审查批准后授予鉴定权，并发给技术鉴定专用章。对鉴定机构中的鉴定人，必须对其职业道德、思想品质、专业知识、实际技能、技术职称等进行全面审查，经过考核合格者，授予鉴定人资格证书方能从事鉴定，并对其思想品德、业务能力进行定期考核评审。不具有鉴定人资格或经考核不合格者，不能从事鉴定任务，无权出具鉴定书。

3. 制定鉴定法律、法规。为消除技术鉴定中的混乱现象，在改革与完善鉴定体制的同时，应当制定鉴定方面的法律、法规，将鉴定的性质、任务、机构、鉴定人资格与职责、鉴定程序与技术标准等，以法律的形式固定下来，使鉴定逐步走向法制化、规范化。

4. 统一鉴定酬金标准。除了侦查机关的技术部门外，承担补充鉴定、重新鉴定的机构和各种鉴定服务机构，均可实行有偿服务。民事、经济案件和刑事自诉案件中的当事人，通过律师委托的鉴定，审判阶段当事人、辩护人、代理人申请的补充鉴定、重新鉴定的鉴定费用应当由委托人、申请人支付。案情重大，实在有困难的可以给予技术援助。对鉴定收费数额，应根据鉴定事项、难易程度、器材消耗等情况制定统一收费标准，报物价部门批准执行，鉴定机构和鉴定人均不得提高收费标准。

5．明确罚则。为保证鉴定结论客观、准确、科学、可靠，鉴定人必须依法受理和从事鉴定活动，要信守科学，尽职尽责，不受外来因素干扰，不得弄虚作假，营私舞弊。对超标准收费者予以处罚；对营私舞弊，出具假鉴定结论情节严重者以妨碍司法罪论处；对缺乏敬业精神，工作马虎，出具鉴定结论者，取消其鉴定人资格，并赔偿由此给当事人造成的经济损失。

通过对现行鉴定体制的改革，可以扭转当前鉴定实践中存在的混乱现象，使侦查、起诉、审判不同诉讼阶段的鉴定职责更加分明，提高科学技术鉴定在司法活动中的透明度，有利于促进诉讼活动民主化，使鉴定结论这一特殊证据更加客观、科学、可靠，更具有权威性，使技术鉴定在揭露、证实犯罪，保护无辜，制裁违法，保护公民合法权益，保卫社会主义市场经济方面发挥更大的作用。

（1993年北京物证技术学会获奖论文，
于凤玲主编：《中国物证技术鉴定和刑事科学技术建设问题研究》，
中国人民公安大学出版社1998年版，第106页。）

后 记

晚辈们从国内的各种期刊和文集中，收集到过去鄙人曾发表的部分论文，从中筛选出30余篇汇集成册，取名为《侦查学理论探索》，旨在待我走完人生之路后留下一点痕迹。本书所选论文均为20世纪末和本世纪初发表的。随着时间的流逝，文中一些提法有人可能觉得陈旧，论证浅薄，似显粗糙，内容亦有些重复。鉴于当时法学界有人对侦查学这门科学颇为歧视，认为侦查学不是科学，只是“雕虫小技”，无理论可言。加之侦查学研究中就事论事的文章较多，迟滞不前，鄙人斗胆提出一些不同看法，虽然遭到某些诽难，但未退缩，壮着胆子进行探索，为了回敬法学研究中某些奇谈，便不厌其烦地从不同角度、不同层面反复陈述个人见解，以求教智者。内容重叠并非“江郎才尽”，亦非理屈词穷，实属无奈，不得已而为之。至于拙文中一些浅见，对侦查学理论研究和侦查实践能否起到助推作用，尚有待实践检验和经历史考验。鄙人坚信枣花虽小能结果，桑叶虽粗可养蚕，蚕能吐丝，丝可织锦。愿侦查学界的有识之士，努力奋进，或锦上添花，或另辟蹊径，推出更多如花似锦的学术精品。

“知者创物，能者述焉，非一人而成也。”[①] 侦查学涉及知识门类繁多，学识滔滔，浩如烟海，鄙人只是在他学科启迪下，把学习心得，古今中外侦查实践中有益的经验，结合个人在实践中的点滴体会，予以综合，加以梳理，使其条理化、系统化，本意想为侦查学的学科建设尽微

① 苏轼著：“书吴道子画后。”赵春辉编著：《唐宋八大家尝析》，内蒙古人民出版社，2010年版，第191页。

薄之力，敬请同行专家学者批评指正！

参加本书选编者有：王瑜琴、王国锋、王国兴、王承斌、王曦。本书打印稿，曾经中央财经大学法学院博士生导师郭华教授、中国政法大学刑事司法学院侦查研究所所长肖承海副教授、清华大学法学院法学博士后陈东等同志审阅，他们为本书出版忙碌奔波，郭华教授为本书作序；承蒙中国人民公安大学出版社的领导和编辑们大力支持和热情相助，对此，深表谢意！

王传道
2014 年 10 月